国家社科基金
GUOJIA SHEKE JIJIN HOUQI ZIZHU XIANGMU
后期资助项目

金融科技风险审计理论与应用研究

陈　伟　著

科 学 出 版 社
北　京

内 容 简 介

党的二十大报告指出“依法将各类金融活动全部纳入监管，守住不发生系统性风险底线”。大数据、云计算、人工智能、移动互联网等现代信息技术的发展已成为金融服务创新的新质生产力，金融科技成为近年研究与应用的热点问题。防范化解金融科技风险成为防范化解系统性金融风险的一项重要内容。本书结合目前信息系统审计、大数据审计、智能审计以及金融科技等领域的研究与应用现状，从审计的视角研究金融科技风险审计问题，为防范化解金融科技风险提供了理论体系与技术方法。

本书可作为金融、审计等领域专业人士、审计科技工作者的参考书，以及金融、审计等领域从业人员的专业学习资料，同时可作为高等学校金融、审计等专业的研究生的阅读书目。

图书在版编目（CIP）数据

金融科技风险审计理论与应用研究 / 陈伟著. -- 北京 : 科学出版社, 2025. 7. -- ISBN 978-7-03-082430-1

Ⅰ. F239.65

中国国家版本馆CIP数据核字第20253H2S02号

责任编辑：王丹妮 / 责任校对：王晓茜
责任印制：张　伟 / 封面设计：有道设计

科学出版社出版
北京东黄城根北街 16 号
邮政编码：100717
http://www.sciencep.com
北京中石油彩色印刷有限责任公司印刷
科学出版社发行　各地新华书店经销
*
2025 年 7 月第　一　版　开本：720 × 1000　1/16
2025 年 7 月第一次印刷　印张：17 1/2
字数：312 000

定价：198.00 元

（如有印装质量问题，我社负责调换）

国家社科基金后期资助项目
出版说明

后期资助项目是国家社科基金设立的一类重要项目，旨在鼓励广大社科研究者潜心治学，支持基础研究多出优秀成果。它是经过严格评审，从接近完成的科研成果中遴选立项的。为扩大后期资助项目的影响，更好地推动学术发展，促进成果转化，全国哲学社会科学工作办公室按照“统一设计、统一标识、统一版式、形成系列”的总体要求，组织出版国家社科基金后期资助项目成果。

全国哲学社会科学工作办公室

前　言

维护金融安全已经成为治国理政的一件大事，打好防范化解重大风险攻坚战，重点是防控金融风险。党的十九大报告指出“健全金融监管体系，守住不发生系统性金融风险的底线”①。党的二十大报告指出“依法将各类金融活动全部纳入监管，守住不发生系统性风险底线”②。

不断发展的技术，特别是与移动互联网、云计算、大数据、人工智能等相关的现代信息技术，已成为金融服务创新的显著驱动力。金融科技（financial technology，FinTech 或 Fintech）成为近年研究与应用的热点问题。金融科技是技术驱动的金融创新，为金融发展注入了新的活力，也给金融安全带来了新挑战。由于金融科技发展迅速，且监管力量相对薄弱，依法将金融科技应用纳入监管，防范化解金融科技风险成为防范化解系统性金融风险的一项重要内容。本书结合目前信息系统审计、大数据审计、智能审计以及金融科技等领域的研究与应用现状，从审计的视角研究金融科技风险审计问题，对防范化解金融科技风险具有重要的理论和应用价值。

本书首先从总体上分析了开展金融科技风险审计的意义、金融科技风险和金融科技风险审计的研究与应用现状，以及金融科技风险审计的目标、主体和客体、基本步骤、可参照的准则与规范等。然后，紧密结合当前金融科技应用现状，从理论上分析了金融科技的主要内容，研究了金融科技风险审计的主要内容，以及金融科技风险审计技术方法。在金融科技风险审计理论以及金融科技风险审计技术方法理论研究的基础上，重点研究了金融科技风险审计的应用，并结合目前大数据审计技术以及机器人流程自动化（robotic process automation，RPA）技术的发展与应用，研究了大数据审计技术以及 RPA 技术在金融科技风险审计中的应用。

本书共分 8 章，第 1 章分析了金融科技风险审计研究的背景与意义，金融科技风险审计的目标、主体和客体、基本步骤、可参照的准则与规范等；第 2 章分析了金融科技的相关技术、常见金融科技应用；第 3 章首先分析了金融科技面临的风险，在此基础上，研究了金融科技风险审计的内

---

① http://www.gov.cn/zhuanti/2017-10/27/content_5234876.htm.

② http://www.gov.cn/xinwen/2022-10/25/content_5721685.htm.

容；第 4 章研究了金融科技风险审计技术方法，为第 5 章“金融科技风险审计应用研究”、第 6 章“基于大数据审计技术的金融科技风险审计研究”和第 7 章“基于 RPA 的金融科技风险审计研究”提供了技术方法。概括来说，本书第 1 章到第 4 章为金融科技风险审计理论以及金融科技风险审计技术方法理论研究；第 5 章结合审计实务案例，研究了金融科技风险审计的应用，第 6 章和第 7 章结合目前大数据审计技术和 RPA 技术，研究了金融科技风险审计的前沿技术方法理论及其应用；第 8 章对金融科技风险审计的研究与应用前沿进行展望，并提出了促进金融科技风险审计应用与发展的相关建议。

具体来说，每章的主要内容如下：

第 1 章分析了开展金融科技风险审计的意义、金融科技的内涵、金融科技的发展阶段、金融科技风险研究与应用现状、审计技术方法研究与应用现状、金融科技风险审计的相关研究与应用现状，以及金融科技风险审计的目标、主体和客体、基本步骤、可参照的准则与规范等，从而为后文第 2～8 章的研究打下了基础。

第 2 章对金融科技的相关内容进行理论分析：首先对应用于金融科技的主要相关技术，如互联网/移动互联网、大数据、云计算、人工智能、区块链等进行理论分析；在此基础上，对金融科技应用，如网上银行、手机银行、微信银行、直销银行、互联网和移动支付、互联网贷款、智能金融理财服务、智能保险定价、智能客服以及数字货币等进行理论分析。本章的研究为后文分析金融科技风险及其审计打下了基础。

第 3 章分析了金融科技面临的风险，在此基础上，从理论上研究了金融科技风险审计的主要内容，包括金融科技系统开发、测试与维护风险审计以及金融科技系统运行管理风险审计、金融科技系统安全风险审计、金融科技系统业务连续性管理风险审计、金融科技系统外包风险审计、金融科技系统应用控制风险审计、金融科技治理风险审计、金融科技系统项目建设风险审计、金融科技系统项目绩效审计、金融科技云计算系统风险审计等，从而为后文研究金融科技风险审计的应用打下了基础。

开展金融科技风险审计需要一定的技术方法和实现工具。为了更好地研究金融科技风险审计，第 4 章从理论上分析了目前可用于金融科技风险审计的基本技术方法，并重点研究了基于大数据、人工智能等现代信息技术的金融科技风险审计技术方法及其实现工具，从而为后文金融科技风险审计的研究与应用打下了基础。

在第 3 章分析了金融科技面临的风险和金融科技风险审计内容等理论

研究的基础上，第 5 章结合审计实务案例，研究了金融科技风险审计的应用，包括金融科技系统开发、测试与维护风险审计应用，以及金融科技系统运行管理风险审计应用、金融科技系统安全风险审计应用、金融科技系统业务连续性管理风险审计应用、金融科技系统外包风险审计应用、金融科技系统应用控制风险审计应用、金融科技治理风险审计应用、金融科技系统项目建设风险审计应用、金融科技云计算系统风险审计应用等。

目前的大数据、人工智能环境对金融科技风险审计产生了影响。因此，研究如何采用大数据审计技术开展金融科技风险审计具有重要意义。在第 3 章、第 4 章和第 5 章研究的基础上，第 6 章以金融科技系统用户管理风险审计、金融科技贷款业务系统应用控制风险审计、金融科技系统业务连续性管理风险审计为例，采用大数据智能分析技术、大数据可视化分析技术、大数据多数据源综合分析技术研究了金融科技风险审计的应用。

目前的金融科技风险审计方式仍然是劳动密集型工作。为了提高金融科技风险审计工作效率，实现金融科技风险审计工作的自动化，研究如何在金融科技风险审计中应用 RPA 技术具有重要的学术价值和应用价值。在第 3 章、第 4 章和第 5 章研究的基础上，第 7 章以金融科技系统业务连续性管理风险审计、金融科技系统项目建设风险审计中的发票审计、金融科技贷款业务系统应用控制风险审计为例，研究了如何采用 RPA 技术开展金融科技风险审计的应用。在此基础上，分析了基于 RPA 的金融科技风险审计机器人的发展，指出了今后基于 RPA 的金融科技风险审计机器人的发展方向。

随着人工智能技术的发展，大模型目前成为人工智能领域中最为流行的技术之一。第 8 章展望探索了人工智能前沿技术大模型对金融科技风险审计工作的影响以及如何有效利用大模型开展金融科技风险审计，从而为今后金融科技风险审计的研究与应用提供了方向。在全书研究的基础上，第 8 章最后对金融科技风险审计的应用与发展提出了相关建议。

目　　录

第 1 章　金融科技风险审计概述

1.1　开展金融科技风险审计的意义

维护金融安全已经成为治国理政的一件大事，打好防范化解重大风险攻坚战，重点是防控金融风险。2017 年 10 月 18 日，党的十九大报告[①]指出“健全金融监管体系，守住不发生系统性金融风险的底线”。2017 年 12 月召开的中央经济工作会议[②]将“防范化解重大风险”列为三大攻坚战之首，并明确指出“重点是防控金融风险”。2018 年 4 月召开的中央财经委员会第一次会议[③]明确提出“打好防范化解金融风险攻坚战”。中共中央政治局 2019 年 2 月 22 日下午就完善金融服务、防范金融风险举行第十三次集体学习[④]，中共中央总书记习近平在主持学习时强调“坚决打好防范化解包括金融风险在内的重大风险攻坚战，推动我国金融业健康发展”，同时指出“防范化解金融风险特别是防止发生系统性金融风险，是金融工作的根本性任务。要加快金融市场基础设施建设，稳步推进金融业关键信息基础设施国产化”。

近年来，金融业务和模式不断创新，以网上银行、电子银行、手机银行、直销银行、微信银行、开放银行以及多种第三方支付方式为代表的新金融业务和模式快速发展。随着金融行业信息化技术的广泛应用，信息科技风险一直是金融行业关注的重点。中国银监会[⑤]2017 年 4 月发布的《关于银行业风险防控工作的指导意见》[⑥]（银监发〔2017〕6 号）中指出：“（三十四）加强信息科技风险防控。银行业金融机构要全面强化网络信息安全管

---

① http://www.gov.cn/zhuanti/2017-10/27/content_5234876.htm.

② http://www.gov.cn/xinwen/2017-12/20/content_5248899.htm.

③ http://www.gov.cn/xinwen/2018-04/02/content_5279304.htm.

④ http://www.gov.cn/xinwen/2019-02/23/content_5367953.htm.

⑤ 全称中国银行业监督管理委员会，2018 年 3 月，根据第十三届全国人大一次会议通过的《国务院机构改革方案》，为整合金融监管资源、防范系统性风险，将中国银监会和中国保监会的职责整合，成立了中国银行保险监督管理委员会。2023 年 3 月，中共中央、国务院印发了《党和国家机构改革方案》。在中国银行保险监督管理委员会基础上组建国家金融监督管理总局，不再保留中国银行保险监督管理委员会。

⑥ https://www.nfra.gov.cn/cn/view/pages/ItemDetail.html?docId=140120&itemId=928&generaltype=0.

理，提高身份认证机制安全性；加大对新兴电子渠道风险的管理力度，完善灾备体系，制定完善应对预案；完善外包管理体系，降低外包风险，不得将信息科技管理责任外包。对发生严重信息科技风险事件的银行业金融机构，各级监管机构要及时采取必要的强制性监管措施。”

不断发展的技术，特别是与移动互联网、云计算、大数据、人工智能等相关的现代信息技术，已成为金融服务创新的显著驱动力。金融科技成为近年研究与应用的热点问题。金融科技是技术驱动的金融创新，为金融发展注入了新的活力，也给金融安全带来了新挑战。例如，金融科技的广泛应用增加了信息科技领域的操作风险，金融机构不断引入新技术，并进行金融科技系统外包，又增加了风险管理难度，一些金融机构因金融科技应用系统存在一定缺陷，面临一些重要数据泄露的风险。信息技术在提升金融服务效率的同时，也给金融体系增加了潜在的金融风险。众多专家认为中国金融科技发展面临的核心问题是风险控制问题，如何防范金融科技风险成为当前金融业面临的重要挑战。2021 年 12 月中央网络安全和信息化委员会印发的《“十四五”国家信息化规划》[①]提出“完善金融科技创新监管体系”，要求“防范发生系统性金融风险。强化金融科技监管，全面推广实施金融科技创新监管工具，加强金融科技创新活动的全生命周期管理，筑牢金融与科技风险的‘防火墙’”。

2022 年 10 月 16 日，党的二十大报告[②]“四、加快构建新发展格局，着力推动高质量发展”中指出：“（一）构建高水平社会主义市场经济体制……加强和完善现代金融监管，强化金融稳定保障体系，依法将各类金融活动全部纳入监管，守住不发生系统性风险底线。”2023 年 10 月 30 日至 31 日，中央金融工作会议在北京举行[③]，会议强调“要全面加强金融监管，有效防范化解金融风险”。

综上分析，不难发现：由于金融科技发展迅速，且监管力量相对薄弱，防范化解金融科技风险是防范化解系统性金融风险的一项重要内容，是金融风险管理的前沿课题。研究如何防范化解金融科技风险具有重要的理论和应用价值。因此，金融科技风险审计是目前审计工作的一项重要内容。本书结合目前信息系统审计、大数据审计、智能审计以及金融科技等领域的研究与应用现状，从审计的视角研究金融科技风险审计问题。

① http://www.cac.gov.cn/2021-12/27/c_1642205314518676.htm.

② http://www.gov.cn/xinwen/2022-10/25/content_5721685.htm.

③ https://www.gov.cn/yaowen/liebiao/202310/content_6912992.htm.

1.2　金融科技研究与应用现状

1.2.1　金融科技的定义

金融科技是指通过利用各类科技手段创新传统金融行业所提供的产品和服务，提升效率并有效降低运营成本。

金融稳定理事会（Financial Stability Board，FSB）把金融科技定义为“技术带来的金融创新，它能够产生新的商业模式、应用、过程或产品，从而对金融市场、金融机构或金融服务的提供方式产生重大影响”[①]。根据金融稳定理事会的这一定义，中国人民银行在印发的《金融科技（FinTech）发展规划（2019—2021 年）》中指出“金融科技是技术驱动的金融创新，旨在运用现代科技成果改造或创新金融产品、经营模式、业务流程等，推动金融发展提质增效”。

为了更好地理解金融科技，为后文研究金融科技风险审计打下基础，在初步分析金融科技定义的基础上，本节将围绕金融科技系统的内涵、金融科技的发展阶段、金融科技的国内外研究与应用现状等内容，对金融科技做进一步的深入分析。

1.2.2　金融科技系统的内涵

目前信息化在金融行业得到了广泛应用，金融机构的业务运行都离不开信息科技的支持，金融科技应用越来越多。以商业银行为例，目前商业银行的相关科技系统众多，如存款系统、贷款系统、支付清算系统、资金交易系统、国际业务系统、身份证识别系统、理财资产管理系统、信用风险管理系统、信用卡审批影像平台、ATM（automatic teller machine，自动柜员机）/POS（point of sales，销售点终端）、网上银行系统等，以及近年流行的手机银行系统、直销银行系统、微信银行系统、开放银行系统等。信息科技在商业银行业务中的应用可以简要概述为如图 1.1 所示[②]。为了便于后文内容分析，本书把这些金融科技应用称为金融科技系统（或金融科技应用系统）。

1.2.3　国外金融科技的研究与应用现状

国外近年来非常关注金融科技的研究与应用。Ulusoy 等分析了 2010—

① http://www.fsb.org.

② 陈伟：《审计信息化》，北京，高等教育出版社，2022，第 2 版.

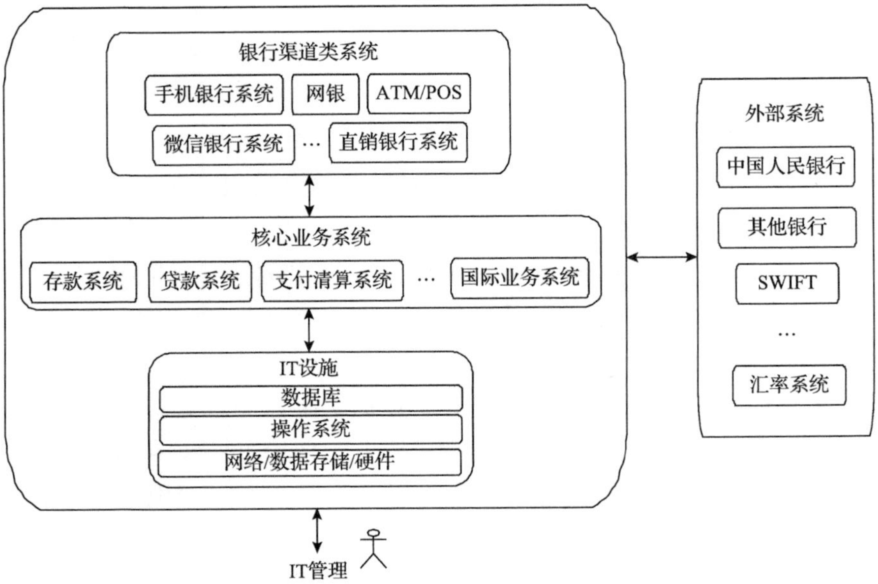

图 1.1　信息科技在商业银行业务中的应用

SWIFT 全称 Society for Worldwide Interbank Financial Telecommunication，环球银行金融电信协会

2015 年金融科技投资的增长趋势[①]，分析结果表明 2010—2015 年金融科技的投资增长迅速。Wigglesworth 的调查发现：金融科技被认为是最有竞争力的金融公司的主要投资之一[②]。Milian 等[③]系统地分析了科学文献中关于金融科技的定义以及关键研究话题和趋势。Gai 等[④]从技术视角把金融科技问题分为五个主要的技术维度，包括安全与隐私、数据技术、硬件与基础设施、应用与管理、服务模型，并对这五个技术维度分别进行了详细的分析。Ajlouni 和 Monir[⑤]研究了银行业金融技术面临的挑战与机遇，分析了金融科技对银行业的影响以及应对措施，同时认为尽管金融科技企业吸引了全球金融业领袖和立法者的关注，但这一问题作为一个尚处于起步阶段的

① Ulusoy S, Batıoğlu A, Ovatman T, 2019: “Omni-script: device independent user interface development for omni-channel fintech applications”, Computer Standards & Interfaces, 64: 106-116.

② Wigglesworth R, 2016: “Fintech: search for a super-algo”, http://matthew-dixon.com/FinancialTimesArticle_SearchForASuperAlgo_Jan_20_2016.pdf.

③ Milian E Z, de M Spinola M, de Carvalho M M, 2019: “Fintechs: a literature review and research agenda”, Electronic Commerce Research and Applications, 34: 100833.

④ Gai K K, Qiu M K, Sun X T, 2018: “A survey on FinTech”, Journal of Network and Computer Applications, 103: 262-273.

⑤ Ajlouni A, Monir A H, 2018: “Financial technology in banking industry: challenges and opportunities”, International Conference on Economics and Administrative Sciences: 11-12.

研究课题，却鲜有科学研究。Palmié 等[①]分析了金融科技系统对金融服务业的影响，讨论了金融科技生态系统的演变，并指出了金融科技的重要性。Mok 等[②]认为金融科技可以提供先进的金融服务，创造就业机会。More 和 Aslekar[③]认为金融科技可以提高关键部门的运营效率和生产力。Almansour[④]认为金融科技通过利用技术以一种优越的方式执行许多传统银行功能，改变了金融服务的提供方式。2018 年 3 月，欧盟委员会(European Commission)发布了“金融科技行动计划”(FinTech Action Plan)，该行动计划描述了欧洲对金融科技未来的监管愿景，提出了要建立一个欧盟金融科技实验室(EU FinTech Laboratory)，便于欧洲和成员国监管机构在一个中立的、非商业的空间与技术提供商进行交流与合作；出台一份关于“监管沙盒最佳实践”(best practices on regulatory sandboxes)的规划，该监管沙盒是监管机构建立的一个框架，允许金融科技初创公司和其他创新者在监管机构的监督下，在受控的环境中进行现场实验[⑤]。2019 年 12 月，欧盟委员会发布的《金融科技监管、创新与融资的 30 条建议》(Final Report of the Expert Group on Regulatory Obstacles to Financial Innovation：30 Recommendations on Regulation，Innovation and Finance)提到“正面应对人工智能技术等新技术及其风险带来的挑战；建立监管框架，确保对产生相同风险的活动采用相同的监管规则，保证市场竞争环境的公平公正”。2020 年 4 月，欧盟委员会发布了《欧洲数字金融战略相关咨询》。

1.2.4　国内金融科技的研究与应用现状

近年来，我国一直重视金融科技的研究与应用。2017 年 5 月，中国人民银行成立了金融科技委员会，旨在加强金融科技工作的研究规划和统筹协调。中国人民银行将深入研究金融科技发展对货币政策、金融市场、金融稳定、支付清算等领域的影响，切实做好我国金融科技发展战略规划与

---

① Palmié M, Wincent J, Parida V, et al., 2020: “The evolution of the financial technology ecosystem: an introduction and agenda for future research on disruptive innovations in ecosystems”, Technological Forecasting and Social Change, 151: 119779.

② Mok R, Muharam F M, Chin T A, 2021: “Fintech services acceptance level among young generation in UTM”, in 2021 7th International Conference on Research and Innovation in Information Systems (ICRIIS). Johor Bahru: IEEE: 1-6.

③ More A, Aslekar A, 2022: “Role of ICT & fintech in Indian agriculture”, in 2022 International Conference on Decision Aid Sciences and Applications (DASA). Chiangrai: IEEE: 900-904.

④ Almansour M, 2023: “Artificial intelligence and resource optimization: a study of Fintech start-ups”, Resources Policy, 80: 103250.

⑤ https://ec.europa.eu/commission/presscorner/detail/en/IP_18_1403.

政策指引。2019 年 8 月，中国人民银行印发了第一轮金融科技发展规划《金融科技（FinTech）发展规划（2019—2021 年）》，该规划明确提出了 2019 年到 2021 年这三年金融科技工作的指导思想、基本原则、发展目标、保障措施，以及六项重点任务[①]。其中，第一轮金融科技发展规划确定的六项目重点任务主要内容如下：

第一，加强金融科技战略部署，从长远视角加强顶层设计，做好统筹规划、人才队伍建设等工作；

第二，强化金融科技合理应用，全面提升金融科技应用水平；

第三，赋能金融服务提质增效，合理运用金融科技手段丰富服务渠道、完善产品供给、降低服务成本、优化融资服务，提升金融服务质量与效率等；

第四，增强金融风险技防能力，加强网络安全风险管控和金融信息保护，做好新技术应用风险防范，坚决守住不发生系统性金融风险的底线；

第五，强化金融科技监管，建立健全监管基本规则体系，加快推进监管基本规则拟订、监测分析和评估工作，探索金融科技创新管理机制等；

第六，夯实金融科技基础支撑，持续完善金融科技产业生态，优化产业治理体系，支撑金融科技健康有序发展。

总的来说，不难发现：第一轮金融科技发展规划明确了金融科技发展方向、任务和路径，有力推动了金融科技良性有序发展，在发展金融科技的同时，注重做好新技术应用风险防范，坚决守住不发生系统性金融风险的底线。

2022 年 1 月，中国人民银行印发了第二轮金融科技发展规划《金融科技发展规划（2022—2025 年）》[②]。金融科技发展第二轮规划回顾了“十三五”时期金融科技的发展，提出了“十四五”时期金融科技发展愿景，明确了金融数字化转型的指导思想、基本原则、发展目标、重点任务和保障措施。总的来说，金融科技发展的第二轮规划重点是推动金融科技健全治理体系，完善数字基础设施，促进金融与科技更深度融合、更持续发展，更好地满足数字经济时代提出的新要求、新任务。国内学术界也非常重视金融科技方面的相关研究，近年来很多学者对金融科技的相关问题以及发展金融科技的重要性进行了探讨，如刘少波等[③]分析了金融科技驱动金融创

① http://www.gov.cn/xinwen/2019-08/23/content_5423691.htm.

② http://www.gov.cn/zhengce/2022-01/07/content_5666817.htm.

③ 刘少波，张友泽，梁晋恒：《金融科技与金融创新研究进展》，《经济学动态》2021 年第 3 期，第 126～144 页.

新发展研究的新进展；文钟艺等[①]研究了金融科技发展带来的商业银行机构风险承担演化效应，研究发现金融科技发展整体上提升了商业银行风险承担水平；高昊宇等[②]研究了金融科技的风险管理赋能问题，研究发现城市金融科技发展赋能银行显著降低风险水平，且这一赋能效应对中小银行的影响更为显著。

综上分析，不难发现：近年来国内外都非常重视金融科技的研究与应用。

1.2.5　金融科技的发展阶段

金融科技的出现与发展为金融机构、客户等带来了机遇。根据目前金融科技的国内外应用情况以及相关文献的研究，金融科技的发展可以分为以下三个阶段。

1. 金融信息化基础应用阶段

随着信息技术的发展，信息技术在各行业得到广泛应用，金融行业进入金融信息化基础应用阶段。在这一阶段，传统金融行业通过 IT 软硬件的应用实现管理和业务的信息化，从而提高了金融业务效率。

金融信息化基础应用阶段的典型应用包括网上银行、银行业务核心系统（如存款系统、贷款系统、支付清算系统）等。

2. 金融网络化阶段

随着互联网/移动互联网的发展，特别是移动互联网的发展，网络和智能手机的广泛应用，金融行业进入金融网络化阶段（或称为互联网金融阶段）。在这一阶段，金融行业采用信息技术对传统金融渠道进行变革，利用互联网/移动互联网实现金融业务中资产端、交易端、支付端、资金端的互联互通，实现信息共享和业务融合。

金融网络化阶段的典型应用包括移动支付、手机银行、微信银行、直销银行、开放银行等。

3. 金融与现代信息科技的深度融合阶段

随着大数据、云计算、人工智能、区块链等现代信息科技的发展，金

---

① 文钟艺，吴蝶，李华民，等：《金融科技发展的商业银行风险承担演化效应》，《金融理论与实践》2022 年第 12 期，第 67～76 页.

② 高昊宇，方锦程，李梦：《金融科技的风险管理赋能：基于中国银行业的经验研究》，《系统工程理论与实践》2022 年第 42 卷第 12 期，第 3201～3215 页.

融业务与这些新的信息科技深度融合，金融行业进入新的阶段。在这一阶段，金融机构通过大数据、人工智能、云计算、区块链等现代信息科技改变传统的金融业务流程，如金融信息采集来源、风险定价模型、交易决策过程等，大幅度提升传统金融的效率，对传统金融产生变革。

这一阶段典型应用包括保险定价、互联网贷款、智能金融理财服务、智能客服、数字货币等。另外，随着大模型等人工智能技术的出现，大模型正在被应用于金融行业中，如基于大模型的智能客服等，这使得金融科技得到了进一步的发展。

1.3　金融科技风险研究与应用现状

金融科技对行业、民生、经济等具有非常显著的促进作用，金融科技的发展大大推动了金融服务领域的拓展，并增加了其维度，但同时也具有更强、更广和更快的易破坏性，风险较大，其面临的安全威胁也与日俱增，因而更需要引导和规范。美国网络安全市场调研公司 Cybersecurity Ventures 发布的《2017 年度网络犯罪报告》中指出“网络犯罪是当今世界上所有公司面临的最大威胁，也是人类面临的最大问题之一，因为金融行业的特殊性，金融机构一直是网络犯罪的主要目标”。许多国家对金融科技发展持开放态度，但同时对金融科技风险的重视程度也逐年增强。美国国家经济委员会 2017 年发布的《金融科技框架》白皮书中指出“这些新兴的、未经测试的技术也可能伴有风险。如果这些风险得不到管理，它们可能会对更大范围内的金融系统造成损害。就像金融危机所展现的一样，系统性金融风险可能以我们始料未及的方式迅速扩散”[①]。美国、英国、欧盟等相继发布金融科技监管文件，以平衡发展需求。在 2017 年 8 月 22 日，世界经济论坛发布的《超越金融科技：全面评估金融服务的颠覆潜力》报告中分析了在金融科技冲击下，支付、信贷、财富管理、保险、数字银行等七大金融领域未来的创新模式和路径，以及每个领域所面临的风险。国外学术界也高度关注金融科技风险相关问题研究。针对金融科技中的网络威胁问题，Noor 等[②]提出了一个基于机器学习的网络威胁自动归因框架。用户隐私保护被普遍认为是金融安全领域最重要的方面之一，为了保护移动金融应用

① National Economic Council, 2017: “A framework for FinTech”, https://obamawhitehouse.archives.gov/blog/2017/01/13/framework-fintech.

② Noor U, Anwar Z, Amjad T, et al., 2019: “A machine learning-based FinTech cyber threat attribution framework using high-level indicators of compromise”, Future Generation Computer Systems, 96: 227-242.

中用户的位置隐私，Li 等[①]提出了一个针对位置服务的隐私保护框架，该框架实现了对金融服务提供商数据、用户隐私（特别是位置隐私）、服务提供商数据机密性的细粒度访问控制。Anagnostopoulos[②]研究了金融科技和监管科技对监管机构和银行的影响。Jagtiani 和 John[③]研究了金融科技对消费者和监管反应的影响，认为金融科技有可能产生新的风险类型，世界各地的监管机构正在努力为消费者提供保护，维护金融稳定，同时为安全的金融科技创新创造环境。

我国高度重视金融科技风险相关问题。如前文所述，中国人民银行成立了金融科技委员会，强化监管科技（RegTech）应用实践，积极利用大数据、人工智能、云计算等技术丰富金融监管手段，提升跨行业、跨市场交叉性金融风险的甄别、防范和化解能力；为了指导银行业金融机构加强数据治理，提高数据质量，发挥数据价值，提升经营管理能力，2018 年 5 月 21 日，中国银行保险监督管理委员会印发了《银行业金融机构数据治理指引》[④]；2019 年 8 月，中国人民银行印发的《金融科技（FinTech）发展规划（2019—2021 年）》[⑤]明确提出要增强金融风险技防能力，加强网络安全风险管控和金融信息保护，做好新技术应用风险防范，坚决守住不发生系统性金融风险的底线；2022 年 1 月，中国人民银行印发的第二轮金融科技发展规划《金融科技发展规划（2022—2025 年）》则明确提出加快监管科技全方位应用，加强数字化监管能力建设，筑牢金融与科技风险防火墙，强化金融科技创新行为监管。

国内学术界也高度关注金融科技风险相关问题研究。例如，汪可和吴青[⑥]研究了金融科技对我国银行业系统性风险的影响，研究结果得出金融科技在一定程度上加重了我国银行业系统性风险的结论。中国社会科学院金融研究所研究员杨涛认为：要想实现金融科技的健康发展，就要分析甄别金融科技存在的风险，在金融科技领域，把握好创新与安全的平衡[⑦]。金融

---

① Li Z D, Li W M, Wen Q Y, et al., 2019: “An efficient blind filter: location privacy protection and the access control in FinTech”, Future Generation Computer Systems, 100: 797-810.

② Anagnostopoulos I, 2018: “Fintech and regtech: impact on regulators and banks”, Journal of Economics and Business, 100: 7-25.

③ Jagtiani J, John K, 2018: “Fintech: the impact on consumers and regulatory responses”, Journal of Economics and Business, 100: 1-6.

④ https://www.nfra.gov.cn/cn/view/pages/ItemDetail.html?docId=180049&itemId=915&generaltype=0.

⑤ http://www.gov.cn/xinwen/2019-08/23/content_5423691.htm.

⑥ 汪可，吴青：《金融科技对我国银行业系统性风险影响研究》，《管理现代化》2018 年第 3 期，第 112～116 页.

⑦ 杨涛：《警惕金融科技风险》，《人民论坛》2019 年第 17 期，第 78～79 页.

科技的发展使得生物特征识别技术在金融科技系统中得到广泛应用，如何防范金融科技中这些生物特征识别技术的应用带来的风险越来越重要。陈伟[①]分析了金融科技中生物特征识别系统的原理、代表性生物特征识别系统及生物特征识别技术的应用，以及金融科技中应用生物特征识别系统存在的主要风险，给出了金融科技生物特征识别系统风险审计的依据、步骤、内容以及方法，并以某银行手机银行支付系统为例，分析了如何实施金融科技生物特征识别系统风险审计。

综上分析，不难发现：近年来国内外都非常重视金融科技风险研究与应用。

1.4 审计技术方法研究与应用现状

审计作为党和国家监督体系的重要组成部分，在维护国家财政经济秩序、促进廉政建设、防范化解相关风险、保障经济社会健康发展等方面发挥着越来越重要的作用。为了便于分析审计如何在防范化解金融科技风险中发挥作用，本节对审计技术方法研究与应用现状进行分析。

1.4.1 常用审计方法

根据国家审计准则[②]，一般来说，审计人员常用的审计方法主要有以下几种。

1. 检查法

检查法是指根据审计需要，审计人员对相关纸质、电子或者其他介质形式存在的文件、资料进行审查，或者对有形资产进行审查，从而发现相关审计线索。

2. 观察法

观察法是指根据审计需要，审计人员查看相关人员正在从事的活动或者执行的程序，从而发现相关审计线索。

3. 询问法

询问法是指根据审计需要，审计人员以书面或者口头方式向相关人员

① 陈伟:《金融科技生物特征识别系统风险审计研究》,《会计之友》2022 年第 12 期, 第 2～7 页.
② https://www.audit.gov.cn/n6/n36/n10083973/c10212096/content.html.

了解关于审计事项的信息，从而发现相关审计线索。

4. 外部调查法

外部调查法是指根据审计需要，审计人员向与审计事项有关的第三方进行调查，从而发现相关审计线索。

5. 重新计算法

重新计算法是指根据审计需要，审计人员以手工方式或者使用合适的信息技术对有关数据计算的正确性进行核对，从而发现相关审计线索。

6. 重新操作法

重新操作法是指根据审计需要，审计人员对相关业务程序或者控制活动独立进行重新操作验证，从而发现相关审计线索。

7. 分析法

分析法是指根据审计需要，审计人员研究与审计事项有关的财务数据之间、财务数据与非财务数据之间可能存在的合理关系，对相关信息作出评价，并关注异常波动和差异。

8. 鉴定法

鉴定法是指根据审计需要，审计人员对某些检查需要的技能超出了自身正常业务范围的审计事项，聘请专门人员运用专门方法进行检测以获取审计证据的一种审计技术。鉴定法是一种证实问题的方法，不是审计的专门技术，但却是必不可少的技术。鉴定法多用于一些涉及较多专门技术问题的领域，以及难以判别真实情况的一般审计事项。

1.4.2　信息化环境下的审计方法

传统审计的主要手段是手工查账，随着信息技术的应用与发展，到了 20 世纪 80 年代，信息化应用趋向普及，很多行业开始广泛运用计算机、网络、数据库等信息技术来管理业务，以手工查账为主要手段的审计职业遇到了来自信息技术的挑战，“1.4.1 常用审计方法”中分析的审计方法不能很好地满足信息化环境下审计的需要。审计对象的信息化要求审计单位的审计技术方法必须及时做出相应的调整，要运用信息技术开展审计工作。2018 年 5 月 23 日，中共中央总书记、国家主席、中央军委主席、中央审计委员会主任习近平在主持召开的中央审计委员会第一次会议上指出，要坚持科技强审，加强审计信息化建设[①]。国外也一直重视信息技术在审计领域的研究与应用，世界审计组织（International Organization of Supreme Audit Institutions，INTOSAI）重视信息技术在审计中的应用。世界审计组织大会（International Congress of Supreme Audit Institutions，INCOSAI）是世界审计组织的最高权力机构，每三年在各个大洲轮流举办一次。1980 年 6 月 14 日至 25 日，世界审计组织第十届国际会议在肯尼亚内罗毕举行，来自 94 个国家的代表参加了本次会议。其中，计算机系统在预算会计中的应用、发展中国家的审计技术是本次大会的两大主题。1989 年 6 月 12 日至 21 日，世界审计组织第十三届国际会议在德国柏林举行，来自 115 个国家的代表参加了本次会议。其中，计算机审计是本次大会的三大主题之一。1992 年 10 月 18 日至 23 日，世界审计组织第十四届国际会议在美国华盛顿举行，来自 130 个国家的代表参加了本次会议。在本次会议上，还专门召开了关于审计办公自动化、计算机辅助审计（computer assisted audit，CAA）和计算机系统审计的专题讨论会[②]。

党的二十大报告提出要加快建设数字中国[③]。近年来我国的数字基础设施实现跨越发展，各行业、各领域信息化、数字化转型加速推进。随着大数据、人工智能等现代信息技术研究与应用的发展，大数据审计、智能审计成为目前审计领域研究与应用的热点问题。

信息化环境下，审计证据的获取更多是通过采用合适的相关信息技术对与审计事项相关的电子数据进行分析来完成的，也就是说，通过对被审计数据的分析，发现可疑数据，并通过对可疑数据进行确认，最终获取审计证据[④]。因此，信息化环境下，电子数据审计成为审计工作的一项重要内容。除了通过审计电子数据获得审计证据之外，审计被审计单位的信息系统，即信息系统审计，也是目前开展审计工作的一项重要内容。

另外，审计单位为了提高审计业务管理和办公效率，需要大力推进审计管理工作的数字化转型，审计管理信息化也越来越重要。一般来说，办公自动化（office automation，OA）是管理信息化的重要实现方式。办公自动

---

① https://www.audit.gov.cn/n4/n19/c122699/content.html.

② INTOSAI, 2022: "INTOSAI: 50 Years (1953-2003)", https://www.intosai.org/fileadmin/downloads/documents/open_access/INTOSAI_Publications/Publication_50y_INTOSAI/INTOSAI_50th_Anniv_EN.pdf.

③ http://www.gov.cn/xinwen/2022-10/25/content_5721685.htm.

④ 陈伟，Smieliauskas Wally：《大数据环境下的电子数据审计：机遇、挑战与方法》，《计算机科学》2016 年第 43 卷第 1 期，第 8～13，34 页.

化对审计单位的管理工作同样非常重要，审计单位开展审计管理信息化可以借助 OA，提升审计管理水平和效率，实现公文办理等全过程的数字化。

综上所述，目前审计信息化主要包括审计作业信息化（电子数据审计、信息系统审计）和审计管理信息化。随着大数据、人工智能等技术的发展，大数据审计和智能审计成为审计信息化研究与应用的前沿。审计信息化的主要内容如图 1.2 所示①。

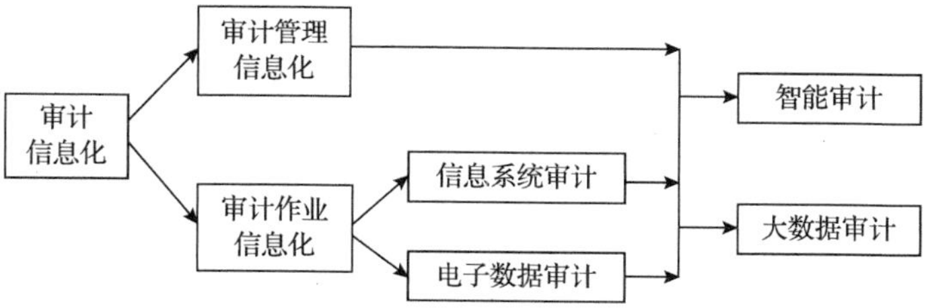

图 1.2　审计信息化的主要内容

概括来说，审计信息化是指现代信息技术在审计作业和审计管理活动中的应用过程，它可以看成是和会计信息化相对应的一个概念，其已成为审计学研究的重要分支领域之一。

为了便于后文的研究，审计信息化中的信息系统审计、电子数据审计、持续审计/联网审计、大数据审计、智能审计等相关概念分析如下。

1. 信息系统审计

信息系统审计（information system audit，ISA）是目前审计领域常用的概念，一般理解为对计算机系统的审计，信息系统审计的国际权威组织——信息系统审计与控制协会（Information Systems Audit and Control Association，ISACA）给出了信息系统审计的定义②③：信息系统审计是收集和评估证据，以确定信息系统与相关资源能否适当地保护资产、维护数据完整、提供相关和可靠的信息、有效完成组织目标、高效率地利用资源并且存在有效的内部控制，以确保满足业务、运作和控制目标，在发生非期望事件的情况下，能够及时地阻止、检测或更正的过程。

目前常用的信息系统审计方法包括访谈法、现场观察法、文档查看法、穿行测试法、系统数据分析法、面向系统的计算机辅助审计技术等，详细

---

① 陈伟:《审计信息化》，北京，高等教育出版社，2022，第 2 版.

② ISACA, 2013: CISA Review Manual 2014.

③ 陈伟:《计算机审计》，北京，中国人民大学出版社，2023，第 3 版.

内容将会在第 4 章进行分析。

2. 电子数据审计

信息化环境下，如何分析与审计事项相关的电子数据，发现审计线索，获得审计证据对开展审计工作越来越重要。我国近年来一直重视电子数据审计(electric data auditing)的应用，2014 年 12 月，审计署专门设立了电子数据审计司。国际上也高度关注电子数据审计问题，国际内部审计师协会(Institute of Internal Auditors，IIA)2011 年发布了全球技术审计指南《数据分析技术》(Data Analysis Technologies)。不难发现，电子数据审计得到了国内外审计领域的广泛关注。根据目前电子数据审计的研究与应用情况，电子数据审计一般可以理解为对被审计单位信息系统中的电子数据进行采集、预处理以及分析，从而发现审计线索，获得审计证据的过程[①]。

目前常用的电子数据审计方法包括数据查询、统计分析、数值分析等，详细内容将会在第 4 章进行分析。

3. 持续审计/联网审计

持续审计(continuous auditing，CA)是能在相关事件发生的同时，或之后很短的时间内就能产生审计结果的一种审计类型[②③]。根据这一定义，把持续审计称为实时审计更为合适。此外，要实现持续审计，需要一个在线的计算机系统把审计部门和被审计部门连接起来，所以，持续审计也被称为持续在线审计(continuous online auditing，COA)。

随着信息化程度的提高以及计算机网络的广泛使用，目前正在开展的联网审计(online auditing)也是持续审计的一种方式。印度审计署认为，联网审计是一项技术，它可以在系统处理数据的同时，或者在处理结束后马上收集审计证据；中国香港特别行政区审计署认为联网审计就是在局域网环境下，以审计为目的的信息技术应用；波兰最高审计署认为联网审计的工作内容主要包括通过互联网实现访问被审计单位的公共数据库，并分析电子格式的文件、声明和解释。

综合相关研究文献以及联网审计的应用情况，联网审计可以概括为[②]：

---

① 陈伟, Smieliauskas Wally:《大数据环境下的电子数据审计：机遇、挑战与方法》,《计算机科学》2016 年第 43 卷第 1 期, 第 8～13, 34 页.

② Vasarhelyi M A, Halper F B, 1991: “The continuous audit of online systems”, Auditing A Journal of Practice & Theory, 10(1): 110-125.

③ 陈伟:《联网审计技术方法与绩效评价》, 北京, 清华大学出版社, 2012.

联网审计是由于互联网/移动互联网技术在审计中的应用而形成的一种新的审计模式，这种新的审计模式使得相关审计数据的采集和分析、审计信息交流、审计证据的获取等工作实现网络化和远程化。

持续审计/联网审计的发展为实现实时、远程的电子数据审计打下了基础。

4. 大数据审计

大数据(big data)时代的到来为审计工作带来了机遇和挑战，大数据审计(big data auditing)的研究与应用越来越重要。

根据目前大数据审计的研究与应用情况，大数据审计是随着大数据时代的到来以及大数据技术的发展而产生的一种新的审计模式，其内容主要包括大数据环境下的电子数据审计(如何利用大数据技术审计电子数据、如何审计大数据环境下的电子数据)和大数据环境下的计算机信息系统审计(如何利用大数据技术审计信息系统、如何审计大数据环境下的信息系统)两方面的内容。大数据审计所包括的主要内容如图 1.3 所示。其中，大数据环境下的电子数据审计问题是目前研究与应用的热点。由此可见，大数据审计是伴随着大数据时代的到来，审计信息化的进一步发展。

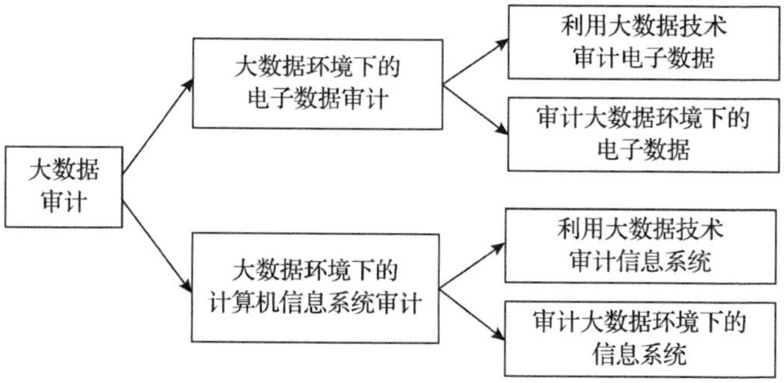

图 1.3　大数据审计的主要内容

目前常用的大数据审计技术方法包括大数据多数据源综合分析技术、大数据可视化分析技术、大数据智能分析技术等，详细内容将会在第 4 章进行分析。

5. 智能审计

随着人工智能技术的发展及其在相关行业的应用，审计、会计等领域也迫切需要应用人工智能技术。简单地讲，智能审计就是利用大数据、人工智能、云计算、机器人、自动化等先进信息技术，实现审计作业和审计管理的智能化，从而全面提高审计效率[①]。其主要内容如图 1.4 所示。其中，智能审计作业是智能审计的重要内容，其主要内容如图 1.5 所示。

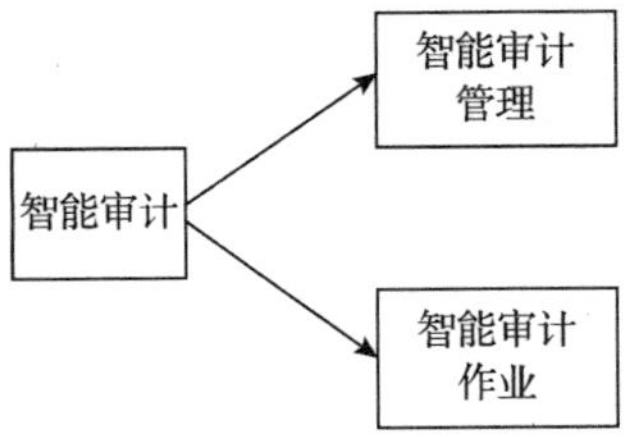

图 1.4　智能审计的主要内容

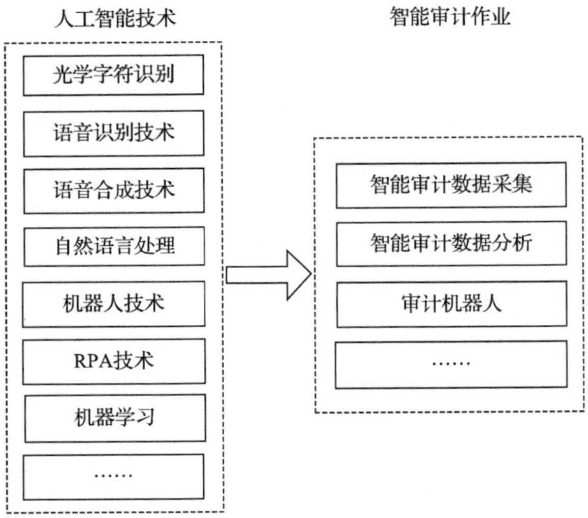

图 1.5　人工智能技术在智能审计作业中的应用示例

智能审计是审计信息化发展的前沿。通过智能审计，不但可以将审计人员从繁杂的事务性工作、重复性工作中解放出来，实现审计工作流程自动化，从而提高审计效率，还可以通过使用各类智能审计软件自动按照审计人员的思路“智能”地完成审计数据采集、审计数据预处理、审计数据分析、审计线索核实、审计报告生成等工作，从而实现审计工作的智能化。目前，智能审计理论与方法已开始逐步走向应用。例如，审计人员使用图像识别技术可以实现图像数据的智能分析，从而可以满足大数据环境下非结构化数据分析的需要；审计人员可以根据审计业务需要，使用 RPA 技术实现自动采集被审计单位内部相关财务与业务系统中的数据，自动抓取与被审计单位相关的外部网站信息，自动采集扫描发票或电子发票中的关键

① 陈伟:《智能审计》，北京：机械工业出版社, 2021.

信息，并对采集来的相关数据进行自动分析。

目前可用于智能审计的人工智能技术包括图像识别技术、语音识别/语音合成技术、机器学习（machine learning，ML）、RPA技术、自然语言处理等，详细内容将会在第4章进行分析。

1.5　金融科技风险审计的相关研究与应用现状

审计作为信息科技风险的第三道防线，在防范化解金融科技风险中起着重要作用。国内外审计实务界一直高度重视信息技术应用带来的风险。早在计算机进入实用阶段时，美国就开始提出系统审计（system audit）。1969年，电子数据处理审计师协会（Electronic Data Processing Auditor Association，EDPAA）在美国洛杉矶成立。1994年，EDPAA更名为信息系统审计与控制协会，总部设在美国芝加哥。为了控制信息系统风险，满足信息系统审计的需要，国际上制定了一系列的信息系统审计准则与规范。《2002年萨班斯-奥克斯利法》（Sarbanes-Oxley Act of 2002，简称SOX法案）第404条款的合规性实践，展示了改善IT治理和判断IT治理成效的一种有效方法。作为全球最具影响力的内部控制标准，全美反舞弊性财务报告委员会发起组织（The Committee of Sponsoring Organizations of the Treadway Commission，COSO）内部控制框架得到了世界许多国家的一致认可和广泛借鉴。许多组织为了达到SOX法案对内部控制和信息真实性的要求，纷纷对信息系统进行控制评估和风险测试，开发了各种信息技术控制框架以符合COSO提出的要求，从而把信息技术的总体控制和应用控制方法与COSO框架结合起来。信息系统审计与控制协会在1996年公布了信息及相关技术控制目标（Control Objectives for Information and related Technology，COBIT）控制框架，并分别在1998年、2000年、2005年、2012年、2018年进行了修订；国际内部审计师协会对信息系统审计的相关内容进行了研究，发布了《全球技术审计指南》（Global Technology Audit Guide，GTAG）。

我国对信息系统审计也非常重视。1999年2月，中国注册会计师协会发布了《中国注册会计师独立审计准则》，其中包括《独立审计具体准则第20号——计算机信息系统环境下的审计》；2006年2月，中国注册会计师协会发布了《中国注册会计师审计准则第1633号——电子商务对财务报表审计的影响》。2008年9月，中国内部审计协会发布了《内部审计具体准则第28号——信息系统审计》；2013年8月，中国内部审计协会发布了新修订的《中国内部审计准则》，其中包括《第2203号内部审计具体准则——信息系统审计》。2012 年 2 月，审计署发布了《信息系统审计指南——计算机审计实务公告第 34 号》。为了信息系统安全保护的需要，2008 年 6 月，国家市场监督管理总局和国家标准化管理委员会发布了《信息安全技术 信息系统安全等级保护基本要求（GB/T 22239—2008）》[①]。随着大数据、云计算、移动互联网等技术的发展与应用，为了适用于新型网络系统的安全保护要求，2019 年 5 月 10 日，国家市场监督管理总局和国家标准化管理委员会发布了新修订的《信息安全技术 网络安全等级保护基本要求》。

对于一些信息化程度高、对信息系统依赖大的行业，如金融等，信息系统审计更为重要。对于金融行业，目前开展的信息系统审计一般称为信息科技审计。中国银行业监督管理委员会 2017 年 4 月发布的《关于银行业风险防控工作的指导意见》（银监发〔2017〕6 号）中指出“加强信息科技风险防控”。金融行业高度重视信息系统审计的应用，中国银行业监督管理委员会于 2009 年 3 月发布了《商业银行信息科技风险管理指引》，同时废止了 2006 年 11 月发布的《银行业金融机构信息系统风险管理指引》；中国保险监督管理委员会于 2008 年 3 月发布了《保险业信息系统灾难恢复管理指引》；中国证券监督管理委员会于 2014 年 12 月发布了金融行业推荐性标准《证券期货业信息系统审计规范》，于 2016 年 11 月发布了金融行业推荐性系列标准《证券期货业信息系统审计指南 第 1 部分：证券交易所》《证券期货业信息系统审计指南 第 2 部分：期货交易所》《证券期货业信息系统审计指南 第 3 部分：证券登记结算机构》《证券期货业信息系统审计指南 第 4 部分：其他核心机构》《证券期货业信息系统审计指南 第 5 部分：证券公司》《证券期货业信息系统审计指南 第 6 部分：基金管理公司》《证券期货业信息系统审计指南 第 7 部分：期货公司》。

目前审计实务工作中也高度关注信息科技风险方面的问题。在政府审计工作中，我国审计署及地方审计机关目前针对金融机构的经济责任审计中，被审计单位的信息系统建设与运行风险审计是一项重要的审计内容。内部审计中的信息科技专项审计、社会审计中的信息系统风险管理专项审计也专门关注金融科技风险的相关问题。目前一般从 IT 治理审计、信息系统开发测试与维护审计、信息系统运行管理审计、信息系统安全审计、业务连续性管理（business continuity management，BCM）审计、IT 外包审计、各个信息系统的应用控制审计等方面出发，调查被审单位基本情况，识别其信息系统总体控制和应用控制，采用访谈、文档查看、现场观察等方法，

① 该标准已于 2019 年废止。

进行设计和实施测试以及执行有效性测试，收集审计证据，防范信息科技风险。

国内外学术界也高度关注信息科技风险方面的研究。随着云计算技术的发展与应用，一些文献研究了云计算环境带来的审计风险，如 ISACA[①]从信息系统审计的视角分析了云计算的风险；Prakash[②]分析了云计算环境下审计人员应该考虑的风险；陈伟和 Wally 分析了云计算环境下实施联网审计可能存在的主要风险[③]，研究了基于自然语言处理技术的 IT 治理审计方法[④]、基于大数据技术的业务连续性管理审计方法[⑤]以及云计算系统审计方法[⑥]；陈伟等结合金融科技风险审计的应用实践，研究了金融科技风险审计的研究与应用现状以及发展趋势[⑦]，以及基于社会网络分析的金融科技系统用户管理风险审计方法[⑧]；金融科技的发展使得生物特征识别技术在金融科技系统中得到广泛应用，如何防范金融科技中这些生物特征识别技术的应用带来的风险越来越重要。针对这一需要，陈伟[⑨]研究了金融科技生物特征识别系统风险审计，为今后开展金融科技生物特征识别系统风险审计、防范化解金融科技生物特征识别系统风险提供了理论基础与技术方法。总的来说，目前直接针对金融科技风险审计的研究与应用还较少。

1.6　金融科技风险审计的目标

综上分析，不难发现：金融科技的发展大大推动了金融创新与应用，但同时也带来了新的风险，如果这些风险得不到管理和控制，它们可能会对更大范围内的金融系统造成损害。

简单地讲，金融科技风险就是由金融科技的广泛应用而带来的风险，相对于原来的信息科技风险，这些风险更广泛、更复杂。它不仅包括传统

① ISACA, 2013: CISA review manual 2014.

② Prakash S, 2011: "Risk management: cloud computing considerations", CMA Magazine, 85 (2): 40.

③ 陈伟, Wally S:《云计算环境下的联网审计实现方法探析》,《审计研究》2012 年第 3 期, 第 37～44 页.

④ 陈伟, 李晓鹏, 杨建荣:《大数据环境下基于自然语言处理技术的 IT 治理审计方法》,《财务与会计》2019 年第 6 期, 第 69～72 页.

⑤ 陈伟:《基于大数据技术的 BCM 审计方法研究》,《会计之友》2019 年第 11 期, 第 113～116 页.

⑥ 陈伟, 金伟:《云计算系统审计探讨》,《中国审计》2019 年第 22 期, 第 27～28 页.

⑦ 陈伟:《金融科技风险审计：现状及发展》,《中国注册会计师》2020 年第 9 期, 第 72～74 页.

⑧ 陈伟, 詹明惠, 陈文夏:《基于社会网络分析的金融科技系统用户管理风险审计方法研究》,《中国注册会计师》2019 年第 12 期, 第 74～78 页.

⑨ 陈伟:《金融科技生物特征识别系统风险审计研究》,《会计之友》2022 年第 12 期, 第 2～7 页.

金融风险在金融科技中的体现(如合规风险、操作风险、技术风险等)，还包括大数据、云计算、人工智能等现代信息技术环境下的新风险(如大数据、云计算、人工智能等现代信息技术的应用给金融业务运行带来的风险，以及新技术自身的风险等)。

如前文所述，审计作为信息科技风险的第三道防线，在防范化解金融科技风险中起着重要作用。开展金融科技风险审计越来越重要，通过开展金融科技风险审计，可以有效地防范化解金融科技风险。

1.7　金融科技风险审计的主体和客体分析

1.7.1　审计主体

专门从事审计工作的单位被称为审计专职机构(审计单位)，审计专职机构(审计单位)包括国家审计机关、内部审计机构，以及社会审计组织。审计专业人员是审计专职机构(审计单位)的审计人员。审计主体通常是指审计关系中的审计专职机构(审计单位)及其审计专业人员。对于政府审计或内部审计，审计主体是指在审计活动中主动实施审计行为，行使审计监督权的审计专职机构(审计单位)及其审计人员；对于社会审计组织，审计主体是接受审计授权人(或委托人)的授权(委托)而成为实施审计的审计专职机构(审计单位)及其审计人员。

审计主体贯穿着审计工作的整个过程，对审计项目质量起着决定作用。

根据以上审计主体的定义以及金融科技的应用现状，一般来说，金融科技风险审计的审计主体可以为以下机构：

(1)各级政府审计机关，如审计署、省审计厅、地方审计局等。

(2)各金融机构的内部审计部门。

(3)接受委托为金融机构提供金融科技风险审计的会计师事务所。

另外，审计主体也可以依据我国的相关法律确定，例如，《中华人民共和国个人信息保护法》第六十条规定：

国家网信部门负责统筹协调个人信息保护工作和相关监督管理工作。国务院有关部门依照本法和有关法律、行政法规的规定，在各自职责范围内负责个人信息保护和监督管理工作。

县级以上地方人民政府有关部门的个人信息保护和监督管理职责，按照国家有关规定确定。

根据以上规定，在开展金融科技生物特征信息应用风险审计时，相关部门可以作为审计主体开展相关工作。

1.7.2　审计客体

审计客体，即被审计单位，通常是指接受审计专职机构(审计单位)及其审计专业人员审计的经济责任承担者和履行者。审计客体(被审计单位)一般包括国务院各部门、地方各级政府及其所属部门、财政金融机构、企业组织、事业组织等。

根据以上审计客体的定义以及金融科技的应用现状，一般来说，金融科技风险审计的审计客体可以包括：相关金融机构，以及其他与金融科技相关，应当接受审计的单位。

1.8　金融科技风险审计的基本步骤

根据目前信息化环境下开展审计的流程，开展金融科技风险审计可以采取以下基本步骤。

1. 金融科技风险审计审前准备阶段

在金融科技风险审计审前准备阶段，主要包含如下工作。

(1)下发金融科技风险审计通知书。成立金融科技风险审计小组，编写下发金融科技风险审计通知书。

(2)开展审前调查。通过审前调查，了解被审计金融单位和被审计金融科技系统的基本情况。

(3)制订金融科技风险审计实施方案。

2. 金融科技风险审计审计实施阶段

在金融科技风险审计审计实施阶段，主要包含如下工作。

(1)金融科技控制活动识别。根据审计实施方案，进一步调查被审计金融单位基本情况，识别其金融科技系统总体控制、应用控制等相关金融科技控制活动。

(2)金融科技风险分析。采用访谈、文档查看、现场观察以及其他最新技术方法如大数据审计、智能审计等开展金融科技风险分析，获得相关审计证据。

(3)编写审计取证单和审计工作底稿。

3. 金融科技风险审计审计报告撰写阶段

在金融科技风险审计审计报告撰写阶段，主要包括如下工作。

(1) 整理、评价相关金融科技风险审计证据，撰写金融科技风险审计报告征求意见书，征求被审计金融单位意见。

(2) 在金融科技风险审计报告征求意见书的基础上，撰写金融科技风险审计报告。

(3) 审计单位审查批准审计报告，提出审计意见、决定。

4. 金融科技风险审计审计结果执行阶段

在金融科技风险审计审计结果执行阶段，主要包括如下工作。

(1) 执行金融科技风险审计报告中的审计结果。

(2) 金融科技风险审计项目材料的归档和管理。

综上所述，实施金融科技风险审计的基本步骤如图 1.6 所示。

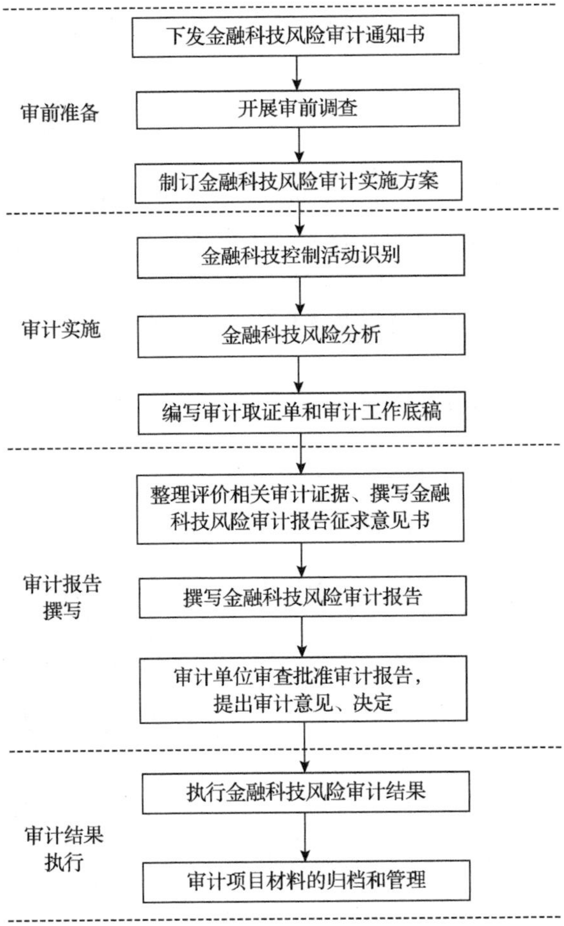

图 1.6　金融科技风险审计的基本步骤

1.9 金融科技风险审计可参照的准则与规范

1.9.1 金融科技风险审计准则与规范概述

金融科技风险审计准则与规范是审计人员开展金融科技风险审计工作时必须遵循的行为规范与要求，是审计人员执行金融科技风险审计业务，获取审计证据，形成审计结论，出具金融科技风险审计报告的专业标准。目前国内外直接针对金融科技风险审计的准则与规范还比较少见。为了满足信息系统审计的需要，近年来国内外已制定了一系列的信息系统审计准则与规范，本节对国内外制定的主要相关信息系统审计准则与规范进行分析，以期为研究金融科技风险审计或制定金融科技风险审计准则提供参考依据。

1.9.2 国内金融科技风险审计相关准则与规范概述

1. 审计行业信息系统审计相关准则与规范

注册会计师审计高度重视信息系统审计的应用。1999 年 2 月，中国注册会计师协会发布了《中国注册会计师独立审计准则》，其中包括《独立审计具体准则第 20 号——计算机信息系统环境下的审计》；2006 年 2 月，中国注册会计师协会发布了《中国注册会计师审计准则第 1633 号——电子商务对财务报表审计的影响》。

内部审计高度重视信息系统审计的应用。2008 年 9 月，中国内部审计协会发布了《内部审计具体准则第 28 号——信息系统审计》；2013 年 8 月，中国内部审计协会发布了新修订的《中国内部审计准则》，其中包括《第 2203 号内部审计具体准则——信息系统审计》。

政府审计高度重视信息系统审计的应用。2012 年 2 月，审计署发布了《信息系统审计指南——计算机审计实务公告第 34 号》。《中华人民共和国国家审计准则》(2010 年)第六十二条和第七十六条也对信息系统审计提出了要求，部分相关要求如下[①]：

> 第六十二条　审计人员可以从下列方面调查了解被审计单位信息系统控制情况：

① https://www.audit.gov.cn/n6/n36/n10083973/c10212096/content.html.

> (一)一般控制，即保障信息系统正常运行的稳定性、有效性、安全性等方面的控制；
>
> (二)应用控制，即保障信息系统产生的数据的真实性、完整性、可靠性等方面的控制。
>
> 第七十六条　审计人员认为存在下列情形之一的，应当检查相关信息系统的有效性、安全性：
>
> (一)仅审计电子数据不足以为发现重要问题提供适当、充分的审计证据；
>
> (二)电子数据中频繁出现某类差异。

2. 金融行业信息系统审计相关准则与规范

金融行业也高度重视信息系统审计的应用，金融行业相关准则与规范分析如下：

中国银行业监督管理委员会于 2009 年 3 月发布了《商业银行信息科技风险管理指引》，同时废止了 2006 年 11 月发布的《银行业金融机构信息系统风险管理指引》。

中国保险监督管理委员会于 2008 年 3 月发布了《保险业信息系统灾难恢复管理指引》。

中国证券监督管理委员会于 2014 年 12 月发布了金融行业推荐性标准《证券期货业信息系统审计规范》，于 2016 年 11 月发布了金融行业推荐性系列标准《证券期货业信息系统审计指南　第 1 部分：证券交易所》《证券期货业信息系统审计指南　第 2 部分：期货交易所》《证券期货业信息系统审计指南　第 3 部分：证券登记结算机构》《证券期货业信息系统审计指南　第 4 部分：其他核心机构》《证券期货业信息系统审计指南　第 5 部分：证券公司》《证券期货业信息系统审计指南　第 6 部分：基金管理公司》《证券期货业信息系统审计指南　第 7 部分：期货公司》。

为加强网上银行系统的安全防范管理，2010 年 1 月，中国人民银行发布了《网上银行系统信息安全通用规范（试行）》；2012 年 5 月，中国人民银行正式发布了《网上银行系统信息安全通用规范》（JR/T 0068—2012）。近年来，随着金融科技的发展，网上银行系统发生了巨大的变化。经过对 2012 版《网上银行系统信息安全通用规范》（JR/T 0068—2012）的修订，2020 年 2 月，中国人民银行发布了新版的《网上银行系统信息安全通用规范》（JR/T 0068—2020）。

为了加强个人金融信息安全保护与管理，2020 年 2 月，中国人民银行发布了《个人金融信息保护技术规范》(JR/T 0171—2020)。该规范从安全技术和安全管理两个方面出发，规定了提供金融产品和服务的金融业机构在个人金融信息收集、传输、存储、使用、删除、销毁等生命周期各环节的安全防护和规范性要求。该规范有助于防控金融数据风险、保护金融业机构个人金融信息，为安全评估机构和相关审计单位工作的开展提供了参考依据。

随着金融科技的发展，金融业相关应用系统越来越多，各系统之间的数据交换越来越重要。应用程序接口作为金融科技应用过程中重要的技术表现形式，承担着数据和服务的对外输出。为了加强商业银行应用程序接口的安全管理，更快、更好、更安全地发展金融科技应用，2020 年 2 月，中国人民银行发布了《商业银行应用程序接口安全管理规范》(JR/T 0185—2020)。该规范规定了商业银行应用程序接口的类型与安全级别、安全设计、安全部署、安全集成、安全管理、安全运行与维护、服务终止与系统下线等安全技术与安全保障要求。

为了适应移动互联网、大数据、云计算、人工智能、物联网等新技术、新应用和新架构情况下金融行业网络安全等级保护工作的需要，2020 年 11 月，中国人民银行发布了《金融行业网络安全等级保护实施指引》(JR/T 0071—2020)。该指引共包括六部分：基础和术语、基本要求、岗位能力要求和评价指引、培训指引、审计要求、审计指引。

随着大数据、云计算、人工智能等新技术在金融行业的广泛应用，金融数据成为金融机构的重要资产。金融科技在为金融服务带来便利的同时，金融数据的滥用、泄露、篡改等风险威胁也在不断增加。为了维护国家安全、社会稳定以及公众利益，如何在金融科技发展的同时，强化金融数据保护能力，已经成为当前亟须解决的问题。2021 年 4 月 8 日，中国人民银行正式发布金融行业标准《金融数据安全　数据生命周期安全规范》(JR/T 0223—2021)。金融数据生命周期是指金融业机构在开展业务和进行经营管理的过程中，对金融数据进行采集、传输、存储、使用、删除、销毁的整个过程。该规范结合金融数据特点，在数据安全分级的基础上，建立了覆盖数据生命周期过程的安全防护体系，可用于帮助金融业机构开展电子数据安全防护工作，同时也可以为第三方测评机构开展数据安全检查与评估工作提供参考依据。

如前文所述，金融科技的发展使得生物特征识别技术在金融科技系统中得到广泛应用，如何防范金融科技中这些生物特征识别技术的应用带来的风险越来越重要。一些与生物特征识别技术应用相关的法规与规范被制定出来，例如，2018 年 10 月，中国人民银行发布了《移动金融基于声纹识别的安全应用技术规范》(JR/T 0164—2018)。该规范规定了移动金融服务场景中基于声纹识别的安全应用的功能要求、性能要求和安全要求等内容，它可用于移动金融服务基于声纹识别的设计、开发、检测、应用及风控。为了促进个人信息合理利用，同时保护个人信息权益和规范个人信息处理活动，2021 年 8 月 20 日，第十三届全国人民代表大会常务委员会第三十次会议表决通过了《中华人民共和国个人信息保护法》，该个人信息保护法将生物特征识别等信息列为敏感个人信息，要求只有在具有特定的目的和充分的必要性，并采取严格保护措施的情形下，方可处理生物特征识别等敏感个人信息，同时，生物特征识别信息处理单位应当事前进行影响评估，并向个人告知生物特征识别信息处理的必要性以及对个人权益的影响。《中华人民共和国个人信息保护法》自 2021 年 11 月 1 日起施行。这为今后开展金融科技生物特征识别系统风险审计、防范化解金融科技生物特征识别系统风险提供了依据。

3. 国家信息安全相关准则与规范

除了审计行业和金融行业外，国家的一些信息安全要求、法规等也为实施金融科技风险审计提供了相关准则与规范。相关准则与规范分析如下：

为了信息系统安全保护的需要，2008 年 6 月，国家质量监督检验总局和国家标准化管理委员会发布了《信息安全技术 信息系统安全等级保护基本要求》(GB/T 22239—2008)[①]。

随着大数据、云计算、移动互联网等技术的发展与应用，为了适用于新型网络系统的安全保护要求，2019 年 5 月 10 日，国家市场监督管理总局和国家标准化管理委员会发布了新修订的《信息安全技术 网络安全等级保护基本要求》(GB/T 22239—2019)[②]，对标准名称、保护对象、控制措施、章节结构等内容进行了修改和更新，主要修改内容包括:《信息安全技术 信息系统安全等级保护基本要求》的名称修改为《信息安全技术 网络安全等级保护基本要求》；保护对象扩大，将信息系统(采用传统技术的系统)、基础信息网络(电信网、广电网等)、网络和信息系统作为等级保护对象(这些保护对象包括大数据平台、云计算平台、移动互联、物联网和工业控制系统等)。由于《信息安全技术 网络安全等级保护基本要求》在原有通用

① https://openstd.samr.gov.cn/bzgk/gb/newGbInfo?hcno=D13C8CD02AFC374BC31048590EB75445.

② https://openstd.samr.gov.cn/bzgk/gb/newGbInfo?hcno=BAFB47E8874764186BDB7865E8344DAF.

安全要求的基础上，针对云计算、移动互联、物联网和工业控制系统提出了特殊安全要求，从而进一步完善了信息安全保护工作的标准，因此，其也被很多人称为“等保 2.0”。

为了维护网络空间主权和国家安全、社会公共利益，保障网络安全，保护公民、法人和其他组织的合法权益，促进信息化健康发展，2016 年 11 月 7 日，第十二届全国人民代表大会常务委员会第二十四次会议通过了《中华人民共和国网络安全法》[①]，这为今后开展金融科技网络安全风险审计提供了依据。

为了维护国家主权、安全和发展利益，促进数据开发利用，保障数据安全，规范数据处理活动，保护组织、个人的合法权益，2021 年 6 月 10 日，第十三届全国人民代表大会常务委员会第二十九次会议通过了《中华人民共和国数据安全法》[②]，这为今后开展金融科技数据安全风险审计提供了依据。

1.9.3　国外相关准则与规范概述

国际上也高度重视信息系统审计的研究与应用。为了满足信息系统审计的需要，国际上制定了一系列的与信息系统审计相关的准则与规范，这些准则与规范为研究金融科技风险审计或制定金融科技风险审计准则提供了参考依据。目前国际上主要信息系统审计准则与规范分析如下。

1. SOX 法案

SOX 法案又被称为萨班斯-奥克斯利法案。21 世纪初，美国爆发了一系列的财务和管理丑闻，如安然(美国最大的能源公司)和世通(世界通信公司)事件，这些财务和管理丑闻事件沉重打击了投资者对美国资本市场的信心，严重影响了美国的金融证券制度。为了改变这一状况，美国国会出台了《2002 年公众公司会计改革和投资者保护法案》。该法案对美国《1933 年证券法》《1934 年证券交易法》做出大幅修订，在公司治理、会计职业监管、证券市场监管等方面做出了许多新的规定。2002 年 7 月，美国总统布什将此法案签署为法律。由于美国参议院银行委员会主席保罗·萨班斯(Paul Sarbanes)和众议院金融服务委员会主席迈克尔·奥克斯利(Mike Oxley)联合提出该法案，因此该法案又被称作《2002 年萨班斯-奥克斯利法》，简称 SOX 法案。

① https://flk.npc.gov.cn/detail2.html?MmM5MDlmZGQ2NzhiZjE3OTAxNjc4YmY4Mjc2ZjA5M2Q%3D.

② https://flk.npc.gov.cn/detail2.html?ZmY4MDgxODE3OWY1ZTA4MDAxNzlmODg1YzdlNzAzOTI%3D.

SOX 法案共包括 11 章。其中，第 1 章到第 6 章的内容主要是对会计职业及公司行为的监管；第 7 章的内容要求相关部门在该法案正式生效后的指定日期内(一般都在 6 个月至 9 个月)提交若干份研究报告供相关执行机构参考，并作为未来立法的参照；第 8 章到第 11 章的内容主要是提高对公司高管及白领犯罪的刑事责任。

根据 SOX 法案第 404 条款的要求，管理层必须每年对这些 IT 控制点进行测试和评估，并对测试发现的控制风险增设补救和改进措施。如果在规定的期限内 IT 控制风险仍然不能得到改正，外部审计人员将根据情况，针对控制风险及其危害程度发表审计意见。

SOX 法案第 404 条款要求的 IT 总体控制的合规性实践一般采用如下方法：

(1)首先分析公司的 IT 总体控制现状，然后参照《信息及相关技术控制目标》的要求，建立公司的 IT 控制目标，在此基础上，找出和确定能涵盖这些控制目标的 IT 总体控制的关键控制点。

(2)清晰地描述每个关键控制点的控制活动，并进行文档化，同时确保这些控制活动具备可检验性和可操作性，形成 IT 控制矩阵(IT control matrix)。

(3)相关公司必须完成一整套 SOX 法案合规性文档(即与 IT 控制相关的文档)，如 IT 政策、IT 控制矩阵、IT 控制活动描述、IT 控制的测试方法等。

(4)确保已被确定的 IT 控制能得到贯彻执行。

2. COSO 内部控制框架

COSO 内部控制框架是 COSO 在 1992 年 9 月发布的一份报告，该报告的正式名称为《内部控制——整合框架》。COSO 内部控制框架是美国审计行业最广泛接受并使用的内部控制框架，政府审计和会计师事务所的审计工作都以 COSO 内部控制框架作为检查被审计单位内部控制的标准框架。作为全球最具影响力的内部控制标准，COSO 内部控制框架得到了世界许多国家的一致认可，并被广泛借鉴。2013 年 5 月，美国 COSO 发布了更新后的《内部控制——整合框架》，受到国际内部控制理论界和实务界的广泛关注。2016 年 6 月，COSO 发布 2016 版《企业风险管理框架的修订版》(征求意见稿)，征求意见稿在经历了近一年的讨论和反复修订后，2017 年 9 月 6 日《企业风险管理框架的修订版》正式发布。

尽管 COSO 内部控制框架并不是针对信息技术方面的内部控制框架，但是由于它在审计领域的重要性，大部分信息系统审计框架和指南仍会以其为依据。

3. COBIT

COBIT 是 1996 年由信息系统审计与控制协会公布的 IT 控制框架。2005 年，信息系统审计与控制协会对 COBIT 进行了第三次修订，使它与 SOX 法案和 COSO 内部控制框架紧密结合，从而将 IT 治理和 IT 控制纳入组织治理和组织内部控制范畴，加速了信息系统审计与内部管理审计的结合。COBIT 控制框架包括 34 个 IT 流程和四个领域，即 PO（plan and organize，计划与组织）、AI（acquire and implement，获取与实施）、DS（deliver and support，交付与支持）和 ME（monitor and evaluate，监控与评估）。

概括来说，SOX、COSO、COBIT 三者之间的关系如图 1.7 所示。

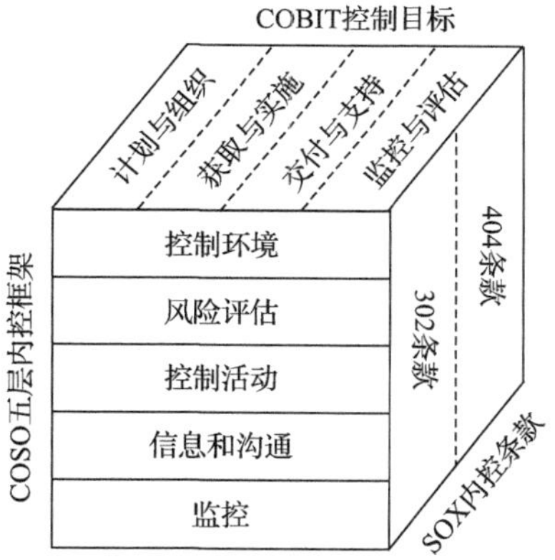

图 1.7　SOX、COSO、COBIT 之间的关系

4. GTAG

国际内部审计师协会高度重视信息技术对内部审计的影响，并对信息系统审计的相关内容进行了研究，发布了 GTAG，主要包括：《GTAG 1：信息技术控制》[Information Technology Controls，2005 年第一版，2012 年第二版时名称改为《GTAG 1：信息技术风险和控制》（Information Technology Risk and Controls）]、《GTAG 2：信息变更和补丁管理控制：对组织成功至关重要》（Change and Patch Management Controls：Critical for Organizational Success，2005 年第一版，2012 年第二版）、《GTAG 3：持续审计：对鉴证、监控和风险评估的影响》（Continuous Auditing：Implications for Assurance,

Monitoring, and Risk Assessment, 2005 年第一版, 2015 年第二版)、《GTAG 4: IT 审计管理》(Management of IT Auditing, 2006 年)、《GTAG 5: 隐私风险审计》(Auditing Privacy Risks, 2006 年第一版, 2012 年第二版)、《GTAG 6: IT 漏洞管理和审计》(Managing and Auditing IT Vulnerabilities, 2006 年)、《GTAG 7: 信息技术外包》(Information Technology Outsourcing, 2007 年第一版, 2012 年第二版)、《GTAG 8: 应用控制审计》(Auditing Application Controls, 2007 年)、《GTAG 9: 身份和访问管理》(Identity and Access Management, 2007 年)、《GTAG 10: 业务持续性管理》(Business Continuity Management, 2008 年)、《GTAG 11: 制定 IT 审计计划》(Developing the IT Audit Plan, 2008 年)、《GTAG 12: 审计 IT 项目》(Auditing IT Projects, 2009 年)、《GTAG 13: 自动化环境下的舞弊防范和检查》(Fraud Prevention and Detection in an Automated World, 2009 年)、《GTAG 14: 审计用户开发的应用系统》(Auditing User-developed Applications, 2010 年)、《GTAG 15: 信息安全治理》(Information Security Governance, 2010 年)、《GTAG 16: 数据分析技术》(Data Analysis Technologies, 2011 年)、《GTAG 17: IT 治理审计》(Auditing IT Governance, 2012 年)、《GTAG 18: 理解与审计大数据》(Understanding and Auditing Big Data, 2017 年)。

5. 欧盟《通用数据保护条例》

如前文所述，随着金融科技的发展与应用，个人数据经常被不当收集、储存、处理、利用，甚至用于非法交易，个人数据滥用与隐私侵害的风险也日益增加。因此，国际上也制定了一些相应的法规。例如，为了保护欧盟公民免受隐私泄露的危害，欧盟《通用数据保护条例》(General Data Protection Regulation, GDPR) 于 2016 年 4 月通过。在给各类企业两年准备时间的基础上，2018 年 5 月，欧盟实施了《通用数据保护条例》。该条例面向所有收集、储存、处理、管理欧盟成员国公民 (无论该公民的现居住地是否在欧盟境内) 个人信息的企业，限制这些企业收集、储存、处理、管理欧盟成员国公民用户个人信息的权限。

1.10 本书的内容与结构

为了更清晰地理解本书的内容以及各章之间的逻辑关系，本书的章节结构及其逻辑关系如图 1.8 所示。具体内容分析如下：

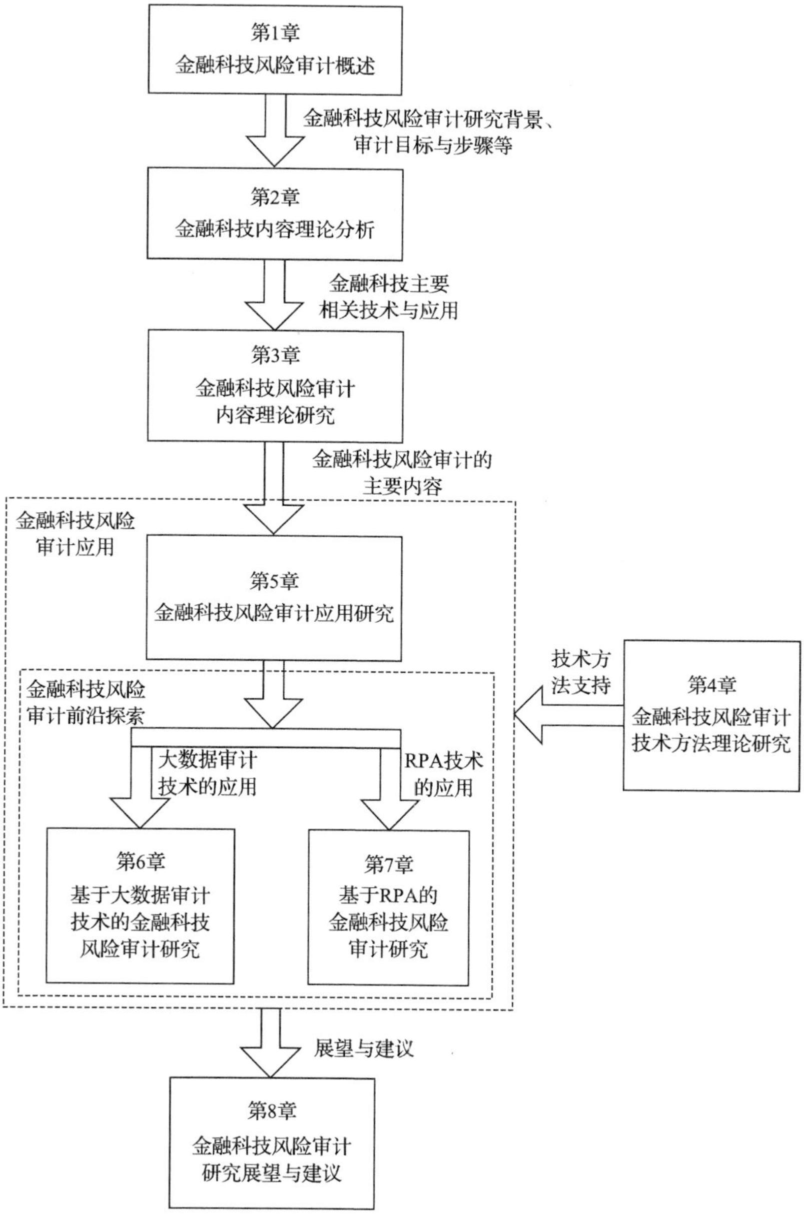

图 1.8 全书章节结构及其逻辑关系示意图

第 1 章分析开展金融科技风险审计的意义、金融科技的定义、金融科技的发展阶段、金融科技风险研究与应用现状、审计技术方法研究与应用现状、金融科技风险审计的研究与应用现状，以及金融科技风险审计的目标、主体和客体、基本步骤、可参照的准则与规范等，从而为后文第 2～8 章的研究打下了基础。

第 2 章从理论上对金融科技的相关内容进行分析，包括应用于金融科技的主要相关技术，如互联网/移动互联网、大数据、云计算、人工智能、区块链等。在此基础上，从理论上对金融科技应用，如网上银行、手机银行、微信银行、直销银行、互联网和移动支付、互联网贷款、智能金融理财服务、智能保险定价、智能客服以及数字货币等进行分析。本章的研究为后文分析金融科技风险及其审计打下了基础。

第 3 章在分析了金融科技面临的风险的基础上，从理论上研究金融科技风险审计的主要内容，包括金融科技系统开发、测试与维护风险审计以及金融科技系统运行管理风险审计、金融科技系统安全风险审计、金融科技系统业务连续性管理风险审计、金融科技系统外包风险审计、金融科技系统应用控制风险审计、金融科技治理风险审计、金融科技系统项目建设风险审计、金融科技系统项目绩效审计、金融科技云计算系统风险审计等。本章的研究为后文研究金融科技风险审计的应用打下基础。

开展金融科技风险审计需要一定的技术方法和实现工具。因此，第 4 章从理论上研究目前可用于金融科技风险审计的基本技术方法，并重点研究基于大数据、人工智能等现代信息技术的金融科技风险审计技术方法及其实现工具，从而为第 5 章、第 6 章、第 7 章的金融科技风险审计研究与应用打下了基础。

在第 3 章分析了金融科技面临的风险和金融科技风险审计内容等理论研究的基础上，第 5 章结合审计实务案例，研究金融科技风险审计的应用，包括金融科技系统开发、测试与维护风险审计应用以及金融科技系统运行管理风险审计应用、金融科技系统安全风险审计应用、金融科技系统业务连续性管理风险审计应用、金融科技系统外包风险审计应用、金融科技系统应用控制风险审计应用、金融科技治理风险审计应用、金融科技系统项目建设风险审计应用、金融科技云计算系统风险审计应用等。

目前的大数据、人工智能环境对金融科技风险审计产生了影响。因此，第 6 章和第 7 章对金融科技风险审计研究前沿进行探索。其中，第 6 章结合第 3 章研究的金融科技风险审计内容、第 4 章研究的金融科技风险审计大数据审计技术方法，研究大数据审计技术在金融科技风险审计中的应用，具体为研究了大数据智能分析技术、大数据可视化分析技术、大数据多数据源综合分析技术在金融科技系统用户管理风险审计、金融科技贷款业务系统应用控制风险审计、金融科技系统业务连续性管理风险审计中的应用。为了提高金融科技风险审计工作效率，实现金融科技风险审计工作的自动化，第 7 章结合第 3 章研究的金融科技风险审计内容、第 4 章研究的金融科技风险审计 RPA 审计机器人技术方法，研究 RPA 技术在金融科技风险审计中的应用，具体为以金融科技系统业务连续性管理风险审计、金融科技系统项目建设风险审计中的发票审计、金融科技贷款业务系统应用控制风险审计为例，研究如何采用 RPA 技术开展金融科技风险审计的应用。在此基础上，分析基于 RPA 的金融科技风险审计机器人的发展方向。

随着人工智能技术的发展，大模型目前成为人工智能领域中最为流行的技术之一。第 8 章展望探索了人工智能前沿技术大模型对金融科技风险审计工作的影响以及如何有效利用大模型开展金融科技风险审计，从而为今后金融科技风险审计的研究与应用提供了方向。在全书研究的基础上，第 8 章最后对金融科技风险审计的应用与发展提出了相关建议。

概括来说，本书各章之间的逻辑关系为：第 1 章到第 4 章为金融科技风险审计理论以及金融科技风险审计技术方法理论研究；第 5 章结合审计实务案例，研究了金融科技风险审计的应用，第 6 章和第 7 章结合目前大数据审计技术和 RPA 技术，研究了金融科技风险审计的前沿应用；第 8 章展望探索了人工智能前沿技术大模型在金融科技风险审计中的应用，并对金融科技风险审计的应用与发展提出了相关建议。

在后面的章节中，将按这一结构进行研究与分析。

第 2 章　金融科技内容理论分析

2.1　引　　言

简单地讲，金融科技的内容可以概括为图 2.1 所示的内容。为了更好地理解金融科技，本章对金融科技的相关内容进行理论分析，包括应用于金融科技的主要相关技术，如互联网/移动互联网、大数据、云计算、人工智能等，在此基础上，对金融科技应用，如网上银行、手机银行、微信银行、直销银行、互联网支付、移动支付、开放银行、互联网贷款、智能金融理财服务、智能保险定价、智能客服以及数字货币等进行分析。本章内容为后文研究金融科技风险及其审计打下了基础。

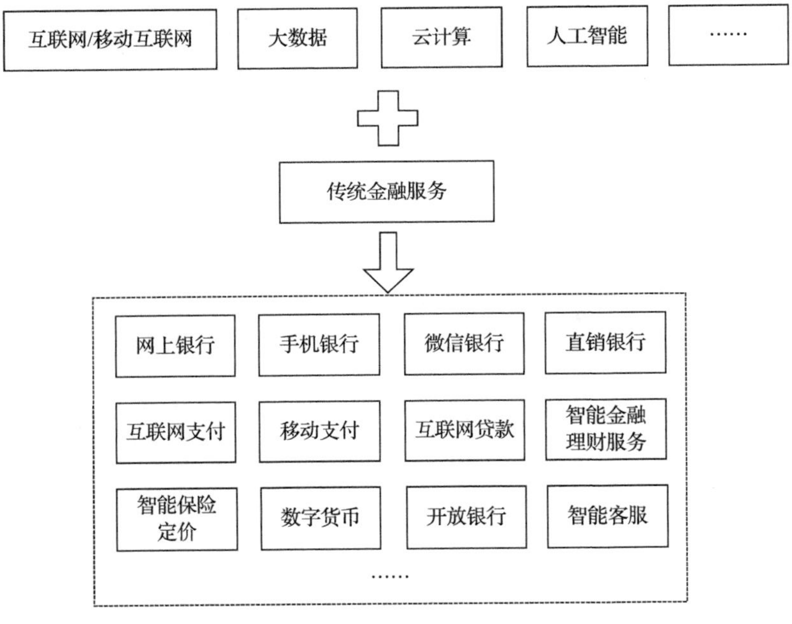

图 2.1　金融科技的内容

2.2　金融科技主要相关技术分析

为了便于理解金融科技的内容，本节对用于金融科技的主要相关技术进行分析。

2.2.1　互联网/移动互联网

互联网(Internet)，又称国际网络，指的是网络与网络之间所串联成的庞大网络，这些网络之间通过一组通用的协议连接起来，形成逻辑上的单一庞大国际网络。互联网始于 1969 年美国的阿帕网，目前已成为数字化社会的基础。

互联网的广泛应用促进了金融科技的发展与应用，出现了网上银行等相关金融科技应用。

移动互联网是移动通信和互联网深度融合的产物，它将移动通信终端与互联网相结合成为一体，继承了移动通信随时、随地的特点和互联网开放、分享、互动的优势。用户可以使用手机或其他无线终端设备，通过移动网络，在移动状态下随时随地访问互联网，使用各种网络服务，获取相关信息。

移动互联网为金融科技的研究与应用打下了基础，出现了手机银行、微信银行、移动支付等相关金融科技应用。

2.2.2　大数据

1. 大数据的内涵

2008 年 9 月 4 日，*Nature*(《自然》)杂志“Big data special”大数据专题论文中首次提出大数据(big data)的概念[①]，认为大数据来源主要有三个。

1)天体物理和粒子物理研究

这些领域的研究产生了大量数据，根本来不及处理，连分类都来不及，更谈不上再利用。

2)生物科学研究

基因、蛋白研究产生了大量的数据。

3)社交网络应用

社交网络应用产生了巨量的数据，而且是非结构化的，尚没有较好的数据库存储。

① Lynch C, 2008: “Big data: how do your data grow?”, Nature, 455(7209): 28-29.

2011年，世界著名咨询机构麦肯锡公司发布了《大数据：下一个创新、竞争和生产力的前沿》(Big data：The next frontier for innovation，competition，and productivity)报告，给出了大数据定义：大数据指的是大小超出常规数据库工具获取、存储、管理和分析能力的数据集①。Gartner(高德纳咨询公司)把大数据定义为：大数据是指需要新处理模式才能具有更强的决策力、洞察发现力、流程优化能力的海量、高增长率、多样化的信息资产，这种信息资产需要新形式的处理方法②。中国国务院印发的《促进大数据发展行动纲要》认为：大数据是以容量大、类型多、存取速度快、应用价值高为主要特征的数据集合，正快速发展为对数量巨大、来源分散、格式多样的数据进行采集、存储和关联分析，从中发现新知识、创造新价值、提升新能力的新一代信息技术和服务业态③。

大数据时代的到来为各行业提供了机遇和挑战。*Science*(《科学》)杂志2011年专刊讨论了如何管理大数据④。2015年9月，中国国务院印发的《促进大数据发展行动纲要》为全面推进我国大数据发展和应用指出了总体目标和主要任务。2021年12月，中央网络安全和信息化委员会印发的《"十四五"国家信息化规划》⑤提出了建设"全国一体化大数据中心体系建设工程""大数据应用提升工程"等。2022年1月，中国国务院印发的《"十四五"数字经济发展规划》⑥强调发挥大数据在优化升级数字基础设施、持续提升公共服务数字化水平、健全完善数字经济治理体系等方面的重要作用。总的来说，大数据的研究和应用已经成为国内外的热点，世界各国均高度重视大数据的研究与探索。

2. 大数据的特点

概括来说，大数据主要具有以下特点④。

1)大量(volume)

数据量大，非结构化数据规模大，增长比结构化数据快10倍到50倍。

---

① Manyika J, Chui M, Brown B, et al., 2011: "Big data: The Next Frontier for Innovation, Competition, and Productivity", McKinsey Global Institute.

② Gartner E S, 2012: "10 Critical Tech Trends for the Next Five Years", http://www.forbes.com/sites/ericsavitz/2012/10/22/gartner-10-critical-tech-trends-for-the-next-five-years/.

③ http://www.gov.cn/zhengce/content/2015-09/05/content_10137.htm.

④ Science, 2011: "Dealing with data", Science, 331(6018): 639-806.

⑤ http://www.cac.gov.cn/2021-12/27/c_1642205312337636.htm.

⑥ http://www.gov.cn/zhengce/content/2022-01/12/content_5667817.htm.

2) 多样性(variety)

大数据的形式多样，有很多不同形式，如文本、图像、视频、机器数据等。

3) 快速(velocity)

一方面数据量增长速度快，另一方面大数据要求实时分析，处理速度要求快。

4) 真实性(veracity)

数据必须是准确的，可靠的，一致的，具有可追溯性。

5) 可视化(visualization)

大数据的分析结果往往难以解释。使用可视化分析工具将大数据转换成易于理解、易于呈现的图形和图表，对于用户理解大数据以及大数据分析结果非常重要。另外，借助大数据可视化分析技术，我们能够更深入地挖掘大数据及其分析结果的潜在价值，有时还能获得意外的新发现和洞见。

国际内部审计师协会在 2017 年发布的《理解与审计大数据》指南中，把可视化作为大数据的一个重要特点。

大数据技术的发展为互联网贷款、保险定价等相关金融科技的研究与应用打下了基础。

2.2.3　云计算

1. 云计算的内涵

云计算(cloud computing)是指通过网络访问可扩展的、灵活的物理或虚拟共享资源池，并按需自助获取和管理资源的模式①。

云计算主要有如下三个层次的服务模式。

1) 软件即服务

软件即服务(software as a service，SaaS)为很多用户提供应用软件服务，用户不需要日常的 IT 操作人员。

---

① 国家标准化管理委员会，2019:《信息安全技术 网络安全等级保护基本要求》，https://std.samr.gov.cn/gb/search/gbDetailed?id=88F4E6DA63434198E05397BE0A0ADE2D.

2) 平台服务

平台即服务(platform as a service，PaaS)为很多用户提供运行应用软件的环境，用户需要维护自己的应用软件。

3) 设施服务

设施即服务(infrastructure as a service，IaaS)为很多用户提供运行应用软件的环境，用户需要有自己的技术人员，如系统管理员、数据库人员、开发人员等。

2. 云计算的特点

概括来说，云计算主要具有以下特点。

1) 可提供动态变化的计算环境

云计算平台能够按需对服务进行配置和管理，可以支持多种不同类型不同需求的应用；云平台能够根据需要分配资源，具有可伸缩性，对业务具有灵活性。

2) 数据存储能力强大

云计算平台可提供海量存储环境，能够按需进行数据存取，支持海量数据管理和存储业务。

3) 降低了相关成本

使用云计算能够极大地提高硬件利用率，并能够在极短时间内升级到巨大容量，而不需要用户自己频繁地投资构建新的基础设施、培训新员工，不需要频繁的软件升级，从而降低了相关成本。

4) 云计算能够实现强大、高效的数据处理能力

云计算在处理用户需要的信息计算任务时可将庞大的计算处理程序拆分成无数个子程序，然后将这些子程序交由多部服务器所组成的庞大系统进行搜索及计算分析，最后直接将处理结果回传给用户，这一过程可在极短时间内完成，因此具有强大、高效的数据处理能力。

5) 云计算能够提供专业、高效和相对安全的数据存储服务

好的云计算供应商能够提供专业、高效和相对安全的数据存储服务，

用户运用云计算技术将数据存储在云平台中，相对于自己管理数据存储，能在一定程度上消除因各种安全问题导致数据丢失的顾虑。

云计算技术的发展为大数据、人工智能等技术在相关金融科技中的研究与应用打下了基础。

2.2.4　人工智能

1. 人工智能的内涵

人工智能(artificial intelligence，AI)是研究开发能够模拟、延伸和扩展人类智能的理论、方法、技术及应用系统的一门新的技术科学，研究目的是促使智能机器会看(图像识别、文字识别等)、会听(语音识别、机器翻译等)、会说(语音合成、人机对话等)、会行动(机器人、自动驾驶汽车等)、会学习(机器学习、知识表示等)、会思考(人机对弈、定理证明等)①。

近年来，人工智能的研究与应用得到了广泛的重视。2017 年 7 月，国务院印发《新一代人工智能发展规划》②，人工智能成为国家发展战略。习近平总书记在中共中央政治局第九次集体学习时深刻指出，加快发展新一代人工智能是事关我国能否抓住新一轮科技革命和产业变革机遇的战略问题③。2021 年 12 月，中央网络安全和信息化委员会印发的《"十四五"国家信息化规划》也高度重视人工智能的应用。

2. 人工智能的特点

概括来说，人工智能技术主要具有以下特点。

1)通用性

人工智能技术可以应用于众多领域，对于金融科技来说，涵盖了保险定价、互联网贷款、智能金融理财服务、智能客服等。人工智能具有通用性，可以被广泛应用于金融科技等各个领域。

2)智能化

智能化是指能够根据以往的经验和数据，进行自主学习、推理、决策等，不需要人工干预。智能化是人工智能最重要的特点。

---

① http://www.qstheory.cn/dukan/qs/2019-02/16/c_1124114625.htm.

② http://www.gov.cn/zhengce/content/2017-07/20/content_5211996.htm.

③ https://www.gov.cn/xinwen/2018-10/31/content_5336251.htm.

3) 自适应

自适应性是指人工智能系统能够主动随环境和任务的变化而变化，能够根据环境和任务的变化而进行自我调整，同时也可以进行自我优化和改进，以提高性能和准确性。人工智能技术的自适应能够使其更好地适应不同情况下的任务，具有较好的准确性、可靠性和实用性。

4) 快速性

人工智能技术可以更准确、快速地处理多模态(如文本、视频、音频、图像等)、大规模数据，从而提高工作效率、节省成本、更好地满足金融科技发展与应用的需要。

人工智能技术的发展为互联网贷款、智能金融理财服务、保险定价、智能客服等金融科技的研究与应用打下了基础。

3. 金融科技应用中大数据、云计算、人工智能等技术之间的关系

金融科技应用中，大数据、云计算与人工智能等现代信息技术之间有着密切的联系。概括来说，金融科技中大数据、云计算与人工智能三者之间的关系见图 2.2。

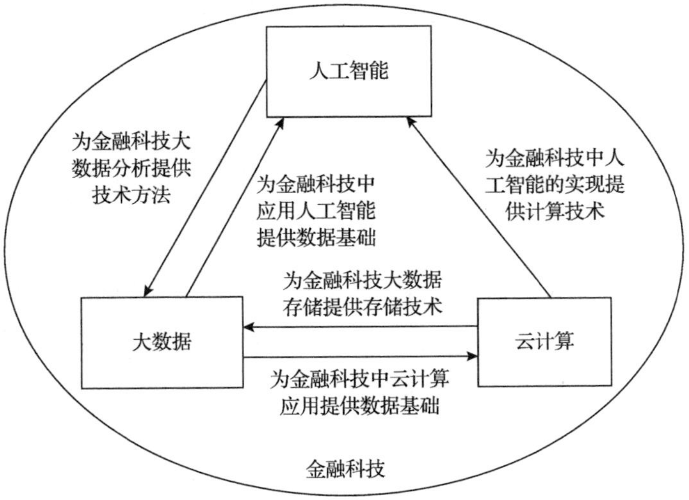

图 2.2　金融科技中大数据、云计算、人工智能之间的关系

三者之间的关系分析如下：

1) 人工智能技术可以用来完成金融科技的大数据分析

对于金融科技来说，人工智能技术为金融科技相关大数据分析提供了

技术方法，人工智能技术的应用可以更高效、更智能地开展金融科技风险审计。

2) 金融科技中人工智能的应用需要大数据的支持

对于金融科技来说，丰富的大数据为在金融科技中应用人工智能技术提供了基础，离开大数据，一些人工智能技术在金融科技中无法取得好的应用效果。

3) 金融科技中云计算的应用为金融科技系统大数据存储和分析提供平台

云计算的相关存储技术为金融科技相关大数据存储提供了平台，云计算的相关计算技术为金融科技应用中大数据的分析计算和人工智能算法的实现提供了基础，保证了相关金融科技应用的有效实现。

2.2.5　区块链

区块链(blockchain)技术起源于化名为中本聪(Satoshi Nakamoto)的学者在 2008 年发表的奠基性论文《比特币：一种点对点电子现金系统》。区块链技术在原理上可以看成一种去中心化的分布式共享数据库。按照区块链的开放程度，区块链可以分为公有链(public blockchain)、私有链(private blockchain)和联盟链(consortium blockchain)三种类型。

作为一项新兴技术，区块链具有去中心化、匿名性、可追溯、集体维护、公开透明、不可篡改、保护数据隐私等优点，在给国家和社会发展带来机遇的同时，也带来了一定的安全风险。为了规范区块链技术应用，防范区块链技术应用带来的风险，2019 年 1 月 10 日，国家互联网信息办公室发布了《区块链信息服务管理规定》[①]。

区块链技术的发展为比特币等加密货币的研究与应用提供了技术支持。

2.3　常见金融科技应用分析

在信息化时代，为了满足客户的需要，提高银行的核心竞争力，金融行业的信息化也在不断发展。从柜面银行，到网上银行、电话银行、微信银行、手机银行、数字银行与直销银行、开放银行等，金融行业的信息技术正在经历快速的发展。目前，除了常用的存款系统、贷款系统、

① http://www.cac.gov.cn/2019-01/10/c_1123971164.htm.

支付清算系统、资金交易系统等之外，金融科技应用主要包括网上银行、手机银行、微信银行、数字银行与直销银行、开放银行、互联网支付、移动支付、互联网贷款、智能金融理财服务、智能保险定价、智能客服以及数字货币等。为了便于后文研究金融科技风险审计，本节将在上一节对用于金融科技的主要相关技术进行分析的基础上，分析目前常见的金融科技应用情况。

2.3.1 网上银行

网上银行(online banking)，也被称为网银、网络银行、在线银行或电子银行，它是银行利用互联网技术，通过互联网向客户提供开户、查询、对账、转账、支付、缴费、存款、贷款、投资理财、销户等传统服务项目，使客户不去银行营业网点就能够安全、便捷地管理活期和定期存款、支票、信用卡及个人投资等。

2.3.2 手机银行

手机银行(mobile banking)是指银行以智能手机或其他移动设备等为载体，使客户能够在移动终端上使用银行服务的渠道模式。手机银行既是产品，又是渠道。随着通信与互联网技术的进步，手机银行的业务功能不断更新与完善。通过手机银行，客户可以实现查询、对账、行内转账、跨行转账、投资理财等传统服务项目，使客户足不出户就能够安全、便捷地使用银行的相关服务。

2.3.3 微信银行

互联网对传统金融的影响越来越明显，微信的广泛应用为银行服务带来广阔的发展空间。自从微信开放了公众平台消息接口后，国内很多银行推出微信客服公众号，发展成为“微信银行”。微信银行实质是将银行客户端移植到微信上，通过微信银行，用户可以实现业务预约办理、账户余额查询、相关信息获取等一系列银行服务。

2.3.4 数字银行与直销银行

伴随着银行数字化进程的不断加深，数字银行成为新型银行运作模式。数字银行是指银行及其所有服务、活动、产品、场景等的全面数字化转型。国内数字银行可以分成两大类：一类是以纯互联网方式运营的民营银行，如微众银行、网商银行等，另一类是传统银行设立的直销银行(direct bank)。其中，直销银行是互联网时代应运而生的一种新型银行运作模式，在这一经营模式下，银行没有营业网点，不发放实体银行卡，打破了时间、地域等限制，能快速地为客户提供简单、透明、优惠的金融服务，提供了全新的营销方式，提高了银行的核心竞争力。

2.3.5　开放银行

开放银行(open bank)是指经过客户授权，银行通过应用程序接口、小程序等技术实现银行与第三方机构之间的客户银行账户、交易数据等数据共享以及银行服务与产品的即插即用的一种业务模式。通过开放银行，不但可以提升客户体验，还可以围绕第三方应用场景，实现金融服务的全覆盖。开放银行的工作原理如图 2.3 所示。

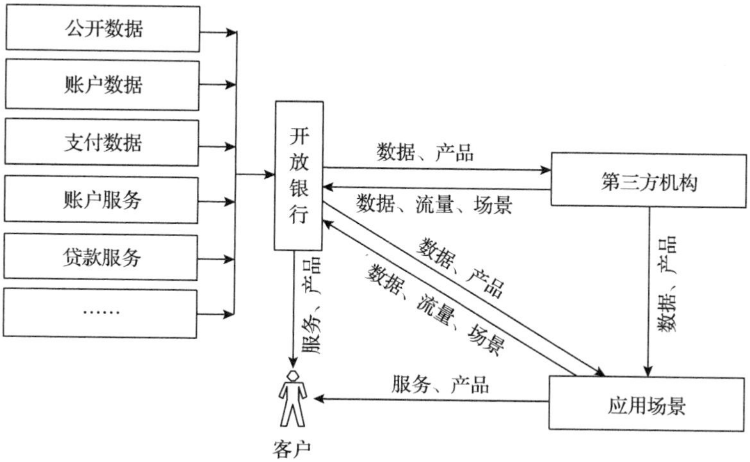

图 2.3　开放银行工作原理示例

目前国内外很多金融机构都在打造各自的开放银行平台，如中国工商银行、浦发银行、平安银行等。

根据当前国内外开放银行的应用现状，目前开放银行主要的开放内容包括如下五方面。

1. 公开数据开放

允许第三方机构获取银行的公开信息，如分支机构、网点分布、主要产品等，方便客户在第三方渠道获取相关信息。

2. 账户数据开放

允许第三方机构读取银行账户数据，如客户收支明细、余额等，以方便客户通过第三方程序管理自身银行账户或获取相应金融服务。

3. 支付数据开放

允许第三方机构调用支付接口，方便客户在第三方渠道直接完成支付。

4. 账户服务开放

常见的账户服务开放如向场景方输出支付清算等产品、以虚拟卡形式给消费金融机构借款人开通银行二类账户等。

5. 贷款服务开放

常见的贷款服务开放如助贷业务，即资金提供方（金融机构）通过助贷平台方，通过互联网向资金需求方发放贷款的行为。

2.3.6 互联网和移动支付

互联网支付是一种网上交易形式，主要表现形式为网银、第三方支付、移动支付。随着目前智能手机的广泛应用，移动支付的应用也迅速发展。移动支付是互联网时代一种新型的支付方式，它不是用现金、支票或者银行卡等方式支付，而是使用智能手机完成支付或者确认支付。

2.3.7 互联网贷款

随着互联网/移动互联网的普及，互联网贷款成为金融科技的一种常见应用，从而发挥互联网/移动互联网的优势，帮助客户足不出户就可以实现在互联网/移动互联网上高效完成贷款业务的各项步骤，如了解各类贷款的申请条件、准备贷款申请材料、提交贷款申请、归还贷款等，用户和企业可以通过相关金融机构的互联网贷款系统直接或间接地借到所需的资金。

2020 年 7 月 12 日，中国银行保险监督管理委员会发布了《商业银行互联网贷款管理暂行办法》。《商业银行互联网贷款管理暂行办法》给出了互联网贷款的定义：互联网贷款①，有时也称为网络信贷，是指商业银行运用互联网和移动通信等信息通信技术，基于风险数据和风险模型进行交叉验证和风险管理，线上自动受理贷款申请及开展风险评估，并完成授信审批、合同签订、贷款支付、贷后管理等核心业务环节

① https://www.nfra.gov.cn/cn/view/pages/ItemDetail.html?docId=916833&itemId=915&generaltype=0.

操作，为符合条件的借款人提供的用于消费、日常生产经营周转等的个人贷款和流动资金贷款。

大数据、人工智能等现代信息技术在互联网贷款中得到了广泛应用。例如，在借贷过程的贷前评估、贷中监测和贷后反馈三个环节中，大数据和人工智能技术都可以发挥重要作用。

1. 贷前评估

在贷前评估阶段，可以利用大数据、人工智能技术对客户的相关数据(个人信息、教育信息、职业经历、纳税数据、社会保险基金数据、工商数据、金融数据、房产数据、住房公积金数据等)进行建模分析，精准地刻画用户画像，全面了解客户信用状况，识别客户潜在风险，预测客户信贷额度，不仅可以实现信贷业务的快速审批，还可以很好地防范相关风险。

2. 贷中监测

在贷中监测阶段，可以利用大数据、人工智能技术对客户在贷款期的贷款用途、信用、财务数据、纳税数据、经营情况等相关数据进行分析，通过构建合理的预警模型，发现客户的相关风险问题并及时发出预警信号。

3. 贷后反馈

在贷后反馈阶段，可以利用大数据、人工智能技术对客户贷款期间的相关数据进行分析，在此基础上，可以对该客户原有的信贷记录评分情况进行调整与补充，并根据该客户的实际情况，调整(降低或提升)其信用额度，为后续相关工作提供依据。

2.3.8　智能金融理财服务

智能金融理财服务是金融科技的一种常见应用，它是指在金融理财服务流程中应用互联网、大数据、人工智能等技术手段，在分析客户需求和客户画像的基础上，以非完全人工的方式，智能化、专业化、个性化地为客户提供各类投资理财相关服务。智能金融理财服务不仅可以为客户提供账户咨询、市场解读、产品对比等投资者教育服务，还可以辅助客户进行理财决策。

相比传统投资顾问，智能金融理财服务能充分发挥现代信息技术的优势，例如，可以降低投资理财成本、借助组合投资分散投资风险、定制个性化投资、预测投资风险等。

2.3.9　智能保险定价

智能保险定价是金融科技的一种常见应用，智能保险定价应用主要面向车险和运费险。以车险为例，智能保险定价系统的保险定价模型可以根据保险车主的信息如性别、年龄、职业、驾龄、爱好等，保险车辆的价格、车型、车龄、颜色等，以及保险车主的日常行车习惯、行车路线、行车里程、出险记录等，自动计算出适合于该保险车主的车险定价。大数据环境下，智能保险定价系统的相关数据来源更丰富，车载智能硬件与软件的发展使得保险车辆行车数据的采集变得更简单、方便、准确，这些都为智能保险定价的广泛应用打下了基础。

2.3.10　智能客服

金融行业通常面临客户排队时间长、业务营业时间有限、不同客户的问题重复率高等情况的挑战。随着大数据、人工智能等现代信息技术以及金融科技的广泛应用和发展，智能客服为金融行业解决上述挑战提供了机遇。

智能客服系统是在人工智能应用的基础上发展起来的一种面向行业应用，可以通过自然语言理解、知识管理等技术实现自动问答的客户服务系统。

2.3.11　数字货币

现代信息技术的发展使得货币形态从商品货币、金属货币、纸质货币向数字货币的方向发展，一般来说，数字货币是一种以数字形式存在、基于数字加密算法和节点网络的虚拟货币。数字货币（digital currency，DC）最早起源于大卫·乔姆（David Chaum）于 1983 年提出的 E-Cash 电子货币系统，这种电子货币系统的优点是具有不可追踪性和匿名性，缺点是必须有一个所有参与者都信任的中心化服务器来管理这个电子货币系统，因此，这种电子货币系统理论与应用未能被大规模接受。比特币也是一种典型的数字货币，它是区块链技术最成功的应用之一，它可以在全世界范围内进行应用。

随着移动互联网、云计算、大数据、人工智能、区块链等技术的发展，国内外支付方式发生了巨大的变化，数字货币的研究与发展给各个国家中央银行的货币政策和货币发行带来了新的机遇和挑战，越来越多国家的中央银行正在探索如何应用数字货币，央行数字货币（central bank digital currency，CBDC）成为许多国家关注的重点。央行数字货币是采用数字形式的传统货币，由一个国家中央银行发行和管理。而比特币等加密货币与央行数字货币不同，比特币等加密货币是通过复杂的数学运算而产生的，并由分散的在线社区而非集中机构来管理。相对于基于主权国家信用的法定数字货币或央行数字货币，比特币也被称为私人数字货币。

中国人民银行 2020 年 11 月发布的《中国金融稳定报告（2020）》提到：根据国际清算银行 2020 年初发布的《关于央行数字货币的后续调查》，全世界参与调查的中央银行约 80%已开展了央行数字货币相关工作，其中，40%已从概念研究转向试验阶段，另有 10%已经开展试点[①]。

中国人民银行自 2014 年开始研究法定数字货币。2016 年，中国人民银行正式成立数字货币研究所[②]。2017 年末，经国务院批准，中国人民银行组织部分实力雄厚的商业银行和有关机构共同开展法定数字货币研发试验。目前数字人民币研发工作正在稳妥推进。

国外也非常重视数字货币的研究与应用，例如，加拿大开展了数字货币 Jasper 项目；日本央行和欧洲央行为提高跨境大额支付和证券结算系统效率，联合开展了 Stella 项目；瑞典央行为了顺应非现金支付趋势、降低发钞成本，研发了数字货币电子克朗（e-Krona）；新加坡央行开展了数字货币 Ubin 项目；泰国央行开展了数字货币 Inthanon 项目等。

总的来说，数字货币成为金融科技的一种常见应用。

---

① http://www.gov.cn/xinwen/2020-11/07/content_5558567.htm.

② https://www.gov.cn/xinwen/2021-07/16/content_5625569.htm.

第 3 章　金融科技风险审计内容理论研究

3.1　引　言

随着金融科技的快速发展和广泛应用，金融业务信息系统越来越复杂，所面临的金融科技风险也越来越复杂。本章将分析金融科技面临的风险，在此基础上，研究金融科技风险审计的主要内容，包括金融科技系统开发、测试与维护风险审计，金融科技系统运行管理风险审计，金融科技系统安全风险审计，金融科技系统业务连续性管理风险审计，金融科技系统外包风险审计，金融科技系统应用控制风险审计，金融科技治理风险审计，金融科技项目建设风险审计，金融科技项目绩效审计以及金融科技云计算系统风险审计等。本章的研究为后文研究金融科技风险审计的应用提供了理论基础。

3.2　金融科技风险审计内容分析

3.2.1　金融科技面临的风险示例

1. 近年发生的金融科技应用风险示例

目前，金融科技风险的防范越来越重要，金融机构需要重视金融科技风险。一些金融机构由于金融科技风险管理方面存在不足，被监管部门处罚。为了更好地理解金融科技的技术风险及其审计问题，下文提供了部分相关案例。

案例 3.1　某银行因系统和数据存在风险被处罚①

2021 年 1 月 19 日，中国银行保险监督管理委员会对中国农业银行股份有限公司作出处罚，如图 3.1 所示。其主要违法违规事实如下：

(一) 发生重要信息系统突发事件未报告

① https://www.nfra.gov.cn/cn/view/pages/ItemDetail.html?docId=963387&itemId=4113&generaltype=9.

中国银行保险监督管理委员会行政处罚信息公开表
(银保监罚决字〔2021〕1号)

(中国农业银行股份有限公司)

行政处罚决定书文号			银保监罚决字〔2021〕1号
被处罚当事人	单位	名称	中国农业银行股份有限公司
		法定代表人姓名	周慕冰
主要违法违规事实(案由)			(一) 发生重要信息系统突发事件未报告 (二) 制卡数据违规明文留存 (三) 生产网络、分行无线互联网络保护不当 (四) 数据安全管理较粗放，存在数据泄露风险 (五) 网络信息系统存在较多漏洞 (六) 互联网门户网站泄露敏感信息
行政处罚依据			《中华人民共和国银行业监督管理法》第二十一条、第四十六条第五项和相关审慎经营规则
行政处罚决定			罚款420万元
作出处罚决定的机关名称			中国银行保险监督管理委员会
作出处罚决定的日期			2021年1月19日

图 3.1　某银行被中国银行保险监督管理委员会处罚

(二)制卡数据违规明文留存

(三)生产网络、分行无线互联网络保护不当

(四)数据安全管理较粗放，存在数据泄露风险

(五)网络信息系统存在较多漏洞

(六)互联网门户网站泄露敏感信息

案例启示：对于审计人员，如何关注与防范这类风险呢？这就需要开展金融信息系统安全风险审计和金融信息系统运行管理风险审计。

案例 3.2　篡改信息系统实施盗窃获刑[①]

2020 年 7 月 13 日，中国银行保险监督管理委员会对华夏银行股份有限公司相关人员作出处罚：华夏银行股份有限公司科技开发中心开发

① https://www.nfra.gov.cn/cn/view/pages/ItemDetail.html?docId=926503&itemId=4113&generaltype=9.

三室、开发四室经理覃某某，违反规定篡改信息系统，实施盗窃行为(已被判处刑罚)，被终身禁止从事银行业工作，如图 3.2 所示。

中国银行保险监督管理委员会行政处罚信息公开表

(银保监罚决字〔2020〕30号)

(覃其胜)

行政处罚决定书文号	银保监罚决字〔2020〕30号
被处罚当事人姓名	覃其胜(时任华夏银行股份有限公司科技开发中心开发三室、开发四室经理)
主要违法违规事实(案由)	违反规定篡改信息系统，实施盗窃行为(已被判处刑罚)
行政处罚依据	《中华人民共和国银行业监督管理法》第二十一条、第四十八条
行政处罚决定	终身禁止从事银行业工作
作出处罚决定的机关名称	中国银行保险监督管理委员会
作出处罚决定的日期	2020年7月13日

图 3.2 篡改信息系统实施盗窃获刑

案例启示：对于审计人员，如何关注与防范这类风险呢？这就需要开展金融信息系统开发、测试与维护风险审计和金融信息系统运行管理风险审计。

案例 3.3 银行 IT 部门员工修改贷款系统数据实施盗窃获刑[①]

根据贵阳市观山湖区人民检察院指控，2020 年 2 月 3 日至 3 月 23 日，被告人柯某在其担任贵州省农村信用社联合社(简称“贵州省联社”)信息科技中心二级经理期间，利用其负责省联社核心系统贷款模块技术研发、运行维护、数据修正、漏洞修复等工作的职务便利，采取修改省联社核心系统贷款模块数据并删除记录的方式，将单位资金转入其指定的个人银行卡，非法窃取单位资金共计 596 万元。发生仅一周后，2020 年 3 月 28 日，柯某主动向贵州省联社交代了上述犯罪事实，并于 2020 年

① http://finance.ce.cn/bank12/scroll/202104/26/t20210426_36512836.shtml?ivk_sa=1023197a.

3 月 31 日，将窃取的 596 万元及理财所得孳息 5781.97 元退回贵州省联社。被告人柯某犯职务侵占罪，判处有期徒刑 2 年 6 个月，缓刑 3 年，并处罚金 10 万元。

案例启示：对于审计人员，如何关注与防范这类风险呢？这就需要开展金融信息系统开发、测试与维护风险审计，以及金融信息系统运行管理风险审计。

案例 3.4　黑客入侵乌干达移动支付系统[①]

2020 年 10 月 8 日，据乌干达当地媒体报道，黑客入侵了乌干达电信运营商 MTN 和 Airtel 两家公司使用的第三方移动支付系统，消息人士说黑客卷走两家公司数十亿先令的资金。

受损失的公司发表联合声明称，此次事件影响到了银行的移动货币的交易，相关服务目前已经暂停，它们将尽快修复。至于相关损失，公司表示暂不透露。据了解，被黑客入侵的两家公司占据乌干达移动支付 90%的份额。

案例启示：对于审计人员，如何关注与防范这类风险呢？这就需要开展金融信息系统安全风险审计。

案例 3.5　直销银行系统风险[②]

直销银行是金融科技的一种常见应用，直销银行的应用提高了银行的核心竞争力，但同时产生了一些风险，例如，某电子商务平台支付系统出现安全问题，导致该电子商务平台支付系统客户信息泄密，后来，部分泄密的客户信息被恶意用来注册某商业银行的直销银行，再将该电子商务平台支付系统中客户的余额转入某商业银行的直销银行的电子账户用于消费，累计造成客户数十万元资金的损失。

上述风险事件的发生是因为该商业银行当前的直销银行存在不能限制电子账户的资金单卡进单卡出，从而成为盗刷资金的通道。

如果该商业银行的直销银行系统在上线前，审计人员对其进行了必要的应用控制风险审计，如加强直销银行客户注册环节的身份验证、注册信息(如手机号)修改的身份验证，以及加强对直销银行用户注册异常行为的

① https://m.news.cctv.com/2020/10/08/ARTINofwhWzEn4djYSClY0Bi201008.shtml.

② 陈伟:《信息系统审计》，北京，高等教育出版社，2020.

监控等，则可以有效地防止上述风险事件的发生。

案例启示：对于审计人员，如何关注与防范这类风险呢？这就需要开展针对直销银行的应用控制风险审计。

2. 金融科技应用风险分析示例

除了以上现实中已发生的金融科技风险案例外，第 2 章中提到的互联网和移动支付、互联网贷款、智能金融理财服务、智能保险定价、智能客服以及数字货币等金融科技应用也存在一定的风险。相关金融科技应用风险示例分析如下。

案例 3.6 开放银行系统风险分析

以前文提到的开放银行系统为例，尽管应用开放银行具有很多的优势，但开放银行这种新业务模式也存在一定的风险，代表性风险分析如下。

1) 开发、测试与维护风险

在应用开放银行时，由于需要与第三方机构的系统通过应用程序接口进行互动，这将会出现更多的信息技术风险。另外，随着银行与第三方机构合作数量的增多，为了确保银行与第三方机构系统的连接效率，以及开放银行业务目标的实现，对应用程序接口的标准化等要求会更高，风险会随之增加，在接口系统的开发、测试与维护等方面的要求也更高。

2) 数据安全风险

在应用开放银行时，由于需要与第三方机构的系统进行合作并共享数据，因此在保护银行自身的数据隐私方面需要进一步加强。

3) 业务连续性管理风险

在应用开放银行时，要确保合作的第三方机构在经营过程中，由于出现问题而终止合作时，银行自身的开放银行平台业务不会受到影响，业务连续性不受影响。

4) 业务合作风险

在应用开放银行与第三方机构合作时，要确保防范因第三方机构金融科技风险防控能力不足而造成的业务合作风险。例如，在与第三方机构合作的互联网贷款业务中，第三方机构能否有效防范贷款业务风险，针对这一问题，我们将在后文“互联网贷款合作机构风险”部分做进一步的分析。

案例启示：对于审计人员，如何关注与防范这类风险呢？这就需要开展针对开放银行系统的开发、测试与维护风险审计以及安全管理风险审计、业务连续性管理风险审计等。

关于金融科技系统开发、测试与维护风险审计以及安全管理风险审计、业务连续性管理风险审计等内容将会在后文做详细分析。

案例 3.7　移动支付系统风险分析

前文分析了移动支付，尽管应用移动支付具有很多的优势，但由于移动支付依托开放的网络平台传输和处理相关数据，因此在移动支付技术应用过程中，存在着涉及物理安全、网络安全、应用安全、数据安全、业务连续性等多方面的安全风险。如本章“案例 3.4 黑客入侵乌干达移动支付系统”所述，移动支付应用存在一定的风险，代表性风险分析如下。

1）支付安全风险

在移动支付技术应用过程中，如果安全防范不足，会出现一些支付安全风险。例如，在移动支付应用过程中，当使用一些不安全的移动网络时，可能会存在密码信息泄露的风险；一些不法分子有时会通过一些方法和机会把计算机病毒或木马程序等植入客户的手机中，这些计算机病毒或木马程序通过拦截客户的短信验证码、窃取客户的个人信息等，进而盗取客户账户资金，影响移动支付安全。

2）新技术应用风险

为了更好地推进移动支付的发展，移动支付目前应用了一些生物特征识别等新技术，这些新技术给移动支付带来优势的同时，也带来了新的风险。例如，为了提高移动支付使用过程中客户身份验证的安全性和准确性，需要提升指纹、人脸等生物特征的识别精度和防伪能力；当客户使用移动支付时，有时商家或第三方平台需要采集客户的相关个人信息和数据，因此，客户的很多隐私信息可能会被掌握，尤其是人脸、指纹、掌纹、指静脉、掌静脉、视网膜、虹膜等个人核心隐私信息，一旦发生黑客攻击或主体管理不善等事件，这些个人核心隐私信息很容易被泄露，从而给客户造成严重的风险隐患。

案例启示：对于审计人员，如何关注与防范这类风险呢？这就需要开展针对移动支付系统的金融科技系统运行管理风险审计、安全管理风险审计、金融业务生物特征识别系统应用控制风险审计等。

关于生物特征识别等新技术在金融科技中的应用风险及其审计问题，将会在后文做详细分析。

案例 3.8　互联网贷款系统风险分析

前文分析了互联网贷款，互联网贷款具有很多的优势，同时也存在一定的风险，代表性风险分析如下。

1）风险模型相关风险

为了实现互联网贷款，需要设计相应的互联网贷款风险模型，若风险模型开发、测试、运行、维护、下线等环节的职责和权限控制存在问题，则会造成一定的风险。因此，开展互联网贷款系统的开发、测试与维护风险审计对防范互联网贷款系统风险非常重要。另外，在互联网贷款风险模型应用过程中，为了防范互联网贷款系统风险，风险模型的管理职责不能外包，因此，开展金融科技系统外包风险审计对防范互联网贷款系统风险非常重要。

2）互联网贷款信息系统安全风险

为了满足互联网贷款业务经营和风险管理的需要，应当建立安全、合规、高效和可靠的互联网贷款信息系统，采取必要的网络安全防护措施，有效防范网络攻击等威胁，采取有效措施，确保敏感数据的有效隔离和数据安全，确保借款人数据安全，以及商业银行与借款人、合作机构之间各个环节之间运行数据的保密性、真实性、完整性和业务连续性，同时需要加强对互联网贷款信息系统的运行安全管理和维护。因此，开展金融科技系统运行管理风险审计、安全管理风险审计、业务连续性管理风险审计等对防范互联网贷款系统风险非常重要。

3）互联网贷款合作机构风险

在开展互联网贷款业务时，有时需要和相关机构进行合作，为防范因合作给互联网贷款信息系统带来的安全风险、业务连续性管理风险等，需要充分评估合作机构的相关风险，如安全性、可靠性、服务能力以及敏感数据的安全保护能力等。因此，开展与互联网贷款合作机构相关的金融科技系统运行管理风险审计、安全管理风险审计、业务连续性管理风险审计等对防范互联网贷款系统风险非常重要。

案例启示：对于审计人员，如何关注与防范这类风险呢？这就需要开展针对互联网贷款系统的相关金融科技系统运行管理风险审计、安全管理风险审计、业务连续性管理风险审计等。

关于金融科技系统运行管理风险审计、安全管理风险审计、业务连续性管理风险审计等内容将会在后文做详细分析。

案例 3.9　数字货币风险分析

如前文所述，数字货币成为金融科技的一种常见应用。数字货币具有很多的优势，但也存在一定的风险。

传统货币的拥有人可以把货币存在银行里，或者通过钞票等实物形式支付。数字货币则不同，基本上由持有人自己保管账号的数字信息。

以比特币为例，在比特币的系统里面，账号是由椭圆曲线数字签名算法(elliptic curve digital signature algorithm，ECDSA)中的公钥，经过哈希变换，再加上校验码而生成的一串数字，通常是一个 33 位或 34 位的 Base58 编码字符，如 UvKofHmB16QfPqBQ7wUwLL9Risc3MtjvM。使用 Base58 编码字符的原因是尽量减少账号的长度，它使用一套特定的字符集(除去容易混淆的数字 0、大写 O、大写 I 和小写 l 等)来表示数字。这个账号在比特币里称作地址(address)，用户接收他人发来的比特币，或者发送比特币给其他人，都需要用到这个地址。所以，比特币里的账号(地址)就像具有门牌号码的信箱，任何人只要知道这个门牌号码，都可以往信箱里面转入比特币。另外，信箱的主人有把特殊的钥匙，就是与 ECDSA 公钥对应的私钥，只有使用这个私钥，才可以打开信箱并取走存放在里面的比特币。由此可见，私钥就是比特币主人需要自己保管和保密的账号信息。需要指出的是，若忘记了传统银行账号密码，可以找银行重置账号密码，而在比特币体系里面，一旦丢失私钥，则没有办法“重置”私钥，也就无法访问与之关联的比特币地址取不走账号里的比特币，这是由比特币去中心化的机制决定的[①]。

① 2021 年 9 月 24 日，中国人民银行等十部委发布《关于进一步防范和处置虚拟货币交易炒作风险的通知》，指出虚拟货币不具有与法定货币等同的法律地位，虚拟货币相关业务活动属于非法金融活动。

由以上分析可知，数字货币存在一定的风险。概括来说，数字货币存在的主要风险如下。

1) 数字货币设计缺陷

在数字货币设计过程中，不合理的设计可能会造成数字货币设计缺陷，从而产生相应的风险。例如，2014 年底，某数字货币因一个严重的随机数问题(R 值重复)造成用户丢失数百枚数字资产。

2) 数字货币中包含恶意代码

在数字货币设计过程中，可能会被犯罪分子有意地加入恶意代码，从而产生相应的风险。例如，2017 年，有网友使用某投资微信群推荐的数字货币软件，导致数字资产丢失。

3) 电脑、手机丢失或损坏导致丢失资产

在数字货币使用和管理过程中，电脑、手机丢失或损坏可能会导致数字货币丢失，从而产生相应的风险。

4) 去中心化数字货币私钥丢失或损坏

如前文所述，对于一些去中心化的数字货币，一旦丢失私钥或私钥损坏，则没有办法处理，导致数字资产丢失。

案例启示：对于审计人员，如何关注与防范这类风险呢？这就需要开展数字货币风险审计。

针对以上数字货币设计与应用中存在的主要风险，通过审计进行防范非常重要。对于数字货币的应用风险审计，可应用的主要方法示例如下。

1) 确保私钥的随机性

在开展数字货币应用风险审计时，可以检查私钥的随机性，确保满足数字货币安全的需要。

2) 确保数字货币软件没有被篡改过

在开展数字货币应用风险审计时，可以检查数字货币软件是否被篡改过。例如，在数字货币软件安装前进行散列值校验，确保数字货币软件没有被篡改过。

3) 对私钥进行备份

既然私钥那么重要，管理比特币等加密货币资产实质上就是私钥的保管和使用。最理想的管理办法是既能保障资产安全又能很方便地使用资产（支付或花费），然而现实中这两个目标往往不可兼得。例如，一种简便的方法就是把私钥保存在电脑或手机里，需要支付加密币的时候，可以通过软件用私钥签名并发送加密币完成交易。但这种方式的缺点也很明显，如果电脑或手机丢失，或者私钥文件损坏，将无法操作相关账号，账号中的加密币也等同于丢失了。

为了应对设备丢失或文件损坏的情况，可以把私钥文件备份到其他设备上，如 U 盘、移动硬盘等，然后把备份设备存放在安全的地方，遇到设备故障可以恢复私钥。对于黑客、病毒等外来攻击，因为电脑和手机需要联网才能支付加密货币，理论上没法彻底避免私钥被盗的可能，需要依靠其他的方式来应对。简单地说，就是“分仓存放”，使用多个账号地址来存放加密货币。在频繁使用的在线账号里存放少量的加密货币，在电脑等设备上保存这些账号的私钥。其余加密货币都转到离线的账号中（所谓离线账号，就是该账号的私钥不在任何的联网设备上存放）。每当在线账号里的钱增加到一定程度时，可以将其转移到离线账号中保存，而且每次转移可以使用不同的离线账号。加密币的离线账号还有个优点，就是往账号地址里面转入加密币时，账号无须联网，这样就大大增加了安全性。

在开展数字货币应用风险审计时，可以检查是否制定了私钥备份措施，以及相关措施是否有效。

4) 数字货币安全审计

如果计算机等设备被黑客攻破或感染病毒，保存的私钥可被复制，进而账号中的加密货币也会被盗走。在开展数字货币应用风险审计时，可以对数字货币应用过程中的安全措施进行审计。

另外，对于数字货币的其他风险审计，可以根据本章后文中的理论分析，对数字货币的相关风险进行审计。

3.2.2　金融科技风险控制及审计的内容分类

1. 金融科技风险控制内涵及分类

为了有效应对金融科技风险，必须加强金融科技风险控制，防范金融科技风险的发生。参照前文分析的国内外相关信息系统审计准则与规范，以及信息系统风险控制的定义，金融科技风险控制是指金融机构在金融科技环境下，为了确保各项金融业务活动的有效进行，确保其数据、系统等资产的完整与安全，预防并检查纠正相关错误、舞弊与风险，确保金融科技系统提供合法、合规、真实、完整的信息，而制定和实施的一系列政策、程序和措施。

参照相关信息系统风险控制的分类，可以从控制内容、控制预定意图、控制层次等视角对金融科技风险控制进行研究和有效防范。主要分类情况分析如下。

1）依据控制内容分类

依据控制内容，可以把金融科技风险控制分类如下：

（1）金融科技风险总体控制（general controls，GCs）。

（2）金融科技风险应用控制（application controls，ACs）。

2）依据控制预定意图分类

无论是金融科技风险总体控制，还是金融科技风险应用控制，依据控制的预定意图，可以把金融科技风险分类如下：

（1）金融科技风险事前控制（预防性控制）。

（2）金融科技风险事中控制（检查性控制）。

（3）金融科技风险事后控制（纠正性控制）。

3）依据控制层次分类

无论是金融科技风险总体控制，还是金融科技风险应用控制，依据控制的层次，可以把金融科技风险分类如下：

（1）金融科技风险治理控制。治理控制是指金融科技风险政策等方面的内容。

（2）金融科技风险管理控制。管理控制是指标准、组织与管理、物理环境控制等方面的内容。

（3）金融科技风险技术控制。技术控制是指金融科技开发、测试与维护控制，以及金融科技系统应用控制等方面的内容。

概括来说，金融科技风险控制的分类情况可参考图 3.3。

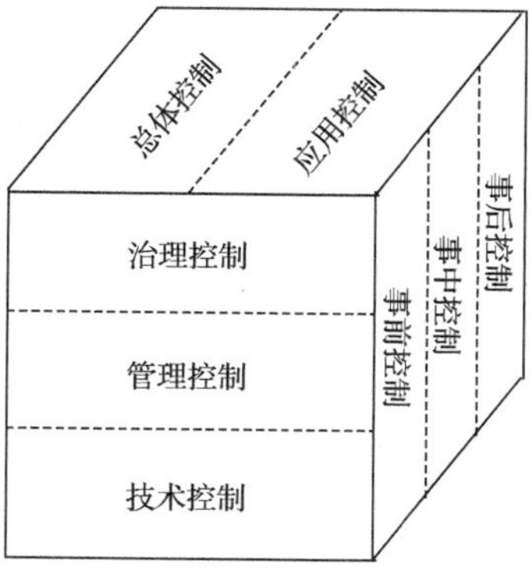

图 3.3　金融科技风险控制分类

2. 金融科技风险审计的内容分类

随着金融科技的发展与广泛应用，金融 IT 基础设施越来越庞大繁杂，通信网络越来越开放，金融科技应用系统越来越多，金融业务相关操作的自动化程度也越来越高，这导致金融科技风险也随之高度地集中。例如，暴力破解、撞库、拖库、外部黑客攻击等金融网络安全风险可能会导致客户信息泄露。因此，需要对以上风险进行防范和管控，保证金融业务稳定以及客户信息和资金安全。另外，金融科技还可能会带来数据资源被滥用、个人隐私被侵犯等突出问题。金融科技背景下，金融科技环境可参考图 3.4。因此，防范化解金融科技系统安全风险非常重要。

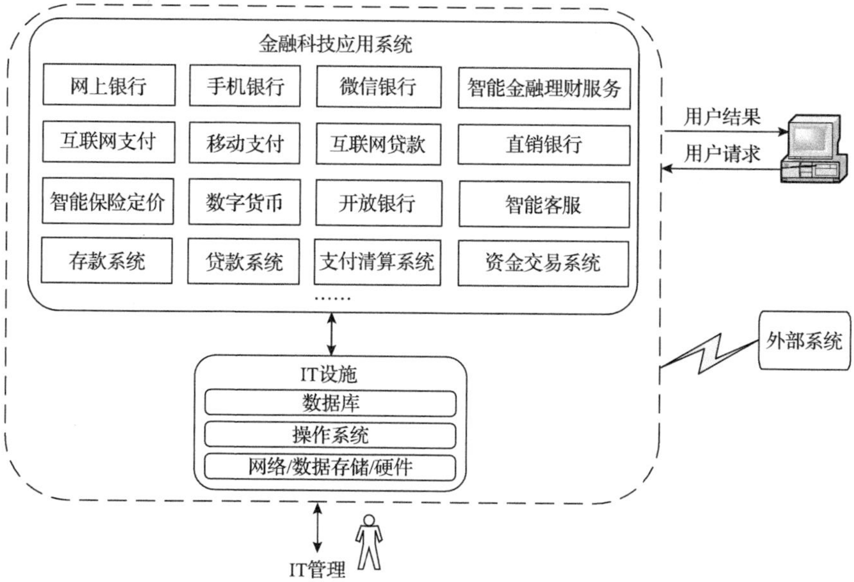

图 3.4　金融科技环境示例

为了防范化解金融科技风险，根据金融科技风险控制的分类情况以及目前的研究与应用现状，狭义上讲，一般可以从金融科技系统总体控制风险审计、金融科技系统应用控制风险审计和金融科技治理风险审计等方面开展金融科技风险审计。随着目前审计信息化的发展，金融科技系统项目建设风险审计、金融科技系统项目绩效审计，以及金融科技云计算系统风险审计也成为金融科技风险审计的重要内容。

综上所述，金融科技风险审计的主要内容可以参考图 3.5。

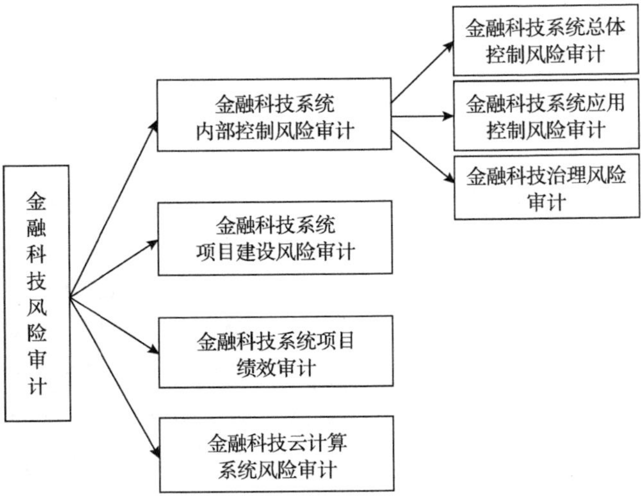

图 3.5　金融科技风险审计的主要内容

金融科技风险审计的主要内容分析如下。

1) 金融科技系统总体控制风险审计

包括金融科技系统开发、测试与维护风险审计，金融科技系统运行管理风险审计，金融科技系统安全风险审计，金融科技系统业务连续性管理风险审计，金融科技系统外包风险审计等。

2) 金融科技系统应用控制风险审计

如前文所述，金融科技应用主要包括网上银行、手机银行、微信银行、直销银行、互联网支付、移动支付、互联网贷款、智能金融理财服务、保险定价以及数字货币等。随着金融科技的发展，特别是大数据、云计算、区块链等一系列技术的加入，相关金融业务应用系统变得更加复杂。为防范金融科技应用风险，对相关金融科技系统的应用控制风险进行审计非常重要。

3) 其他风险审计

除了金融科技系统总体控制风险审计和金融科技系统应用控制风险审计这两类重要内容之外，金融科技治理风险审计、金融科技系统项目建设风险审计、金融科技系统项目绩效审计、金融科技云计算系统风险审计等也是需要考虑的审计内容。

3.3　金融科技系统总体控制风险审计

3.3.1　金融科技系统总体控制风险审计内涵

金融科技系统总体控制是除了金融科技系统应用控制以外的其他控制，应用于一个金融机构金融科技系统全部或较大范围的内部控制。其基本目标为：防止金融科技应用系统被非法侵入、保护相关金融科技应用系统、确保金融科技应用系统数据安全、保证在意外情况下的持续运行等。金融科技系统总体控制风险就是指由于上述方面存在缺陷而造成的风险。

金融科技系统总体控制风险审计旨在确保被审计金融机构的金融科技系统总体控制符合相关要求，从而防范并化解因金融科技系统总体控制缺陷而可能引发的风险。

根据以上金融科技系统总体控制的主要内容及目标，金融科技系统总体控制风险审计的主要内容一般包括金融科技系统开发、测试与维护风险审计，金融科技系统运行管理风险审计，金融科技系统安全风险审计，金融科技系统业务连续性管理风险审计，金融科技系统外包风险审计等。下面分别对金融科技系统总体控制风险审计的主要内容进行分析。

3.3.2　金融科技系统开发、测试与维护风险审计

1. 金融科技系统开发、测试与维护风险审计内涵

对于金融科技应用系统，无论是网上银行、手机银行、微信银行、直销银行、互联网支付、移动支付，还是互联网贷款、智能金融理财服务、智能保险定价以及数字货币等，良好的系统开发管理都是一个金融科技应用系统稳健运行的必要前提。因此，加强金融科技应用系统开发的管理工作，确保在金融科技应用系统开发过程中系统测试充分、系统上线程序管理完善，对保障金融科技应用系统的稳定性和可靠性，防范金融科技系统风险具有重要意义。

在金融科技应用系统上线之后，金融科技应用系统的维护是一项重要工作，金融科技应用系统维护是对金融科技系统的运行进行控制，记录其运行的状态，进行必要的修改和扩充，以便使金融科技应用系统在其生命周期内保持良好的运行状态，保证其功能的发挥，以满足金融机构业务的需要。金融科技应用系统维护包括纠错性维护、适应性维护、完善性维护、预防性维护。其中，纠错性维护是为了识别和纠正相关金融科技应用系统中的错误、改进其性能上的缺陷；适应性维护是为了使相关金融科技应用系统适应外部环境（如新的硬、软件配置）或数据环境（如数据库、数据格式、数据输入/输出方式、数据存储介质）可能发生的变化；完善性维护是为了满足在相关金融科技应用系统的使用过程中，用户对其提出新的功能与性能要求；预防性维护是为了提高相关金融科技应用系统的可维护性、可靠性等，预防相关问题的发生。此外，对相关金融科技应用系统的下线需要按相关规定进行处理，确保下线的相关金融科技应用系统中敏感数据的安全性。例如，金融机构对于不再使用的生物特征识别信息，需要采取安全的处理措施进行删除处理，这一问题我们将在后面的章节做详细研究。

为了保证金融科技系统开发、测试与维护过程的有效性，防范化解相关金融科技风险，审计人员需要对其进行审计。概括来说，金融科技系统开发、测试与维护风险审计的主要目的是：

（1）检查金融科技应用系统开发、测试与维护的目标是否实现。

（2）检查金融科技应用系统开发、测试与维护的方法和程序是否科学，是否有恰当的风险控制措施。

（3）检查金融科技应用系统开发、测试与维护过程中产生的相关系统文档资料是否规范。

（4）检查金融科技应用系统开发、测试与维护过程中相关数据的管理是否含有恰当的风险控制措施。

2. 金融科技系统开发、测试与维护风险审计的主要内容

根据金融科技系统开发、测试与维护风险审计的主要目的，在开展金融科技系统开发、测试与维护风险审计时，审计人员可以从以下方面出发：

（1）检查金融科技系统开发、测试的方法和程序是否科学，是否含有恰当的风险控制措施。例如，在管理上，检查被审计金融机构的金融科技系统开发是否有必要性和可行性研究、成本效益分析、风险评估等报告，检查被审计金融机构是否对金融科技系统项目的可行性、可能出现的各种风险等进行了深入的分析；检查被审计金融机构是否采取合适的项目管理方

法控制金融科技系统项目的相关风险；针对金融科技系统开发、测试与维护过程中临时或长期聘用的开发商或技术人员，是否制定严格的身份验证和背景调查等审查程序，是否对这些开发商或技术人员，特别是与金融科技敏感数据和系统相关的人员，进行严格的身份验证和背景调查；在技术上，检查金融科技系统项目开发环境和运行环境是否相分离，开发环境和运行环境应用的网络是否有效地进行隔离，开发环境应用的设备是否独立于金融科技系统生产系统；检查金融科技系统项目开发人员是否能接触到金融科技系统生产系统，开发过程中是否使用了真实的生产数据，若使用了真实的生产数据，是否有相关风险控制措施，如是否得到了被审计金融机构相关人员的批准并脱敏；检查金融科技系统开发过程中，是否对金融科技系统的源代码进行严格的审查和管理；检查将开发和测试好的金融科技系统应用到生产系统时，是否有相关风险控制措施，如是否得到被审计金融机构相关人员的批准。

(2)检查金融科技系统维护的方法和程序是否科学，是否含有恰当的风险控制措施。例如，检查被审计单位是否制定了控制金融科技系统维护过程的相关制度和操作流程；检查对于性能不能满足业务需求或达到预期使用寿命的硬件设备，或必须升级的相关软件，是否及时进行了硬件更新和软件升级，这一过程是否有相关的管理制度；检查金融科技系统的硬件更新和软件升级过程是否存在相关的管理和控制，如验收测试等；检查是否对金融科技系统变更进行了及时记录和定期复查；检查对金融科技生产系统的紧急修复任务，应用程序开发和维护人员进入生产系统是否得到管理层批准，所有的紧急修复活动是否都进行了记录；检查在金融科技系统维护过程中，对出现的相关问题是否有系统的解决程序和记录。

(3)检查金融科技系统开发、测试与维护过程中产生的系统文档资料是否规范。例如，检查被审计金融机构对金融科技系统开发、测试与维护工作是否制定了相关文档管理制度；检查金融科技系统的设计文档、开发文档、系统源代码、系统运行维护说明书、用户使用手册等项目文档管理是否符合相关制度，是否有文档的版本管理控制。

(4)检查金融科技系统开发、测试与维护过程中相关数据的管理是否含有恰当的风险控制。例如，为了确保金融科技系统开发、测试与维护过程中数据的保密性、完整性、可控性和可用性，检查被审计单位是否制定并落实相关制度、标准和流程；检查金融科技系统下线后对应该保留的信息是否进行了有效的保管，该删除的信息是否得到了彻底销毁，对于不再使用的生物特征识别信息，是否采取安全的处理措施进行删除处理。

(5) 检查金融科技系统开发、测试与维护各环节的目标是否实现。

3.3.3　金融科技系统运行管理风险审计

1. 金融科技系统运行管理风险审计内涵

对于金融科技应用系统，无论是网上银行、手机银行、微信银行、直销银行、互联网支付、移动支付，还是互联网贷款、智能金融理财服务、智能保险定价以及数字货币等，良好的系统运行管理都是防范金融科技风险的重要工作。金融科技系统运行管理主要是对上线金融科技系统的日常运行进行管理。为了确保金融机构内部的岗位相互制约，金融科技系统的日常运行活动必须要与其开发和维护活动相分离。

为了保证金融科技系统运行管理的有效性，防范化解相关金融科技风险，审计人员需要对其进行审计。概括来说，金融科技系统运行管理风险审计的主要目的是：

(1) 防范金融科技系统运行过程中人员管理缺陷产生的风险。金融机构应该加强对相关人员自身的管理，如员工入职时的身份审查、日常工作管理、离职管理等；应该从制度上和系统设置上加强对相关人员的管理，如应将不相容岗位实现职责分离，防范未授权访问、无意识修改以及故意犯罪给金融机构带来的风险；应重视金融科技系统的账号及权限管理，以防止非授权访问给金融机构带来的风险。

(2) 防范金融科技系统运行过程中制度管理缺陷产生的风险。金融机构应该加强对金融科技系统运行过程中相关制度的管理，如应将关键或敏感的信息处理设施放置在安全区域内；应制定详尽的金融科技系统运行操作程序；应对金融科技系统日常运行情况进行全面监控；应按照有关法律法规要求保存金融科技系统运行和交易日志，确保相关风险的可追溯性。

2. 金融科技系统运行管理风险审计主要内容

根据金融科技系统运行管理风险审计的主要目的，在开展金融科技系统运行管理风险审计时，审计人员可以从以下方面出发：

(1) 检查金融科技系统运行过程中人员管理是否存在缺陷。检查金融机构是否加强了对相关人员自身的管理，如员工入职时的身份审查、日常工作管理、离职管理等；检查金融机构是否将其金融科技系统的运行与金融科技系统的开发和维护相分离，确保部门内部的岗位相互制约；检查是否从制度上和系统设置上加强对相关人员的管理，如应将不相容岗位实现职责分离，防范未授权访问、无意识修改以及故意犯罪给金融机构带来的风险；检查金融科技业务系统是否能保证只有经授权的用户才能访问，能否防止非授权访问。注重金融科技系统的账号及权限管理，防止非授权访问给金融机构带来的风险。

(2)检查金融科技系统运行过程中相关制度管理是否有恰当的风险控制。检查金融机构是否将关键或敏感的信息处理设施放置在安全区域内；检查是否做到严格控制和管理相关人员进入安全区域，如确需进入，是否得到相应的批准，其活动是否受到相应的监控；检查是否对数据中心的岗位和职责做出明确规定；检查是否制定了详尽的金融科技系统运行操作程序；检查是否对金融科技系统日常运行情况进行了全面监控；检查是否按照有关法律、法规与技术要求保存金融科技系统运行数据和日志，确保相关风险的可追溯性；检查文档、软件管理情况，确保金融科技系统的文档和软件管理符合规范要求；检查对金融科技系统的维护是否能有效控制相关风险；检查对金融科技系统运行过程中的相关事故是否能有效控制相关风险。

3.3.4　金融科技系统安全风险审计

1. 金融科技系统安全风险审计内涵

对于金融科技应用系统而言，无论是网上银行、手机银行、微信银行、直销银行、互联网支付、移动支付，还是互联网贷款、智能金融理财服务、智能保险定价以及数字货币等，金融科技系统的安全都至关重要。例如，目前金融科技系统对网络高度依赖，有的金融机构使用了云计算系统。网络安全风险对金融机构的金融科技风险防范提出了更高要求，相对传统风险，金融科技系统的网络风险范围更广、扩散速度更快、影响更大；另外，金融科技的发展使得相关金融机构和科技公司对于数据的渴求增加，可能导致其过度采集、使用，甚至盗卖企业和个人数据，侵犯企业利益和个人隐私，金融科技系统的数据安全风险管理越来越重要。

金融科技系统安全是指通过采用必要的措施，维护金融科技系统中数据的机密性、完整性、可控性和可用性，来管理和保护金融机构所有的数据资产。金融科技系统安全涉及管理、人员、技术等各个方面，因此，为了系统地防范金融科技系统安全风险，可以从管理安全(如安全管理制度与管理组织)、人员安全以及技术安全(如金融科技系统数据中心机房环境安全、软件安全、硬件安全、数据安全等)等三个方面出发来管理。

1) 管理安全

一个金融机构要建立相应的安全管理职能部门，设置相应的安全管理岗位，为金融科技系统的安全管理提供组织上的保障；应在金融科技系统安全管理工作方面建立相应的管理制度，并严格执行相关管理制度，各项操作要符合制度要求。

以金融科技网络安全风险为例，需要检查被审计单位是否严格落实《中华人民共和国网络安全法》[①]等国家网络安全法律法规及相关制度标准，确保被审计单位提高自身的关键软硬信息基础设施安全保障能力。

2) 人员安全

人员安全要求一方面要提高单位员工的安全意识、加强金融科技系统安全重要性教育、学习并掌握与其岗位相关的金融科技安全管理制度；另一方面，单位内部在岗位设置和人员安排方面要注意做到职责分离，职责分离的目的是确保单位内部不同人员承担不同岗位职责，单位内部人员之间能够互相检查和监督，从而可以预防相关舞弊和错误。职责分离的原则是：在分工协作的基础上，明确单位内部各部门、人员的职责与权限。

常见职责分离情况有：①金融科技技术部门与金融科技业务部门内部的职责要分离；②金融科技技术部门与金融科技业务部门之间的职责要分离；③金融科技业务的授权与金融科技业务的执行要分离；④金融科技相关资产的保管与记录要分离。

3) 技术安全

技术安全主要关注金融科技系统运行中涉及的相关技术安全问题，如金融科技系统数据中心机房、操作系统、数据库系统、网络通信、软件、硬件、数据等方面的安全问题。特别是金融科技中新技术应用带来的安全问题。要正确把握金融科技创新与安全的关系，综合实际金融业务场景深入研判新技术的安全性、适用性和可靠性，充分评估新技术与业务融合的潜在风险，在安全合规的前提下，在金融科技中科学合理选择应用相对成熟可控、稳定高效的新技术，防范新技术自身风险与应用风险。

以金融科技系统数据中心机房环境安全为例，它是用来防范金融科技系统运行环境中影响金融科技系统可靠、正常运行的安全隐患，避免金融科技系统的各种软硬件设施遭受毁坏等风险。这些风险主要包括：自然灾

① http://www.cac.gov.cn/2016-11/07/c_1119867116.htm.

害风险；环境故障风险（如设备故障、电力故障、静电、火灾、温度、湿度等）；恐怖袭击活动等。为保证金融科技系统数据中心机房环境安全，主要控制措施包括以下几方面。

（1）物理位置相关风险控制：金融科技系统数据中心机房应当远离加油站、加气站、化工厂、蓄水池、储气站、地下室、机场等。

（2）水灾相关风险控制：金融科技系统数据中心机房应当具备水灾报警能力。

（3）火灾相关风险控制：金融科技系统数据中心机房应当具备火灾报警能力和灭火能力。

（4）电力相关风险控制：金融科技系统数据中心机房应当具备电力中断控制能力，如具有不间断电源系统（uninterruptible power system，UPS）、后备发电机供电等。

（5）防潮和防尘相关风险控制：金融科技系统数据中心机房应当具备防潮和防尘控制能力。

综上所述，金融科技系统安全风险审计的目的就是确保被审计金融单位的金融科技系统安全管理符合以上相关要求，从而防范金融科技系统安全风险的产生。

2. 金融科技系统安全风险审计主要内容

在开展金融科技系统安全风险审计时，审计人员可以从金融科技系统的管理安全、人员安全以及技术安全三个方面出发，对金融科技系统安全风险进行审计。

1）管理安全风险审计

检查金融机构是否建立了配套的安全管理职能部门，从而为金融科技系统的安全风险管理提供组织上的保障；检查金融机构是否针对金融科技系统安全管理工作建立了相应的管理制度，并能严格执行所建立的管理制度；检查金融科技系统安全制度是否符合国家有关信息管理的法律、法规以及技术标准；检查是否定期对金融科技系统安全情况进行评估。

2）人员安全风险审计

检查金融机构是否采取相应的措施对人员进行管理，例如，岗位设置是否合理，是否做到分工明确、职责清晰，重要岗位是否相互制约；检查涉密人员是否签订保密协议等；检查是否定期对相关技术人员、员工、客户等进行金融科技系统安全教育；检查金融科技系统的账号及权限管理安全情况。

3）技术安全风险审计

检查金融机构金融科技系统数据中心的环境安全管理情况，如数据中心的选址（如是否接近自然灾害多发区、有害设施等）、基础设施建设、环境要求、访问控制、日常维护等；检查金融科技系统相关数据在采集、传输、处理、存储等过程中的风险；检查金融科技系统相关硬件设备的安全风险管理；检查金融科技系统的网络安全情况；检查金融科技系统交易日志和系统日志的保存期限设定是否符合要求；检查金融机构金融科技系统新技术应用风险审计，如检查生物特征识别系统安全性、生物特征识别系统的安全等级是否能满足需要，生物特征识别系统的安全是否能得到定期的审核，以识别和消除可能存在的潜在安全隐患。

3.3.5　金融科技系统业务连续性管理风险审计

1. 金融科技系统业务连续性管理风险审计内涵

目前金融机构的规模和金融科技应用发展阶段都不一样，不同层次的金融机构的金融科技风险防范水平也差异较大。一些金融机构风险防范意识淡薄，金融科技系统服务中断的事件时有发生，金融科技系统业务连续性的水平亟待提高，因此需要加强金融科技系统业务连续性管理审计。

对于金融科技应用系统，无论是网上银行、手机银行、微信银行、直销银行、互联网支付、移动支付，还是互联网贷款、智能金融理财服务、智能保险定价以及数字货币等，金融科技系统业务连续性管理都至关重要。金融科技系统业务连续性管理是为了防止相关金融科技系统业务活动中断，保护关键业务流程不受金融科技系统失效或自然灾害的影响，将意外事件或灾难对金融科技系统业务的影响降到最低水平。金融科技系统业务连续性管理包括识别和降低风险，制订连续性计划，建立应对意外事件或灾难的响应与恢复机制，测试和检查业务连续性计划（business continuity plan，BCP）的有效性与合规性，维护业务连续性计划。

其中，金融科技系统IT服务连续性管理是业务连续性管理的重要内容。其目的是在金融科技业务影响分析、金融科技风险分析、确定金融科技系统业务连续管理方案的基础上，通过设计有效的IT服务可用性方案、IT服务响应和恢复预案，并进行测试、培训、维护、定期演练等，确保金融科技系统能在意外事件或灾难发生后，在最短时间内恢复金融科技系统运行所需的 IT 基础设施、金融科技系统和金融科技服务，最终可以使金融机构能够按照IT服务连续管理方案中设定的服务水平与恢复时间等目标恢复对外服务。

金融科技系统业务连续性管理风险审计的目的就是确保被审计金融单位的金融科技系统业务连续性管理符合相关要求，从而防范金融科技系统业务连续性管理风险的产生。

2. 金融科技系统业务连续性管理风险审计主要内容

为了防范金融科技系统业务连续性管理风险，需要检查被审计单位的金融科技系统业务连续性管理情况，确保被审计单位金融科技系统业务的连续性。根据金融科技系统业务连续性管理审计的主要目的，在开展金融科技系统业务连续性管理风险审计时，审计人员可以从以下方面出发：

(1) 检查金融机构是否建立或指定一个部门负责本机构的金融科技系统业务连续性管理工作。

(2) 检查金融机构在金融科技系统业务连续性管理方面是否建立了合适和有效的金融科技系统业务连续性管理计划。例如，检查是否对其金融科技业务进行了合理的风险分析，制订了符合规范的金融科技系统业务连续性管理计划；检查是否能提供金融科技系统业务连续性管理相关规章制度、文件以及人员名单；检查金融科技系统业务连续性管理计划是否有年度应急演练。

(3) 检查金融机构的金融科技系统是否制订了规范的 IT 服务连续性管理计划。例如，检查是否有与金融科技系统 IT 服务连续性管理计划执行相关的规章制度、文件以及人员名单，检查金融科技系统 IT 服务连续性管理计划是否有年度应急演练。

3.3.6　金融科技系统外包风险审计

1. 金融科技外包风险审计内涵

为了满足金融科技发展的需要，金融机构除了依靠内部科技人员开发一些金融科技应用系统之外，还常常会依靠外部机构开发一些金融科技应用系统，金融科技系统外包就是指依靠外部机构开发金融科技相关应用系统。

对于金融科技应用系统，无论是网上银行、手机银行、微信银行、直销银行、互联网支付、移动支付，还是互联网贷款、智能金融理财服务、智能保险定价以及数字货币等，金融科技系统外包管理都至关重要。为了保证金融科技系统外包管理的有效性，防范化解相关金融科技风险，审计人员需要对其进行审计。概括来说，金融科技系统外包风险审计主要是审计被审计金融单位在进行金融科技系统外包过程中是否能按照外包风险控制的原则，准确分析和评估外包风险，合理确定外包的内容和范围，建立健全相关外包风险防范规章制度和措施，从而防范金融科技系统外包风险的产生。

2. 金融科技系统外包风险审计主要内容

根据金融科技系统外包风险审计的主要目的，在开展金融科技系统外包风险审计时，审计人员可以从以下方面出发：

(1) 检查金融机构在金融科技系统外包管理方面是否含有恰当的风险控制。例如，在管理上，检查是否建立了外包管理制度，明确外包的范围和内容，并能对外包活动进行监督管理；检查有没有将其金融科技管理责任外包；检查所有金融科技系统外包协议是否经过审批；检查是否妥善保存了金融科技系统外包所产生的所有文档等。

(2) 检查金融科技系统的外包服务商管理是否有恰当的风险控制。例如，检查是否有一系列的措施确保能选择合适的外包服务商；检查是否与外包服务商签订权利义务清晰的书面外包协议合同；检查对于外包项目，是否有恰当的应急措施防范外包服务商在服务过程中可能出现的风险(如外包协议意外终止等)；检查是否制定了金融科技系统外包项目监督管理机制，是否对外包服务商的服务水平进行定期的评估。

(3) 检查金融科技系统外包过程中数据安全管理是否有恰当的风险控制措施。例如，检查包括过程中是否能按照“最小授权”原则对外包服务商的相关工作人员进行授权；外包服务商是否能要求其必须保证自己的相关工作人员遵守相关保密规定；是否能严格控制外包服务商再次对外转包；是否能确保在外包协议中止或结束时收回或销毁外包服务商保存的所有金融科技系统相关数据。

3.4 金融科技系统应用控制风险审计

3.4.1 金融科技系统应用控制及其风险审计内涵

1. 金融科技系统原理分析

前文多次提到金融科技系统，为了便于了解金融科技系统应用控制及其风险审计，本节首先分析金融科技系统的原理。如前文所述，常见的金融科技应用系统包括网上银行、手机银行、微信银行、直销银行、互联网支付、移动支付、互联网贷款、智能金融理财服务、智能保险定价以及数字货币等。无论是哪一种金融科技应用，一般都是一个由人、计算机、网络等组成的进行信息的收集、传输、处理、存储、维护和使用的系统。概括来说，金融科技应用系统一般包括四个组成部分，如图 3.6 所示。

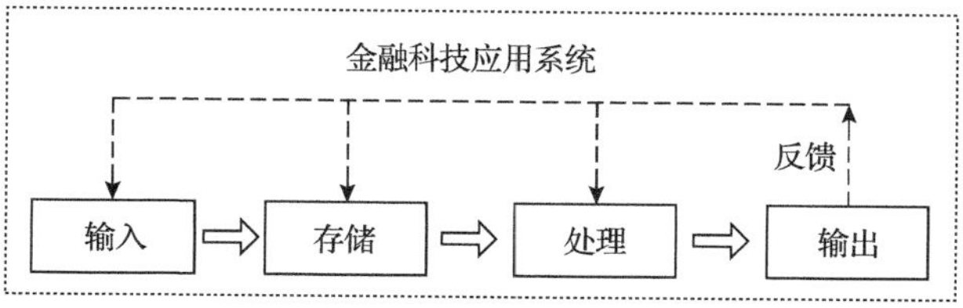

图 3.6　金融科技应用系统的组成示意图

1) 输入功能

简单地讲，金融科技应用系统的输入功能用来收集和获取原始数据。

2) 存储功能

简单地讲，金融科技应用系统的存储功能用来存储各种金融信息资料和数据。

3) 处理功能

简单地讲，金融科技应用系统的处理功能就是用来从存储的各种金融信息资料和数据中抽取、加工出符合某种需要的，或有价值、有意义的信息。

4) 输出功能

简单地讲，金融科技应用系统的输出功能用来生成有用的信息，通常的形式是文档和报告等。

因此，无论是哪一种金融科技应用，在开展金融科技应用系统的应用控制风险审计时，都可以从输入、处理、输出这三个方面出发开展审计。对于金融科技应用系统存储方面的相关风险审计，可以在金融科技应用系统的总体控制风险审计中开展。

2. 金融科技系统应用控制

目前常见的金融科技应用有很多，为了防范金融科技具体应用系统的风险，金融科技系统应用控制非常重要。简单地讲，金融科技系统应用控制是为了适应各种金融数据处理的特殊控制要求，保证金融数据处理完整、准确地完成而建立的内部控制，它针对的是与金融科技系统应用相关的事务和数据，目的是确保金融数据的准确性、完整性、有效性、可验证性、可靠性和一致性。具体来说，金融科技系统应用控制的目标主要包括以下五方面。

(1) 确保输入到金融科技系统中的数据是准确、完整、已授权和正确的。

(2) 确保金融科技系统中的数据在可接受的时间内得到预期的处理。

(3) 确保金融科技系统中的数据存储是准确和完整的。

(4) 确保金融科技系统中的输出是准确和完整的。

(5) 确保金融科技系统中的数据在输入、存储、处理、输出的整个过程中是可追溯的。

3. 金融科技系统应用控制的主要内容

根据以上分析，不难发现：金融科技系统应用控制是对输入、处理和输出过程的控制。因此，金融科技系统应用控制主要可以分为三类：金融科技系统输入控制、金融科技系统处理控制和金融科技系统输出控制。

1) 金融科技系统输入控制

金融科技系统输入控制用来确保每笔要被处理的事务都被准确完整地输入。这些控制能够保证只有有效授权的信息才被输入，且事务只被处理一次。金融科技系统输入控制的目的是：

(1) 确保只有经授权批准的数据才能输入金融科技系统。

(2) 确保经批准的数据完整、准确地输入到金融科技系统中，没有丢失、遗漏，也没有增加、重复或不恰当的修改。

(3) 确保被金融科技系统拒绝的错误数据能正确改正后重新向该金融科技系统提交。

(4) 确保能检查出数据中是否仍然存在其他错误。

2) 金融科技系统处理控制

金融科技系统处理控制是对金融科技系统进行的内部数据处理活动

的控制措施，一般是通过金融科技系统程序实现自动控制的。金融科技系统处理控制的目的是用来确保金融科技系统应用程序处理过程的可靠性。

3）金融科技系统输出控制

金融科技系统输出控制用来确保数据以一致和安全的方式传递给用户，且数据要符合一定的格式。金融科技系统输出控制的目的是：

（1）确保金融科技系统输出信息的准确性、可靠性。

（2）确保金融科技系统输出信息能按要求及时呈现给（或送到）指定的人员，而未经授权的人员不能接触到相关信息和数据。

（3）确保对金融科技系统中敏感的电子数据应加密或脱密后再输出。以银行卡号码的脱密为例，可以采用掩码屏蔽的方法，如保留前 5 位和最后 5 位，中间用*代替，例如，银行卡号为 534266352799988 可以脱密成 53426*****99988。

4. 金融科技系统应用控制和总体控制的关系

某些金融科技系统应用控制的有效性取决于金融科技系统总体控制的有效性。当金融科技系统总体控制薄弱时，金融科技系统应用控制就无法真正地提供合理的保障。因此，良好的金融科技系统总体控制是金融科技系统应用控制的基础，可以为金融科技系统应用控制的有效性提供有力的保障。

5. 金融科技系统应用控制风险审计内涵

金融科技系统应用控制风险审计就是为了确保被审计金融机构的金融科技应用系统控制符合相关要求而开展的审计活动，能够防范化解金融科技具体应用系统缺陷可能造成的风险。

3.4.2　金融科技系统应用控制风险审计基本步骤

为防止金融科技系统应用控制存在缺陷而带来的风险，需要开展金融科技系统应用控制风险审计。一般来说，金融科技系统应用控制风险审计的基本步骤如图 3.7 所示。

1. 金融科技系统业务流程分析

在该步骤中，需要通过访谈和现场观察等方法了解被审计金融科技应

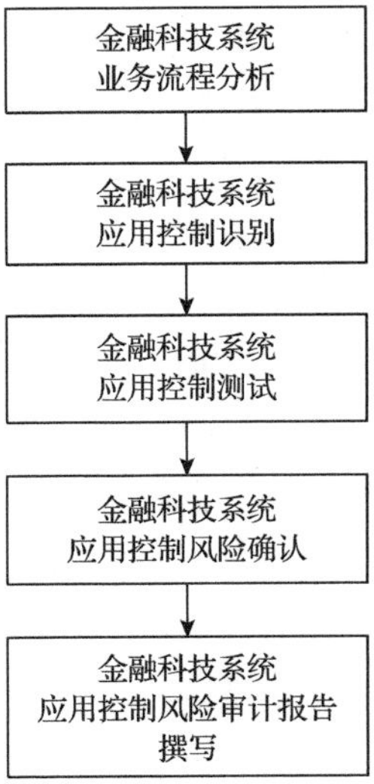

图 3.7　金融科技系统应用控制风险审计的基本步骤

用系统的业务流程，理清金融科技系统业务流程中的信息流等。

2. 金融科技系统应用控制识别

在该步骤中，根据前面分析的金融科技系统业务流程，识别出金融科技系统的相关应用控制，同时确定这些应用控制的关键程度。

3. 金融科技系统应用控制测试

在该步骤中，根据识别出的金融科技系统应用控制活动描述，对其进行控制测试，例如，可以采用数据测试法，即在正常运行条件下，将测试数据输入应用控制流程，穿越全部应用控制流程和所有关键应用控制环节，在此基础上，对比测试数据运行结果和设计要求的差异，从而发现应用控制流程存在的风险；也可以采用大数据审计技术开展应用控制测试，后文将会对此进行分析。

4. 金融科技系统应用控制风险确认

在该步骤中，对测试发现的金融科技系统应用控制风险进行汇总，并与被审计金融单位进行沟通，最终确认金融科技系统应用控制风险。

5. 金融科技系统应用控制风险审计报告撰写

在以上分析的基础上，撰写金融科技系统应用控制风险审计报告。

3.5　金融科技治理风险审计

3.5.1　金融科技治理风险审计内涵

金融科技治理用于描述一个金融机构是否采取有效的机制，使得金融科技的应用能够完成该金融机构赋予它的使命，同时平衡金融科技风险，确保实现该金融机构的战略目标。金融科技治理是高级管理层的责任，需要考虑领导层、组织结构以确保业务目标和金融科技目标一致。

为了保证金融科技治理的有效性，防范金融科技应用过程中产生的风险，审计人员需要对其进行审计。概括来说，金融科技治理风险审计的主要目的是：

(1) 确保能促进金融科技应用与金融机构战略目标的一致性。

(2) 确保能有效利用金融科技资源。

(3) 确保能合理管控金融科技应用过程的风险。

(4) 确保能构建金融科技应用可持续发展的长效机制。

3.5.2　金融科技治理风险审计主要内容

根据金融科技治理风险审计的主要目的，在开展金融科技治理风险审计时，审计人员可以从以下方面出发。

1. 高级管理层对金融科技的重视情况

金融科技治理是金融机构高级管理层的责任，检查被审计金融机构高级管理层是否重视金融科技工作，如是否设立一个由金融机构高级管理层和主要业务部门的人员组成的专门机构来负责本单位的金融科技工作；检查该专门机构是否真正有效地开展本单位金融科技的相关工作，而不是仅仅形式上的存在。

例如，某商业银行的金融科技治理组织结构建设情况为：成立了金融科技管理委员会，制定了《商业银行金融科技管理委员会工作规则》。该商业银行金融科技管理委员会组成人员为：主任委员为行长、执行主任委员为分管金融科技的副行长，成员为科技信息部、风险管理部、财务部、审计部负责人。具体如图 3.8 所示。

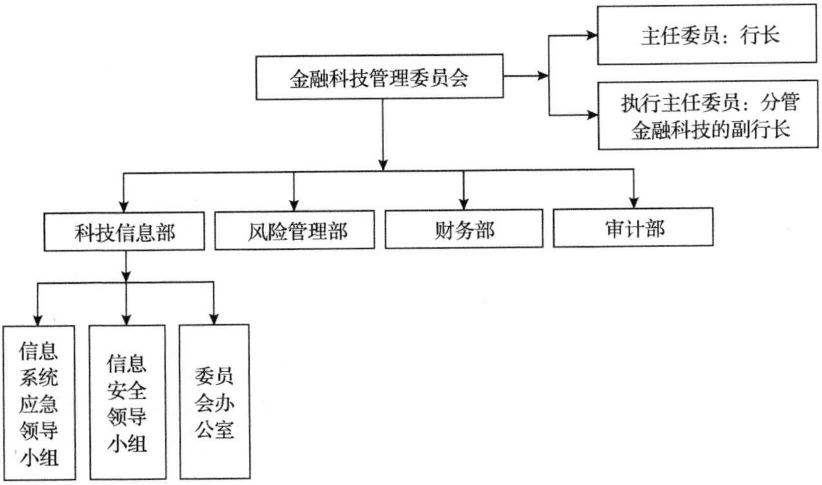

图 3.8　某商业银行金融科技管理委员会

不难发现：该商业银行设立了一个由来自高级管理层、科技信息部、风险管理部、财务部、审计部等主要部门组成的专门金融科技管理委员会，在此基础上进行金融科技治理，形成了职责明确、分工合理、关系清晰、相互制衡的金融科技治理组织结构，可以有效地防范相关金融科技风险。

2. 金融科技部门的工作情况

检查被审计金融机构是否成立与其业务相适应的金融科技部门，负责金融科技系统的相关工作；检查被审计金融机构所成立的金融科技部门是否有完整的内部工作流程和内控制度，以保证金融科技工作的有效开展。

3. 金融科技知识产权管理工作情况

检查金融机构是否采取有效措施保护其所开发的金融科技相关系统的自主知识产权，检查其购买和使用的用于金融科技相关系统的软硬件产品是否合法，是否存在侵权盗版。

3.6　金融科技系统项目建设风险审计

3.6.1　金融科技系统项目建设风险审计内涵

随着金融科技在金融行业的广泛应用，目前很多金融机构的金融科技系统项目建设越来越多，如手机银行、微信银行、直销银行、互联网支付系统、移动支付系统、互联网贷款系统、智能金融理财服务系统、智能保险定价系统以及数字货币等。如何保证金融科技系统项目建设的有效实施成为防范金融科技风险的一项重要问题，金融科技系统项目建设风险审计成为金融科技风险审计的一项重要内容。

金融科技系统项目建设风险审计是为了规范金融科技系统项目建设的管理，提高金融科技系统项目建设资金使用效益，防范相关风险，审计部门依据相关法律法规、规章制度，运用相关审计方法，对金融科技系统项目建设预算的整体公允性、招投标过程的公平公正性、待签合同的合法性、竣工结算的真实性、项目建设的经济性等进行审查和评价。

3.6.2　金融科技系统项目建设风险审计主要内容

金融科技系统项目建设风险审计的一般范围包括项目立项、采购(包括预算、招投标)、合同签订、项目实施、竣工决算等。可以重点对金融科技系统项目建设概(预)算的科学合理性、招标文件的公平公正性、待签合同的合法合规性、竣工决(结)算的真实有效性、内控制度的健全符合性、项目建设的效益性等进行审查和评价。

根据金融科技系统项目建设风险审计的主要目的，在开展金融科技系统项目建设风险审计时，审计人员可以关注的主要内容如图 3.9 所示。

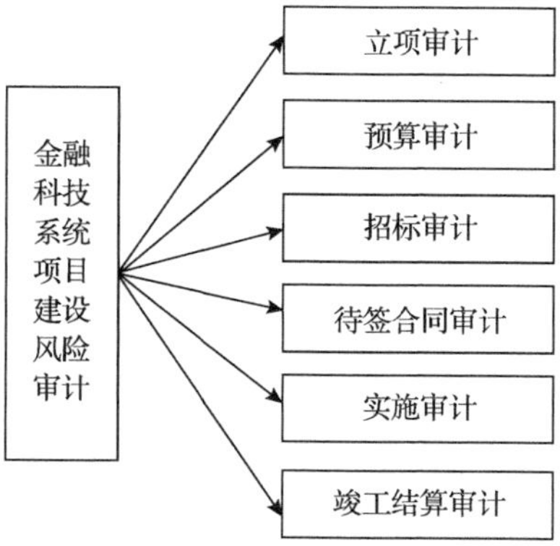

图 3.9　金融科技系统项目建设风险审计的主要内容

下文将对金融科技系统项目建设风险审计每一部分关注的具体内容进行分析。

1. 立项审计

在金融科技系统项目立项阶段，审计部门可以审查金融科技系统项目筹备阶段的合法性和合规性，对项目需求书的合理性、经济性、公正性提出审计意见。主要内容如下：

(1)审核金融科技系统项目建设立项调研、论证和项目需求编制的充分性、必要性，防止重复建设。

(2)评估金融科技系统项目可行性研究报告和初步设计方案的前瞻性、科学性，评判编制主体的客观公正性。

(3)审核立项报送程序(决策、论证、审批流程)的合规性。

(4)审核金融科技系统项目的工作量测算、定制软件开发成本、软件和硬件采购价格、系统集成费等项目概算编制依据。

(5)审核金融科技系统项目概算编制与批准的可行性研究报告、部门年度预算和项目设计方案的符合性。

2. 预算审计

在金融科技系统项目预算阶段，审计部门可以对预算的准确性、合理性以及合规性等提出审计意见，防止预算虚高。主要内容如下：

(1)审核金融科技系统项目建设预算编制的完整性、真实性、合理性、合规性。

(2)审核软件及硬件等采购指标设置的公平性，审核定制开发软件测算的准确性。

(3)审核定制开发软件编制的清单与预算，软件和硬件以及系统集成费采购预算，检测、培训、维保等服务费用采购预算，并作为招标控制价。

3. 招标审计

在金融科技系统项目招标阶段，审计部门可以主要审核项目招标方式的合法合规性，招标价格组成的真实性、合理性、公允性，招标技术需求(技术参数)、评标办法的公平公正性、合同格式条款的公平合理性以及采购需求是否存在排他性和指向性等内容。

4. 待签合同审计

在金融科技系统项目待签合同阶段，审计部门可以主要审核项目合同主体资格、价款约定、调整及付款、违约责任等合同条款的合法性、完整性、有效性，以及审核项目合同内容的完整性、合同语言的规范性、文字叙述的准确性等。

5. 实施审计

在金融科技系统项目实施阶段，审计部门可以主要审核金融科技系统项目实施管理、质量管理、系统运行等情况，如是否严格按照项目需求、合理安排项目进度等。

6. 竣工结算审计

在金融科技系统项目竣工结算阶段，审计部门可以主要审核金融科技系统项目是否按照合同约定完成建设任务、是否存在违约行为、项目竣工结算资料是否真实完整等内容，项目软硬件数量、质量及功能实现等是否达到合同要求。

3.7 金融科技系统项目绩效审计

3.7.1 金融科技系统项目绩效审计内涵

金融科技系统项目建设完成并投入使用后，审计部门可对其进行绩效审计，从而防范相关风险。

金融科技系统项目绩效审计是指对已建成并投入使用的金融科技系统项目的整体绩效(如经济性、效率性、安全性等)进行评估，从而为该金融科技系统项目下一步的优化与建设发展方向，以及是否有继续投入价值等提供决策参考。通过金融科技系统项目绩效审计，促进金融科技系统项目的规范化建设、提升金融科技系统项目的应用成效，减少金融科技系统建设风险。

3.7.2 金融科技系统项目绩效审计主要内容

一般来说，开展金融科技系统项目绩效审计主要包括以下基本步骤。

1. 分析影响金融科技系统项目绩效的因素

收集相关数据，分析影响金融科技系统项目绩效的因素。例如，金融科技系统项目建设的初始投资成本(一次性成本)和运行成本(经常性成本)；金融科技系统项目的实施效益，包括金融科技系统项目的有形效益(可以用财务语言来描述的效益)和无形效益(无法用财务语言来描述的效益)；金融科技系统项目设计与开发的质量等。

2. 构建金融科技系统项目绩效评价指标体系

在分析影响金融科技系统项目绩效因素的基础上，建立金融科技系统项目绩效评价指标体系。

3. 确定金融科技系统项目绩效各个评价指标的权重

结合金融科技系统项目绩效评价指标体系，采用合适的方法[如RC(rank-centroid，排序-质心法)、AHP(analytic hierarchy process，层次分析法)、RC/AHP 等]确定金融科技系统项目绩效各个评价指标的权重。

4. 建立金融科技系统项目绩效评价模型

建立绩效评价模型，根据这一模型，计算被评价金融科技系统项目的绩效值，完成金融科技系统项目的绩效评价。

根据以上基本步骤，金融科技系统项目绩效审计的主要内容是：

(1)建立科学、合理、有效的金融科技系统项目绩效评价指标(经济性指标、社会效益指标和综合效能指标等)作为绩效审计的评价依据。

(2)建立绩效评价指标体系，通过大数据分析、问卷调查、抽查、复核、现场考察等措施对金融科技系统项目使用效果(投资的经济效益和社会效益，项目实施的经济性、实用性等)进行评估和评价。

(3)关注金融科技系统项目资金使用的科学性、合理性和有效性，以及金融科技系统项目的社会效益等。

3.8　金融科技云计算系统风险审计

3.8.1　金融科技云计算系统风险审计内涵

云计算是推动信息技术能力实现按需供给、促进信息技术和数据资源充分利用的全新业态，是信息技术发展和服务模式创新的集中体现，是数字化发展的重要内容和必然趋势。我国非常重视云计算技术的应用。为了推动企业利用云计算加快数字化、网络化、智能化转型，推进互联网、大数据、人工智能与实体经济深度融合，2015 年 1 月 30 日，国务院印发了《关于促进云计算创新发展 培育信息产业新业态的意见》。2018 年 7 月 23 日，工业和信息化部印发了《推动企业上云实施指南(2018—2020 年)》。

为提高党政机关、关键信息基础设施运营者、重要企业事业单位采购使用云计算服务的安全可控水平，国家互联网信息办公室、国家发展和改革委员会、工业和信息化部、财政部等四个部门制定了《云计算服务安全评估办法》。为了适用于新型网络系统的安全保护要求，2019 年 5 月 10 日，国家标准化管理委员会发布了新修订的《信息安全技术 网络安全等级保护基本要求》，将云计算平台等作为等级保护对象。

云计算系统(或云计算平台)是指采用了云计算技术的信息系统，它由设施、硬件、资源抽象控制层、虚拟化计算资源、软件平台和应用软件等组成。云计算服务模式包括基础设施即服务、平台即服务、软件即服务等三种。不同云计算服务模式下云计算系统(或云计算平台)包含不同的资源。

(1)在基础设施即服务模式下，云计算系统(或云计算平台)由设施、硬件、资源抽象控制层组成。

(2)在平台即服务模式下，云计算系统(或云计算平台)除了包括基础设施即服务模式下的设施、硬件、资源抽象控制层之外，还包括虚拟化计算资源和软件平台。

(3)在软件即服务模式下，云计算系统(或云计算平台)除了包括平台即服务模式下的设施、硬件、资源抽象控制层、虚拟化计算资源和软件平台之外，还包括应用软件。

在不同服务模式下，云服务商和云服务客户对计算资源拥有不同的控制范围，同时，承担不同的安全管理责任。不同服务模式下云服务商和云服务客户拥有的计算资源控制范围如下：

(1)在基础设施即服务模式下，云服务商的控制范围包括设施、硬件、资源抽象控制层；云服务客户的控制范围包括虚拟化计算资源和软件平台。

(2)在平台即服务模式下，云服务商的控制范围包括设施、硬件、资源抽象控制层、虚拟化计算资源；云服务客户的控制范围包括软件平台和应用软件。

(3)在软件即服务模式下，云服务商的控制范围包括设施、硬件、资源抽象控制层、虚拟化计算资源、软件平台；云服务客户的控制范围包括应用软件。

综上分析，云计算技术在金融科技中得到广泛应用。随着金融机构云计算技术的广泛应用，云计算系统(或云计算平台)审计成为金融科技系统审计的一项重要内容。金融科技云计算系统风险审计就是为了防范被审计金融机构金融科技系统应用云计算技术产生的风险。因此，在开展金融科技云计算系统风险审计时，可以按照信息系统审计相关规范和要求，根据云计算服务模式分类、不同服务模式下云服务商和云服务客户应当拥有的计算资源控制范围及其要求，检查被审计金融机构是否合理设置了安全等级；对设置的安全等级，检查是否达到了安全等级要求的条件（如第一级要符合第一级安全要求，第二级要符合第二级安全要求，第三级要符合第三级安全要求，第四级要符合第四级安全要求）。

3.8.2 金融科技云计算系统风险审计主要内容

根据金融科技云计算系统风险审计的主要目的，在开展金融科技云计算系统风险审计时，审计人员可以根据被审计单位金融科技云计算系统的不同安全等级，参照相关云计算应用要求，如新修订的《信息安全技术 网络安全等级保护基本要求》（GB/T 22239—2019）、《金融行业网络安全等级保护实施指引》（JR/T 0071—2020）等开展金融科技云计算系统风险审计，审计人员可以关注的主要内容如图 3.10 所示。

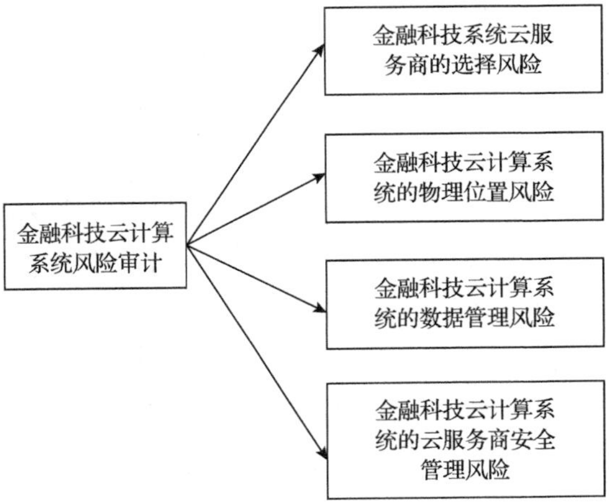

图 3.10 金融科技云计算系统风险审计的主要内容示例

1. 金融科技系统云服务商的选择风险

检查被审计单位的金融科技系统云服务商的选择是否有恰当的风险控制。例如，检查被审计单位是否选择了安全合规的云服务商，云服务商的选择是否符合国家相关规定，云服务商所提供的金融科技云计算系统能否为被审计单位的金融科技业务应用系统提供相应等级的安全保护；检查被审计单位在选择云服务商时，是否在服务水平协议中规定了云服务的各项具体服务内容和相应的技术指标，以及云服务商的具体权限与责任，包括管理范围、职责划分、行为准则、违约责任、访问授权、隐私保护等；检查被审计单位在选择云服务商时，是否在服务水平协议中规定服务合同到期时，必须完整提供云服务客户的所有数据，并承诺清除保存在其云计算平台上的所有云服务客户数据；检查被审计单位的云服务商在云服务客户删除其金融科技业务应用数据时，云计算平台是否能删除其云存储中所有的副本；检查被审计单位在选择云服务商时，是否与选定的云服务商签署保密协议，要求其不得泄露云服务客户数据。

2. 金融科技云计算系统的物理位置风险

检查金融机构的金融科技云计算系统的设施、运维地点、数据存储地在物理位置上是否有恰当的风险控制。例如，检查被审计单位的金融科技云计算基础设施和云计算平台的运维地点是否位于我国境内，若是在境外对我国境内云计算平台实施运维操作，应遵循我国的相关规定；检查被审计单位金融科技云计算平台是否能保证云服务平台上的相关数据存储于我国境内，如需要出境，应遵循我国的相关规定。

3. 金融科技云计算系统的数据管理风险

检查金融机构的金融科技云计算系统的数据管理是否有恰当的风险控制。例如，检查被审计金融机构在使用云计算系统时，是否在本地保存其业务数据的备份；检查被审计金融机构云服务商的云存储服务是否能保证其服务的金融机构的数据存在若干个可用的副本数据，且各副本数据之间的内容应保持一致；检查被审计金融机构的云服务商是否能提供查询数据及备份存储位置的能力；检查被审计金融机构的云服务商是否能为金融机构提供技术手段和帮助，以方便将金融机构金融科技业务系统及其数据迁移到其他云服务商的云计算平台和金融机构的本地系统中；检查被审计金融机构能否确保云服务商对云服务客户系统和数据的操作可以被云服务客户审计。

4. 金融科技云计算系统的云服务商安全管理风险

检查金融机构的金融科技云计算系统的云服务商的安全管理是否有恰当的风险控制。例如，检查被审计金融机构的云服务商是否能保证将相关的重要变更、安全威胁信息等及时传达到金融机构，以及根据这些相关信息进行安全风险评估并采取措施控制风险的发生；检查被审计金融机构的云服务商是否具有相关的网络入侵防范措施；检查被审计单位的金融科技云计算系统是否能做到被审计金融机构与其他云服务客户虚拟网络之间的隔离；检查被审计单位的金融科技云计算系统是否在虚拟化网络边界部署访问控制机制，并设置访问控制规则；检查被审计单位金融科技云计算平台的远程管理过程是否安全(如是否有符合要求的身份验证机制等)；检查被审计单位金融科技云计算平台是否能保证只有在金融机构授权下，云服务商或第三方才具有金融机构数据的管理权限；检查被审计单位使用的金融科技云计算系统是否承载了不符合其安全保护等级的金融科技业务应用系统。

第4章 金融科技风险审计技术方法理论研究

4.1 引 言

开展金融科技风险审计需要一定的技术方法和实现工具。为了更好地研究金融科技风险审计，本章从理论上分析目前可用于金融科技风险审计的基本技术方法，并重点研究基于大数据、人工智能等现代信息技术的金融科技风险审计的技术方法及其实现工具，从而为后续章节中金融科技风险审计的研究与应用打下基础。

4.2 金融科技风险审计基本技术方法

除了如前文所述的检查法、观察法、询问法、外部调查法、重新计算法、重新操作法、分析法、鉴定法等常用审计方法之外，目前常用的信息系统审计方法包括访谈法、现场观察法、文档查看法、穿行测试法、系统数据分析法、计算机辅助审计技术等，在开展金融科技风险审计时可以采用这些方法。这些常用的信息系统审计方法分析如下：

1. 访谈法

访谈法是指审计人员访谈被审计单位相关人员，了解某些内部控制、业务执行等事项。在开展金融科技风险审计时，审计人员可以采用访谈法，访谈被审计金融单位相关人员，了解这些单位金融科技系统的内部控制、业务执行等事项。

2. 现场观察法

现场观察法是指审计人员到被审计单位的相关现场，实地观察相关人员的实际工作和相关信息系统操作情况，以确认信息系统相关控制措施是否得到有效的执行，以及相关信息系统是否存在风险。在开展金融科技风险审计时，审计人员可以采用现场观察法，实地观察被审计金融单位相关人员的实际工作和相关金融科技系统操作情况，以确认金融科技系统相关控制措施是否得到有效的执行，以及相关金融科技系统是否存在风险。例如，观察被审计金融单位的金融科技系统开发现场环境、运行管理环境、上线管理环境、测试管理环境，金融科技系统业务连续性管理措施和管理情况以及相关金融科技系统的操作情况等。

3. 文档查看法

文档查看法是指审计人员抽取与信息系统审计相关的文档(如信息系统需求报告、信息系统设计说明书、信息系统用户使用手册等)以及其他有关证明材料，检查信息系统相关控制措施及制度是否被有效执行。在开展金融科技风险审计时，审计人员可以采用文档查看法，抽取与被审计金融单位金融科技系统审计相关的文档(如互联网贷款系统需求报告、互联网贷款系统设计说明书、互联网贷款系统用户使用手册等)以及其他有关证明材料，检查被审计金融单位金融科技系统相关控制措施及制度是否被有效执行，是否存在相关风险。

4. 穿行测试法

穿行测试法是指审计人员根据被审计单位相关信息系统的控制活动步骤，设计相关测试数据，测试相关控制是否有效。在开展金融科技风险审计时，审计人员可以采用穿行测试法，设计相关测试数据，对被审计金融单位金融科技系统进行测试，检测其相关控制是否有效。

5. 系统数据分析法

系统数据分析法是指通过分析被审计信息系统内外部的相关数据，发现信息系统相关风险的线索。随着大数据技术的广泛应用，也可以采用大数据审计技术通过大数据分析开展信息系统审计。在开展金融科技风险审计时，审计人员可以采用系统数据分析法，分析被审计金融单位金融科技系统中的相关数据，从而发现被审计金融单位金融科技系统相关风险的线索。

6. 计算机辅助审计技术

计算机辅助审计技术，即 computer assisted audit techniques，简称

CAATs，一般可以概括为：为了满足信息化环境下审计的需要，基于计算机的用来对信息系统或被信息系统处理的数据进行审计的技术①。

根据对相关文献的分析，常用的计算机辅助审计技术可以分成两类，其分类如图 4.1 所示。

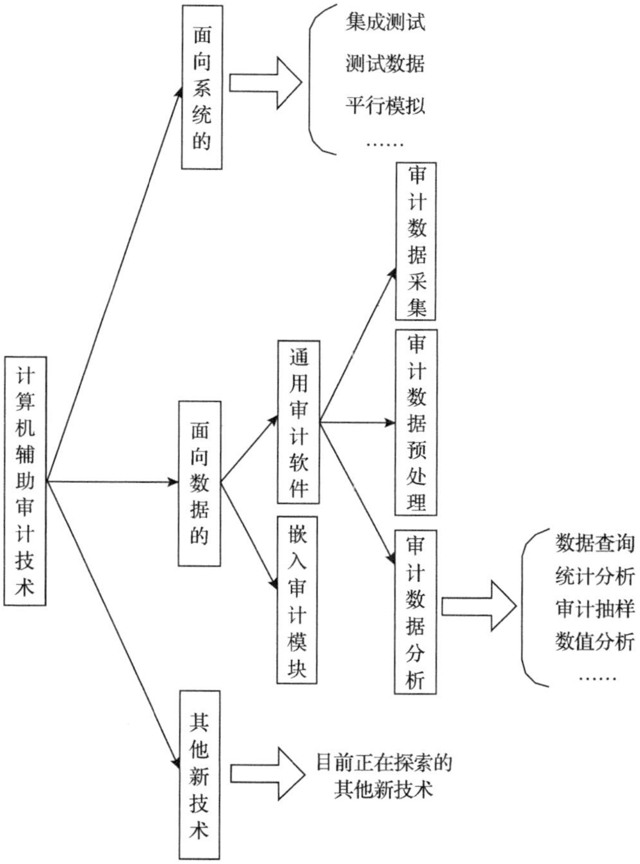

图 4.1　计算机辅助审计技术的分类

(1) 面向系统的计算机辅助审计技术，这类计算机辅助审计技术主要用于验证程序/系统。

(2) 面向数据的计算机辅助审计技术，这类计算机辅助审计技术主要用于分析电子数据。

为了突出实现计算机辅助审计技术的工具，有时会使用计算机辅助审计工具与技术(computer assisted audit tools and techniques，CAATTs)这一

① 陈伟:《大数据审计理论、方法与应用》，北京，科学出版社，2019.

概念。

在开展金融科技风险审计时，可以根据需要，采用合适的相关计算机辅助审计技术。

4.3　金融科技风险审计大数据审计技术方法

4.3.1　大数据审计技术分类

如前文所述，大数据审计成为目前审计领域研究与应用的热点。根据目前大数据审计的研究与应用现状，可以把大数据审计技术归纳为以下三类[①②]。

1. 大数据多数据源综合分析技术

大数据多数据源综合分析技术是通过对采集来的与被审计单位相关的各行、各业、各类大数据，采用数据查询等常用方法或其他大数据技术方法进行相关数据的综合比对和关联分析，从而可以发现更多隐藏的审计线索。大数据多数据源综合分析技术也是目前审计领域应用大数据比较成熟和主流的内容。

在大数据环境下，由于数据量较大，审计人员通常采用 Oracle 数据库系统来进行大数据的综合比对和关联分析。另外，大数据环境下，常用审计数据分析方法，如数据查询、统计分析、数值分析等，仍可以根据审计工作的实际情况使用，例如，与大数据技术一起组合使用、对被审计大数据中的部分数据进行分析等。

2. 大数据智能分析技术

大数据智能分析技术就是采用各种高性能数据处理算法、人工智能与挖掘算法等手段对被审计大数据进行分析，从而使审计人员能更好地从被审计大数据中获得审计线索。这是目前大数据分析领域的研究主流，它是从计算机的视角出发，强调计算机的计算能力和人工智能。目前关于大数据智能分析技术的研究在审计领域的应用仍不成熟，多停留在理论研究层面。比较有效的大数据智能分析技术有社会网络分析、自然语言分析等。

---

① 陈伟:《大数据审计理论、方法与应用》，北京，科学出版社，2019.

② 陈伟:《基于大数据技术的 BCM 审计方法研究》，《会计之友》2019 年第 11 期，第 113～116 页.

3. 大数据可视化分析技术

人类非常擅长通过视觉获取有用信息，现代数据分析也日益依赖通过图形呈现来揭示含义和表达结果。如果通过可视化分析技术与工具对大数据进行分析并转换成易于理解、易于呈现的图形和图表，对于用户理解大数据以及大数据分析结果非常重要。大数据可视化分析技术就是采用可视化分析技术与工具对被审计大数据进行分析，并将分析结果转换为易于理解、易于呈现的图形和图表，从而使审计人员能更好地从被审计大数据中获得审计线索。大数据可视化分析技术是目前大数据审计应用比较成熟和主流的内容。一般来说，大数据可视化分析技术包括文本可视化分析技术、多维数据可视化分析技术、网络可视化分析技术、时空可视化分析技术等。有效的大数据可视化分析技术包括文本可视化分析技术（如标签云分析等）以及结构化数据可视化分析技术①②，如气泡图、柱状图、折线图、散点图、热力图、维恩图、桑基图、饼图、雷达图等。

4.3.2　大数据多数据源综合分析技术

如前文所述，大数据多数据源综合分析技术是通过对采集来的各行、各业、各类大数据，采用数据查询等常用方法或其他大数据技术方法进行相关数据的综合比对和关联分析，从而发现更多隐藏的审计线索。这类技术方法是目前审计领域应用大数据比较成熟和主流的技术方法。

采用大数据多数据源综合分析技术的原理可总结为：根据审计需要，审计人员结合自己的审计背景知识，借助某种数据分析软件对从不同来源采集来的被审计数据进行综合比对和关联分析，发现可疑数据。然后，审计人员结合自己的审计背景知识，在分析结果的基础上，对发现的可疑数据进行进一步的延伸审计和审计事实确认，最终获得审计证据。

概括来说，大数据多数据源综合分析技术的原理如图 4.2 所示。

---

① Gepp A, Linnenluecke M K, O'Neill T J, et al., 2018: "Big data techniques in auditing research and practice: Current trends and future opportunities", Journal of Accounting Literature, 40 (1): 102-115.

② Koh K, Lee B, Kim B, et al., 2010: "ManiWordle: providing flexible control over wordle", IEEE Transactions on Visualization and Computer Graphics, 16 (6): 1190-1197.

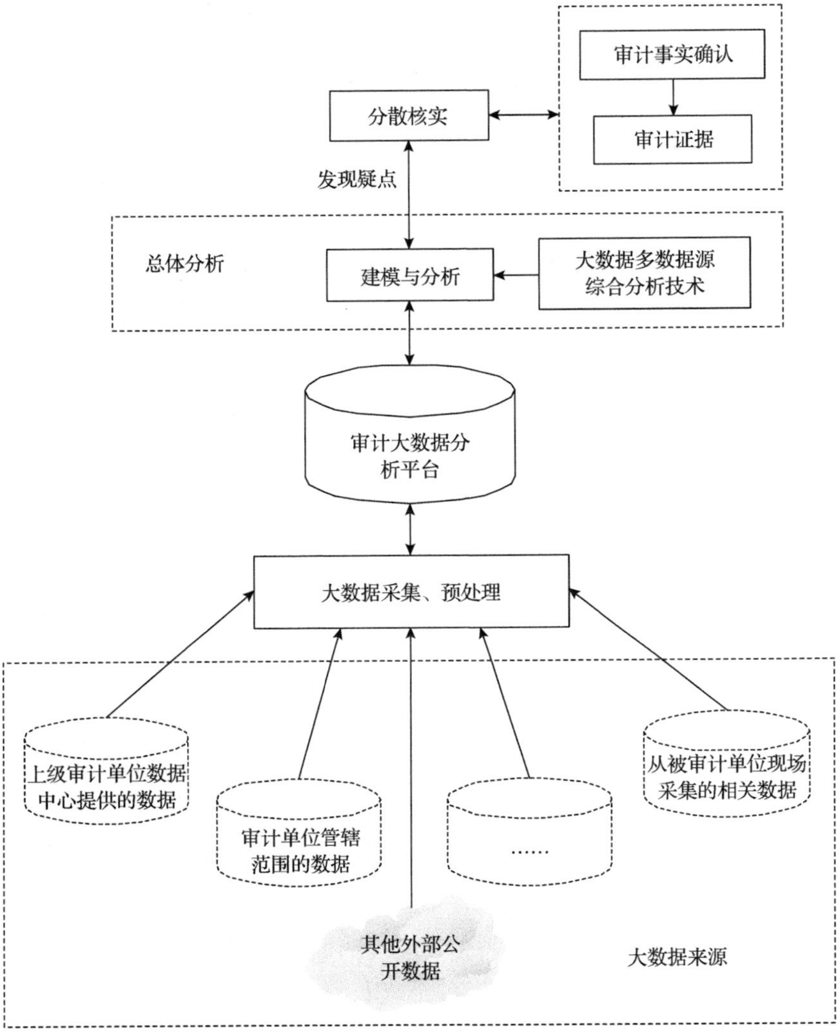

图 4.2　大数据多数据源综合分析技术原理

4.3.3　大数据智能分析技术

1. 大数据智能分析技术原理

大数据智能分析技术的原理可总结为：根据被审计业务的特点和需要，审计人员结合自己的审计业务知识，采用合适的智能算法或软件对被审计大数据进行智能化和自动化分析，发现可疑数据。然后，审计人员结合自己的审计业务知识，对发现的可疑数据做进一步的延伸审计和审计事实确认，最终获得审计证据。

概括来说，大数据智能分析技术原理如图 4.3 所示。

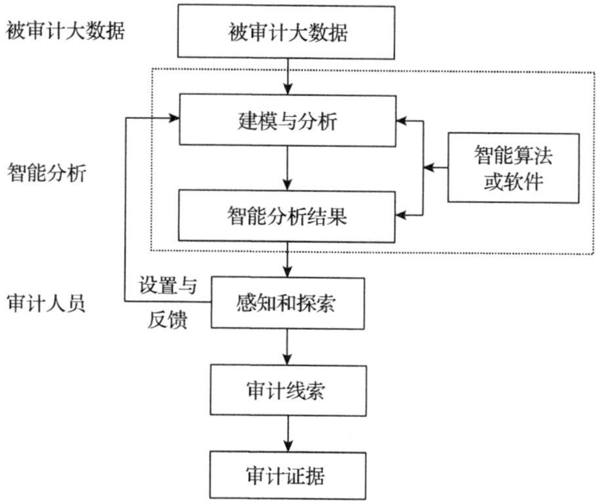

图 4.3　大数据智能分析技术原理

2. 人工智能相关技术及其在审计中的应用分析

如何根据具体情况选择合适的智能化方法，以最大化审计数据分析的效果是大数据智能分析技术在审计中应用的重点。

可用于大数据智能分析的人工智能技术有很多，如图像识别技术、光学字符识别(optical character recognition，OCR)技术、语音识别技术、语音合成技术、自然语言处理技术、社会网络分析、RPA 技术、机器人技术、机器学习等。根据目前的研究与应用现状，一般来说，人工智能相关技术在审计领域的主要应用示例如图 4.4 所示[①]。

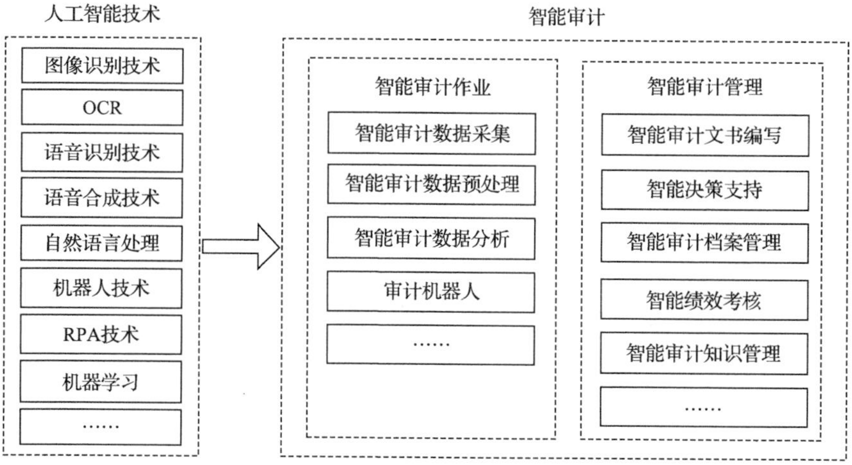

图 4.4　人工智能技术在审计领域中的应用示例

① 陈伟:《智能审计》, 北京: 机械工业出版社, 2021.

其中，人工智能相关技术在审计作业中的应用在大数据智能分析中最为需要，主要内容分析如下：

1）图像识别技术

图像识别技术是指利用计算机对图像进行分析，以识别各种不同图像的技术。

图像识别技术对开展审计工作有时非常有用，审计人员使用图像识别技术可以实现图像数据的智能分析，从而可以满足大数据环境下非结构化数据分析的需要。例如，在审计过程中，审计人员可以采用图像识别技术识别被审计对象的资产是否和登记的内容一致。再如，为了验证某一养殖场中养殖动物的品种是否和该单位系统中登记的数据一致，当该养殖场中养殖动物的品种不容易确认时，审计人员可以采集养殖场中养殖动物的相关照片，并采用图像识别技术识别养殖动物的品种，然后和该单位系统中登记的养殖动物的品种数据进行比较，从而发现异常，获得相关审计证据。

2）OCR 技术

OCR 技术就是通过光学技术和计算机技术对纸质材料上的文字和字符进行识别，并将文字和字符内容转换为计算机能够接受、可编辑的电子文本格式。OCR 是计算机视觉研究领域的分支之一。

1929 年，德国科学家陶舍克（Tausheck）首先提出了 OCR 的概念。我国也非常重视 OCR 技术的研究与应用，在 20 世纪 70 年代开始研究数字、英文字母及符号的识别，70 年代末开始研究汉字识别。目前中文印刷体识别技术已比较成熟，例如，为了把纸质版的文字和表格材料转化为电子文件，首先可以使用扫描仪将纸质版材料扫描到计算机中，然后使用识别软件将扫描到计算机中的材料转换成可编辑的电子文件，从而可以避免花很多时间人工把纸质版的文字和表格材料输入到计算机中。

OCR 技术目前已广泛应用于生活中的各个方面，例如，汽车进入收费站、停车场时的车牌自动识别；用手机中的 App（application，应用）识别名片、身份证中的信息；当阅读资料时，可用 OCR 软件将感兴趣的段落自动录入电脑等。

OCR 技术对开展审计工作也非常有用，例如，在审计过程中，审计人员可以使用 OCR 技术实现纸质材料的智能审计数据采集。通过 OCR 综合使用图像处理、计算机视觉、自然语言处理和深度学习等技术，准确全面地识别扫描件和图片中的文字，并通过语义分析理解抽取出业务所需关键要素，在识别的同时实现文档的电子化和结构化处理。

3) 语音识别技术

语音识别技术或称自动语音识别(automatic speech recognition，ASR)技术，是将人类语音中的内容转换为计算机可读、可编辑的输入。大数据时代的到来使得语音数据受到了人们的广泛重视，自动语音识别可以使人机用户界面更加容易使用。

最早开始语音识别技术研究工作的是贝尔实验室的 Davis(戴维斯)等，1952 年，戴维斯等研制成功了能识别十个英文数字发音的 Audry 系统。到了 20 世纪 90 年代，语音识别技术开始从实验室走向应用。从开始研究语音识别技术至今，语音识别技术的发展已经有 70 多年的历史。

语音识别技术在审计工作中同样具有重要作用，例如，在审计过程中，利用语音识别技术，可以很方便地实现机器与被审计单位相关人员之间的交流与沟通，推动审计访谈的智能化进程。

4) 语音合成技术

语音合成技术又被称为文本-语音转换(text to speech，TTS)技术，它通过自然语言处理等人工智能方法，将计算机自己产生的或外部输入的任意文字信息实时转化为标准流畅的语音朗读出来，从而实现让机器像人一样能开口讲话交流。

语音合成技术对开展审计工作也非常有用，例如，在审计过程中，通过语音合成技术，可以很方便地实现机器与被审计单位相关人员之间的交流与沟通，实现审计访谈的智能化。

通过对语音识别技术和语音合成技术的分析，不难发现：审计人员可以根据审计业务需要，通过语音识别/语音合成技术设计相关智能审计服务机器人。例如，可以设计审计咨询机器人，通过审计咨询机器人，可以实现机器人与审计人员的互动，解答审计人员在审计过程中遇到的相关法律法规等问题；可以设计审计访谈机器人，通过审计访谈机器人，可以帮助审计人员自动完成审计访谈等工作。

5) 自然语言处理

自然语言处理(natural language processing，NLP)是语言学、逻辑学、

计算机科学、人工智能等计算机和人类（自然）语言交叉的研究与应用领域，它主要研究如何实现人与计算机之间用自然语言进行有效通信的各种理论和方法。

自然语言处理技术可用于文本相似度计算、信息检索、语音识别、文本分类、机器翻译等方面。自然语言处理技术对开展审计工作也非常有用，例如，在审计过程中，有时需要分析被审计的文本数据之间是否相似，通过自然语言处理技术，可以很方便地实现被审计的文本数据之间的相似对比，从而实现文本数据分析的智能化。

6）机器学习

机器学习是实现人工智能的一种方式，是人工智能最前沿的研究领域之一。机器学习就是“让机器进行学习”，通俗地讲，就是“训练一个模型”。机器学习有多种学习方法，常见的有监督学习、非监督学习、强化学习和迁移学习等。机器学习有助于弥补目前常用审计方法的不足，采用机器学习算法，通过自动地从提供的训练数据中学习，让审计方法变得更“智能”。

机器学习对开展审计工作也非常有用，在审计过程中，审计人员可以根据审计业务需要，应用机器学习算法和大数据去训练不同的审计模型，从而实现智能审计数据分析。

7）RPA 技术

机器人流程自动化（RPA）技术是一种新的软件技术，它能根据预先设定的程序和规划，模拟人类与计算机系统的交互过程，自动执行大批量、重复性的任务，并通过遵循简单的规则来做出决策，从而实现工作流程自动化[①]。

审计工作是一种劳动密集型的工作，一些大量、重复的工作会占用审计人员大量的时间。对于那些不需要太多人工干预的成熟、稳定、高重复的审计任务，或是标准化程度较高的审计流程，审计工作自动化成为一种理想的选择。RPA 技术为实现审计工作流程自动化提供了机遇，目前基于 RPA 技术的审计机器人得到广泛应用。特别是在大数据环境下，被审计单位通常具有多个应用系统，审计人员在审计过程中需要与多个系统进行交

---

① 陈伟:《智能审计》，北京：机械工业出版社，2021.

互。在审计人员需要频繁访问多个系统的情况下，一些手工操作可能会导致较高的人为错误。RPA 技术为实现这类多个应用系统之间交互的审计工作流程自动化提供了机遇。

不难发现：RPA 技术对开展审计工作非常有用。在审计过程中，审计人员可以根据审计业务需要，通过 RPA 技术实现智能审计数据采集与分析。例如，审计人员使用 RPA 技术可以实现自动采集被审计单位内部相关财务与业务系统中的数据，可以自动抓取与被审计单位相关的外部网站信息，也可以自动采集纸质发票扫描件或电子发票中的关键信息，如发票号码、发票代码、开票日期等。例如，在发票查询验真中，通过 RPA 软件自动采集发票中的关键信息，如发票号码、发票代码、开票日期等信息，然后，自动登录税务机关的查验网站，自动输入相关发票信息，查验发票真伪。相关应用将在后文做详细介绍。

8) 机器人技术

机器人(robot)是自动执行工作的机器装置。它既可以在人类的指挥下完成特定操作，又可以根据预先编写的程序自动执行操作，也可以通过人工智能技术实现自主的执行工作。

从目前的审计应用来看，审计机器人的应用还处于起步阶段，目前还没有设计成一种自动执行审计工作的机器装置，设计与实现机器装置式审计机器人还面临一定的挑战。随着机器人技术的发展，今后可以采用机器装置式审计机器人来辅助完成相关审计工作。

9) 社会网络分析技术

网络指的是各种关联，社会网络就是由社会关系所构成的一种结构关系，一个社会网络是由一些特定范围的行动者以及行动者之间的关系组成，它可以反映行动者之间的社会关系。社会网络分析(social network analysis, SNA)是对社会网络的关系结构及其属性加以分析的一套规范和方法，它基于信息学、数学、社会学、管理学、心理学等多学科的融合理论和方法，为理解人类各种社会关系的形成、行为特点分析以及信息传播的规律提供了一种可量化的分析方法。

目前，社会网络分析在市场营销、广告、企业招聘、跟踪预测流感的暴发、预测票房等方面得到应用。社会网络分析技术对开展审计工作也非常有用，在审计过程中，审计人员可以采用社会网络分析方法完成审计数据分析，发现相关审计线索。例如，通过对银行交易流水数据进行社会网络分析，可以清晰地展现相关单位或相关人员之间的资金往来关系，从而帮助发现相关违规违法线索；通过对工商数据、招投标数据、企业人员信息数据等进行社会网络分析，可以清晰地展现中标企业法人、股东与被审计单位相关人员之间的关系，从而帮助发现招投标中的相关违规违法线索。

4.3.4 大数据可视化分析技术

1. 大数据可视化分析技术原理

如前文所述，人类非常擅长通过视觉获取有用信息，一图胜千言。现代数据分析也日益依赖通过图形呈现来揭示数据含义，表达分析结果。常用的审计数据分析方法虽然能有效地对电子数据进行审计，但不具有直观的效果，而可视化工具可以提供直观、简洁的机制表示大量的审计信息，这有助于定位重要的数据。另外，可视化工具提供的多窗口、交互式、可视化图形界面便于审计人员直观、综合、灵活地进行分析处理，获得评价结果。因此，如何把可视化工具应用于审计数据分析中来减轻审计人员的工作强度，提高审计效率具有重要的理论和应用价值。

相对于应用结构化查询语言（structured query language，SQL）等方式来分析电子数据来说，可视化数据分析技术可以把审计人员所关心的数据很直观地展现在审计人员面前，从而能更轻松地发现审计线索。

大数据环境下，数据可视化分析技术尤为重要。采用大数据可视化分析技术的原理可总结为：通过某种可视化软件将被审计大数据转化为审计人员可以分析观察的图形和图像。然后，审计人员结合自己的审计背景知识，发挥人类视觉系统高通量的特性，通过视觉系统对可视化的结果图形和图像进行分析、观察，从而从总体上系统地理解和分析被审计大数据的内涵和特征。另外，审计人员通过交互地改变可视化软件的设置，改变输出的可视化图形和图像，从不同的方面获得对被审计大数据的理解，从而全面地分析被审计大数据。概括来说，大数据可视化分析技术原理如图 4.5 所示。

在何种情况下应该应用何种可视化分析技术，才能够让审计数据分析达到最佳的效果是大数据可视化分析技术在审计中应用的重点。

由于大数据可视化分析技术应用较为广泛，本节根据金融科技风险审计的需要，分析标签云、散点图、条形图、折线图、气泡图、热力图、维恩图、桑基图等常用的数据可视化分析技术，从而为后文金融科技风险

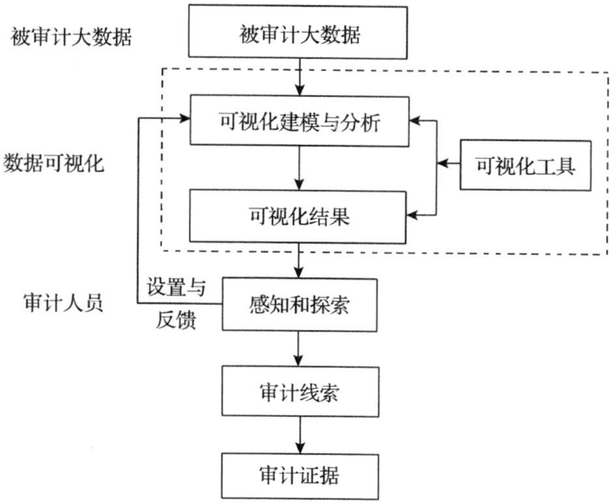

图 4.5　大数据可视化分析技术原理

审计的应用打下基础。

2. 标签云分析

1) 标签云分析方法简介

大数据环境下大量的文本数据使审计人员开展数据分析的难度越来越大，传统的浏览和筛选等方法无法满足大数据环境下非结构化数据审计的需要。将文本数据中的内容或规律以视觉符号的形式展示给审计人员，有助于审计人员利用视觉感知的优势来快速获取文本大数据中蕴涵的重要信息，从而发现审计线索。

标签云(tag cloud)是常用的可视化分析技术之一，它由一组相关的标签以及与标签相对应的权重组成，这些标签按字母顺序或其他顺序，或者再结合颜色深浅进行排列，呈现出来可供用户浏览的可视化文本分析技术。其中，权重值的大小决定标签的字体大小、颜色或其他视觉效果。

通过对被审计文本数据进行标签云可视化分析，可以整体把握被审计文本数据的主要内容。实现标签云分析的主要步骤包括：①分词；②统计词频；③根据词频自动设置颜色深浅、字体大小并进行可视化展示。

2) 标签云分析方法审计应用示例

标签云分析方法在审计工作中具有一定的用途，例如，在金融审计中，通过标签云分析，审计人员可以分析被审计单位的相关文本数据，从整体上掌握该文本数据的主要内容情况。

以“某银行手机银行隐私政策”（图 4.6）标签云分析为例，其标签云分析结果示例如图 4.7 所示。

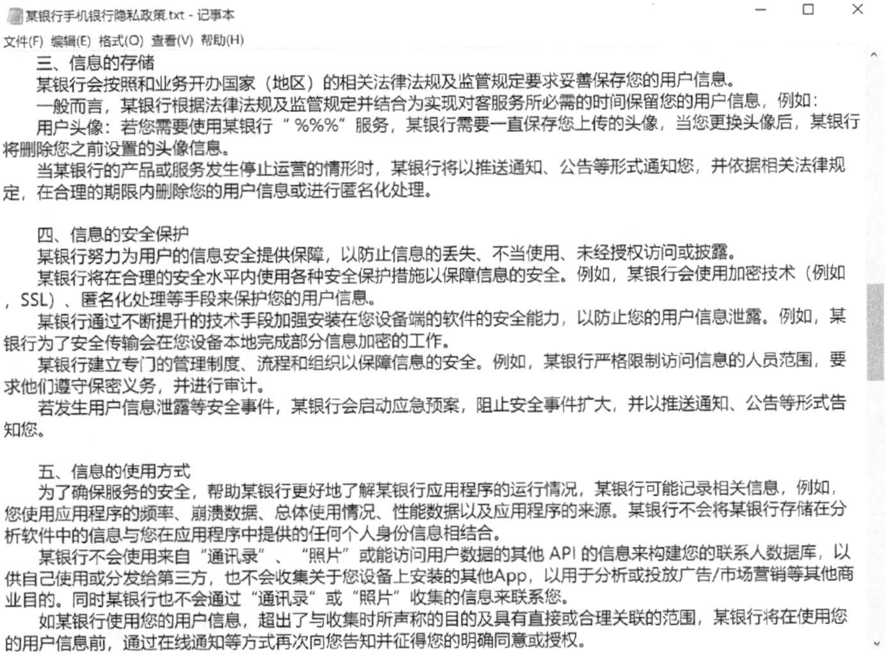

某银行手机银行隐私政策.txt - 记事本

文件(F) 编辑(E) 格式(O) 查看(V) 帮助(H)

三、信息的存储

某银行会按照和业务开办国家（地区）的相关法律法规及监管规定要求妥善保存您的用户信息。

一般而言，某银行根据法律法规及监管规定并结合为实现对客服务所必需的时间保留您的用户信息，例如：

用户头像：若您需要使用某银行“%%%”服务，某银行需要一直保存您上传的头像，当您更换头像后，某银行将删除您之前设置的头像信息。

当某银行的产品或服务发生停止运营的情形时，某银行将以推送通知、公告等形式通知您，并依据相关法律规定，在合理的期限内删除您的用户信息或进行匿名化处理。

四、信息的安全保护

某银行努力为用户的信息安全提供保障，以防止信息的丢失、不当使用、未经授权访问或披露。

某银行将在合理的安全水平内使用各种安全保护措施以保障信息的安全。例如，某银行会使用加密技术（例如，SSL）、匿名化处理等手段来保护您的用户信息。

某银行通过不断提升的技术手段加强安装在您设备端的软件的安全能力，以防止您的用户信息泄露。例如，某银行为了安全传输会在您设备本地完成部分信息加密的工作。

某银行建立专门的管理制度、流程和组织以保障信息的安全。例如，某银行严格限制访问信息的人员范围，要求他们遵守保密义务，并进行审计。

若发生用户信息泄露等安全事件，某银行会启动应急预案，阻止安全事件扩大，并以推送通知、公告等形式告知您。

五、信息的使用方式

为了确保服务的安全，帮助某银行更好地了解某银行应用程序的运行情况，某银行可能记录相关信息，例如，您使用应用程序的频率、崩溃数据、总体使用情况、性能数据以及应用程序的来源。某银行不会将某银行存储在分析软件中的信息与您在应用程序中提供的任何个人身份信息相结合。

某银行不会使用来自“通讯录”、“照片”或能访问用户数据的其他 API 的信息来构建您的联系人数据库，以供自己使用或分发给第三方，也不会收集关于您设备上安装的其他App，以用于分析或投放广告/市场营销等其他商业目的。同时某银行也不会通过“通讯录”或“照片”收集的信息来联系您。

如某银行使用您的用户信息，超出了与收集时所声称的目的及具有直接或合理关联的范围，某银行将在使用您的用户信息前，通过在线通知等方式再次向您告知并征得您的明确同意或授权。

图 4.6　某银行手机银行隐私政策示例

图 4.7　某银行手机银行隐私政策的标签云分析结果示例

3. 散点图分析

1) 散点图分析方法简介

散点图是数据可视化分析中常用的图形之一。审计人员可以把被审计数据表中的列或行数据生成散点图，从而可以直观地显示被审计数据之间的变化关系。散点图的主要特点是：方便审计人员查看被审计数据之间的变化关系。

2) 散点图分析方法审计应用示例

散点图分析方法可以帮助审计人员开展审计数据可视化分析，以某证券公司经济责任审计为例，该公司股票交易数据中是否存在内幕交易违规现象是经济责任审计中的一项重要审计内容。根据审计经验，股票交易数据中若存在内幕交易的违规现象，一般会具有以下几个特征：客户购买股票的类型比较单一；客户购买的某种股票获利大；客户购入的某种股票在短时间内卖出。审计人员可以根据以上经验，分析该股票交易数据中是否存在具有以上特征的数据，从而发现相关内幕交易线索，获得审计证据。通过散点图分析，审计人员可以分析客户购买股票的情况，从而判断客户购买股票的类型是否比较单一。基于以上分析，某股票交易数据的散点图分析结果示例如图 4.8 所示。在图 4.8 中，Y 轴表示被审计股票交易数据中

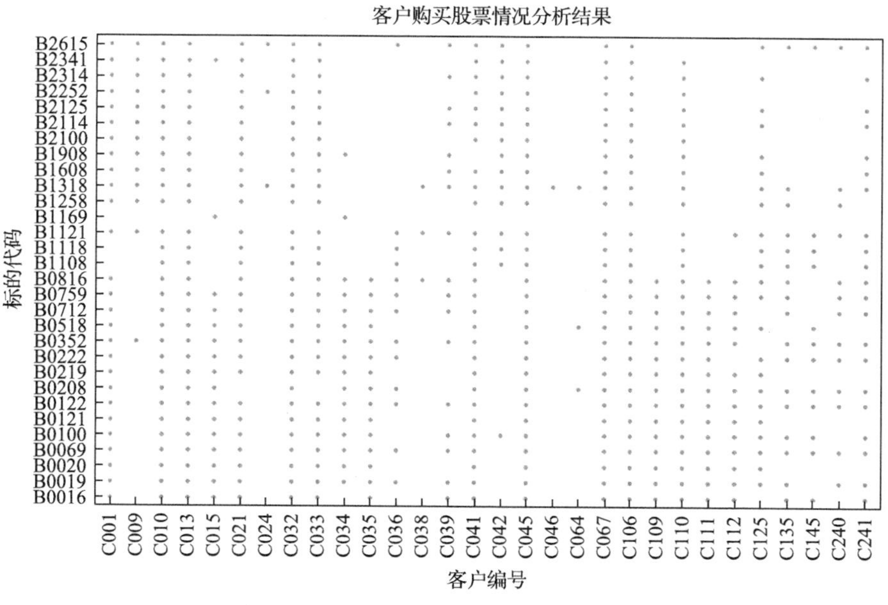

图 4.8　某股票交易数据散点图分析示例

客户所购买的股票的代码(标的代码)，*X* 轴表示被审计股票交易数据中的客户编号。

由图 4.8 不难发现：在该股票交易数据中，编号为 C024、C038、C046、C064 的客户购买股票的类型比较单一，这些客户数据需要审计人员重点关注。

4. 条形图分析

1) 条形图分析方法简介

条形图是数据可视化分析中常用的图形之一。审计人员通过条形图，可以把被审计数据表中的列或行数据生成条形图，从而可以直观地显示被审计数据中各个项目之间的比较情况。条形图的主要特点是：方便审计人员查看各个项目数据的大小，审计人员可以很容易比较各个项目数据之间的差别。

2) 条形图分析方法审计应用示例

条形图分析方法能够帮助审计人员开展审计数据可视化分析，以上述某证券公司经济责任审计为例，审计人员通过对该公司股票交易数据进行条形图分析，可以判断该客户购买股票的类型是否比较单一。基于以上分析，某股票交易数据的条形图分析结果示例如图 4.9 所示。在图 4.9 中，*Y*

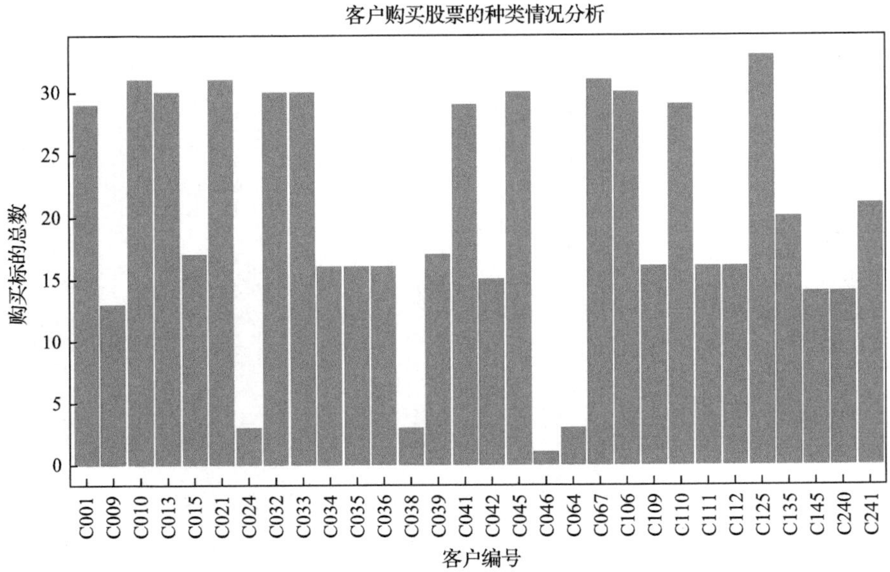

图 4.9　某股票交易数据条形图分析示例

轴表示被审计股票交易数据中客户所购买的股票类型总数，X 轴表示被审计股票交易数据中的客户编号。

由图 4.9 不难发现：在该股票交易数据中，编号为 C024、C038、C046、C064 的客户购买股票的类型比较单一，这些客户数据需要审计人员重点关注。

5. 折线图分析

1）折线图分析方法简介

折线图是数据可视化分析中常用的图形之一。审计人员通过折线图分析，可以把被审计数据表中列或行数据生成折线图，从而可以直观地显示被审计数据之间的比较情况。折形图的主要特点是：方便审计人员查看被审计数据中各个项目数据的大小以及各个项目数据之间的差别。此外，它可以显示随时间而变化的连续数据，当审计人员需要分析在相等时间间隔下相关数据的趋势时，可以选择使用折线图分析方法。

2）折线图分析方法审计应用示例

折线图分析方法可以帮助审计人员开展审计数据可视化分析，以上述某证券公司经济责任审计为例，审计人员通过对该股票交易数据进行折线图分析，可以判断该股票交易数据中客户购买股票的类型是否比较单一。基于以上分析，某股票交易数据的折线图分析结果示例如图 4.10 所示。在图 4.10 中，Y 轴表示被审计股票交易数据中客户所购买的股票类型总数，X 轴表示被审计股票交易数据中的客户编号。

由图 4.10 不难发现：在该股票交易数据中，编号为 C024、C038、C046、C064 的客户购买股票的类型比较单一，这些客户数据需要审计人员重点关注。

6. 气泡图分析

1）气泡图分析方法简介

气泡图是数据可视化分析中常用的图形之一。审计人员通过气泡图分析，可以把被审计数据表中的列或行数据生成气泡图，并可以通过图中气泡的大小来直观表示其所代表的数值大小，从而可以直观地显示被审计数

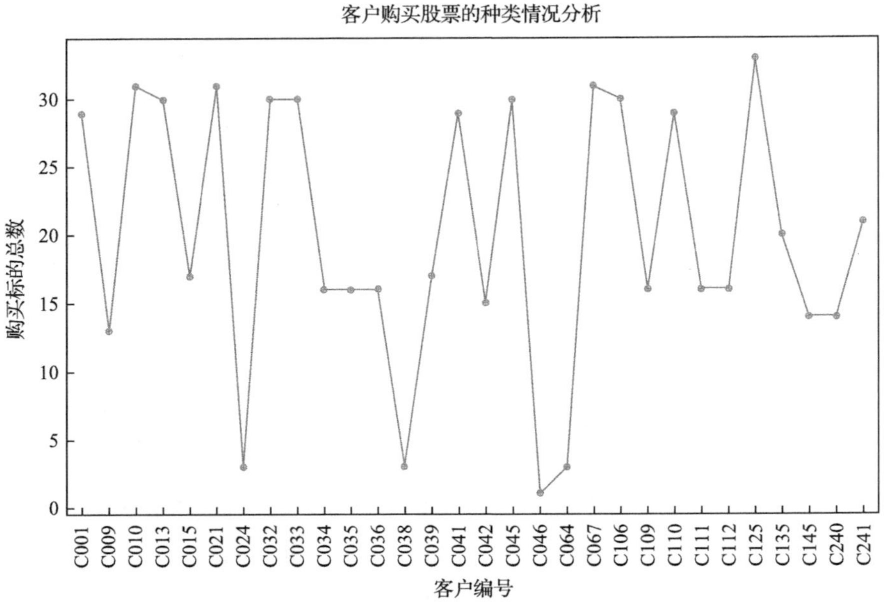

图 4.10　某股票交易数据折线图分析示例

据之间的对应关系及相应数值的大小。气泡图的主要特点是：类似散点图，方便审计人员查看被审计数据之间的变化关系，此外，允许在气泡图中额外增加一个表示数值大小的变量(气泡大小)进行对比。

2) 气泡图分析方法审计应用示例

气泡图分析方法可以帮助审计人员开展审计数据可视化分析，以上述某证券公司经济责任审计为例，气泡图不仅可以协助审计人员分析该股票交易数据中客户购买股票的类型是否比较单一，还能让审计人员整体了解客户购买股票的获利情况。

基于以上分析，该股票交易数据中客户购买股票及获利金额大小情况的气泡图分析结果示例如图 4.11 所示。在图 4.11 中，*Y* 轴表示被审计股票交易数据中客户所购买的股票的代码(标的代码)，*X* 轴表示被审计股票交易数据中的客户编号。

由图 4.11 不难发现：在该股票交易数据中，编号为 C024 和 C064 的客户购买股票的类型比较单一，且购买的股票获利金额较大(如标的为 B1318、B0518、B0208 的股票)，这些客户数据需要审计人员重点关注。

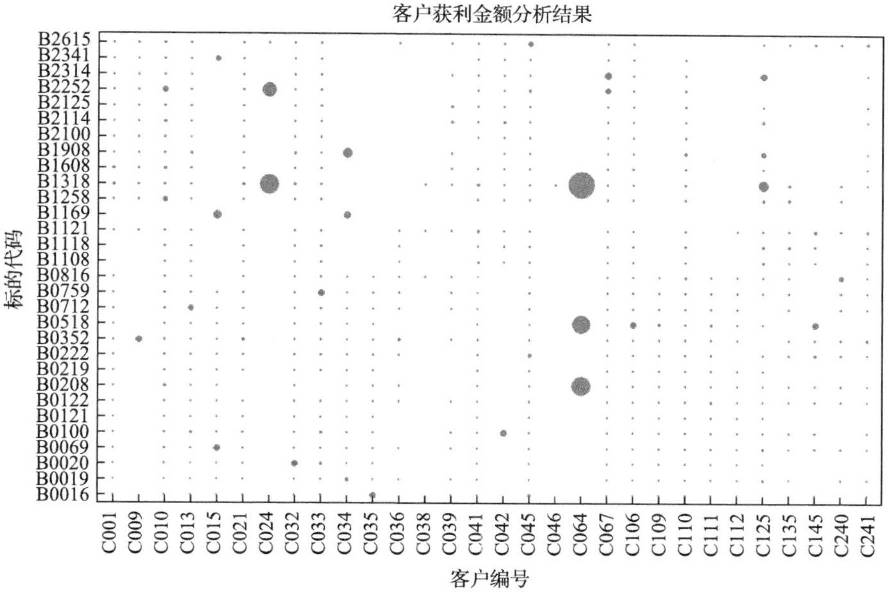

图 4.11　某股票交易数据气泡图分析示例

7. 热力图分析

1) 热力图分析方法简介

热力图是数据可视化分析中常用的图形之一，它是一种可将变量值用不同的颜色或高亮形式描绘出来的数据可视化分析技术，它可以非常直观地呈现一些不易理解或表达的数据，如频率、密度、温度等。

审计人员通过热力图，可以把被审计数据表中的列或行数据生成热力图，并可以通过图中热度的大小来直观表示其所代表的数值大小，从而可以直观地显示被审计数据之间的对应关系以及相应数值的大小。热力图的主要特点是：类似于散点图，方便审计人员查看被审计数据之间的变化关系，此外，允许在热力图中额外增加一个表示数值大小的变量(热度)进行对比。

2) 热力图分析方法审计应用示例

热力图分析方法可以帮助审计人员开展审计数据可视化分析，以上述某证券公司经济责任审计为例，审计人员通过对该股票交易数据进行热力图分析，可以整体了解该股票交易数据中客户购买股票的类型是否比较单一，以及客户所购买股票的获利情况，从而为下一步的审计工作打下基础。

基于以上分析，该股票交易数据中客户购买股票及获利金额大小情况的热力图分析结果示例如图 4.12 所示。其中，*Y* 轴表示被审计股票交易数据中客户所购买的股票的代码(标的代码)，*X* 轴表示被审计股票交易数据中的客户编号。在图 4.12 中，颜色的深浅可以清晰地表达出该股票交易数据中每个客户获利金额的大小。由图 4.12 不难发现：在该股票交易数据中，编号为 C024 和 C064 的客户购买股票的类型比较单一，且购买的股票获利金额较大(如标的为 B1318、B0518、B0208 的股票)，这些客户数据需要审计人员重点关注。

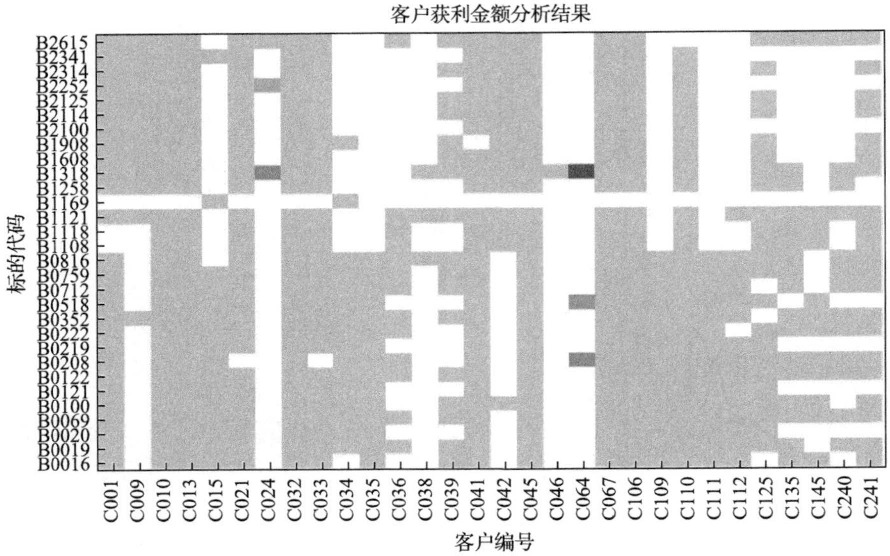

图 4.12　某股票交易数据热力图分析示例

8. 维恩图

1) 维恩图分析方法简介

1881 年，英国哲学家和数学家约翰 · 维恩(John Venn)发明了维恩图(Venn diagram)。维恩图可以用于展示不同集合(事物群组)之间的数学或逻辑联系。

在维恩图分析方法中，一般用圆/椭圆(的内部区域)来表示各个集合(或类)，如果被分析的集合(或类)中两个圆/椭圆相交，其相交部分表示两个集合(或类)的公共元素，如果两个圆/椭圆不相交，则表示这两个集合(或类)没有公共元素。

2）维恩图分析方法审计应用示例

维恩图分析方法可以帮助审计人员开展审计数据可视化分析。例如，在进行金融科技风险审计时，可以通过分析“应急联络人数据中是否有离职人员”，评估被审计单位金融科技系统业务连续性管理相关规章制度是否存在潜在风险，审计人员可以对相关数据进行维恩图分析，分析结果示例如图 4.13 所示。从图 4.13 中可以很容易地发现应急人员名单中存在离职人员，该被审计单位金融科技系统业务连续性管理存在风险。详细案例内容将在第 6 章进行分析。

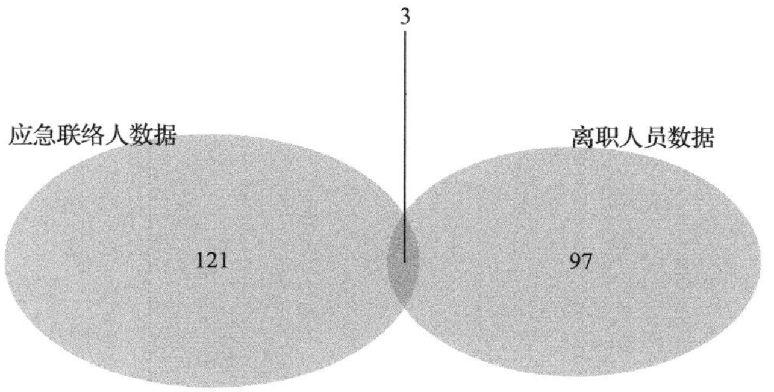

图 4.13　某金融科技系统业务连续性管理风险维恩图分析示例

9. 桑基图

1）桑基图分析方法简介

桑基图（Sankey diagram）是一种特定类型的数据流图，它用来展示数据是如何从左到右流向最后的节点的“流动”变化，每条边代表一条数据流，宽度代表数据流的大小。桑基图也被称为桑基能量分流图或桑基能量平衡图，通常应用于能源流向、收入支出、人员流动、金融等数据的可视化分析。1898 年，马修·亨利·菲尼亚斯·里亚尔·桑基（Matthew Henry Phineas Riall Sankey）应用这种数据流图绘制“蒸汽机的能源效率图”，因此，这种数据流就被称为“桑基图”。

2）桑基图分析方法审计应用示例

桑基图分析方法可以帮助审计人员开展审计数据可视化分析。例如，在金融科技风险审计中，为了审计被审计单位金融科技系统业务连续性管理相关规章制度是否存在风险，分析“应急联络人数据中是否有离职人员”，审计人员可以对相关数据进行桑基图分析，其分析结果示例如图 4.14

所示。从图 4.14 中可以很容易地发现应急人员名单中存在离职人员，表明该被审计单位金融科技系统业务连续性管理存在风险。另外，从图 4.14 中也能很容易地看出应急联络人、离职人员与业务运营部、信息总中心、办公室、市场发展部、电子银行部等部门之间的关系，从而便于审计人员开展相关风险审计工作。详细案例内容将在第 6 章进行研究与分析。

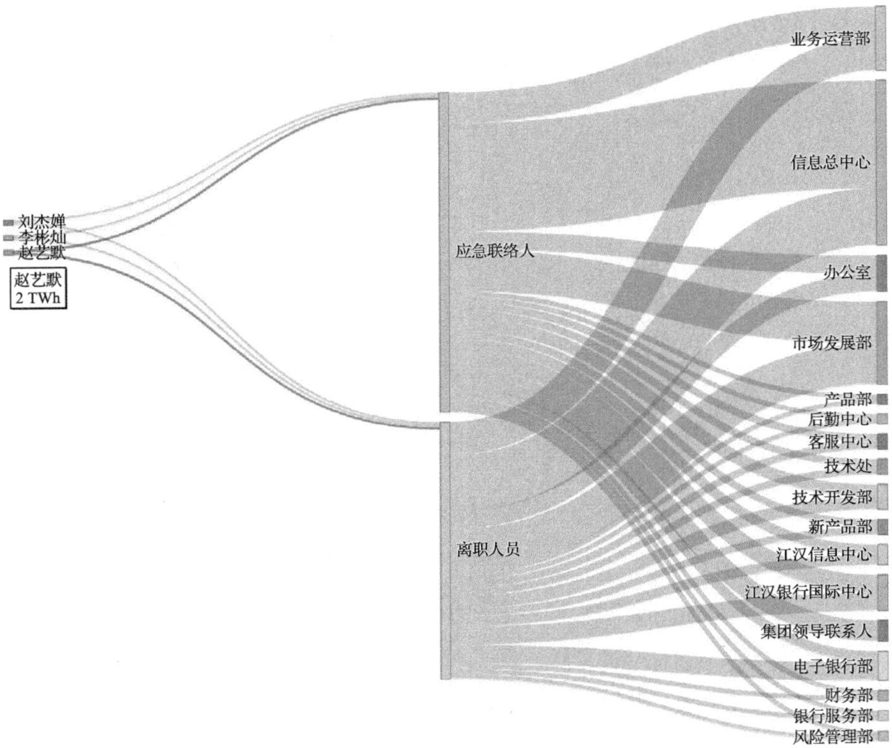

图 4.14　基于桑基图的金融科技系统业务连续性管理风险审计方法分析结果示例

4.3.5　金融科技风险审计大数据审计技术方法实现的可行工具分析

1. 金融科技风险审计大数据审计技术方法实现的可行工具分类

为了应用大数据审计技术开展金融科技风险审计，我们需要一些可行的工具。根据目前的研究与应用现状，我们把可用于金融科技风险审计的大数据审计工具分类如下：

1) 通用开源可编程工具

通用开源可编程工具是指免费提供、源代码可以修改和重新分发、可以编程实现所需功能、通用的软件。这类通用、开源、可编程工具可以用来进行金融科技风险审计大数据可视化分析和大数据智能分析。常见的这类工具有 R 语言、Python 等。

2) 商业化软件工具

商业化软件工具是指专门为实现数据可视化分析开发的、作为商品销售的软件。这类商业化软件工具可以用来进行金融科技风险审计大数据可视化分析。常见的这类工具有 Power BI、Tableau、SAS 等。

3) 通用数据库软件工具

目前各类信息系统的数据一般保存在相关数据库中。为了便于建立、使用和维护这些数据库，需要操纵和管理数据库的软件，即数据库管理系统。通过数据库管理系统，用户可以方便、高效地管理和使用数据库中的这些数据。虽然这些数据库管理系统不是专门为审计工作中审计数据分析设计的，但可以通过数据库管理系统对采集来的电子数据进行分析。因此，本书把这类软件称为通用数据库软件工具。这类通用数据库软件工具可以用来进行金融科技风险审计大数据多数据源综合分析。目前比较流行的有关系型数据库软件工具 Oracle、Sybase、Microsoft SQL Server 等。

根据以上分类，本节对一些大数据审计工具进行简单分析，从而为后续金融科技风险审计大数据审计方法的应用打下基础。

2. R 语言

1)R 语言简介

R 语言诞生于 1980 年左右，它是由新西兰奥克兰(Auckland)大学的罗斯 · 伊哈尔(Ross Ihaka)和罗伯特 · 金特尔曼(Robert Gentleman)开发，因此称为 R 语言。R 语言相关软件在统计领域应用广泛，是一个免费的自由软件，作为一种统计分析软件，它提供了丰富的统计分析和可视化分析功能，有 Unix、Linux、MacOS 和 Windows 版本。

R 语言的主要优点概述如下：

A. 使用方便

R 语言软件(如 R、RStudio 等)安装方便，所占计算机内存小；相比较其他编程语言来说，其操作难度要低很多。这些特点为审计人员应用 R 语言提供了方便。

B. 数据采集功能强大

R 语言能读取各种不同类型的被审计数据，如 Microsoft Excel、SPSS、SAS 等，以及从网页上抓取的数据，完全能够满足审计人员开展大数据审计工作的需要。

C. 数据分析功能强大

R 语言包含众多不同功能的函数、程序包，可满足审计人员的需要；作为免费开源软件，所有用户都可以创建数据分析所需要的新的程序包，从而可以使 R 语言的功能不断更新和丰富；R 语言作为大数据分析软件，能够实现大量数据分析。

D. 数据可视化功能强大

R 语言强大的数据可视化功能可以满足审计人员在可视化分析方面的各种需求。利用关联、聚类、社会网络分析等建模手段，通过可视化方法直观分析被审计数据间隐藏的各种关联信息，便于审计人员对分析结果进行宏观观察、分析，从而帮助审计人员从被审计大数据中发现审计线索及其规律。

2)R 语言开发工具简介

常见的 R 语言开发工具分别分析如下：

A. R

R 是一个免费的自由软件，它有 Windows、Linux、Unix 和 Mac OS 版本，R 可以在 R 综合典藏网(the Comprehensive R Archive Network，CRAN)上免费下载(http://cran.r-project.org)，审计人员可以根据所选择的平台安装和使用。R 的主界面如图 4.15 所示。

B. RStudio

RStudio 是一个 R 语言集成开发环境(integrated development environment，IDE)，其主界面如图 4.16 所示。

RStudio 主界面分为四个部分：在 RStudio 的主界面中，默认左上角窗口为代码编辑窗口，提供 R 脚本的编辑、查找、替换、运行等功能；默认左下角窗口为控制台窗口，显示代码的运行过程；默认右上角窗口为工作空间与历史信息窗口，提供 R 运行环境中涉及的各种变量(如数据集 Data，值 Value 和自定义函数 Function 等)、命令历史、数据文件的导入导出等功能；默认右下角窗口为文件目录、绘图、包管理、帮助窗口等功能。在 RStudio 中可以直接运行代码，支持绘图、历史命令显示、代码调试和工作空间管理。

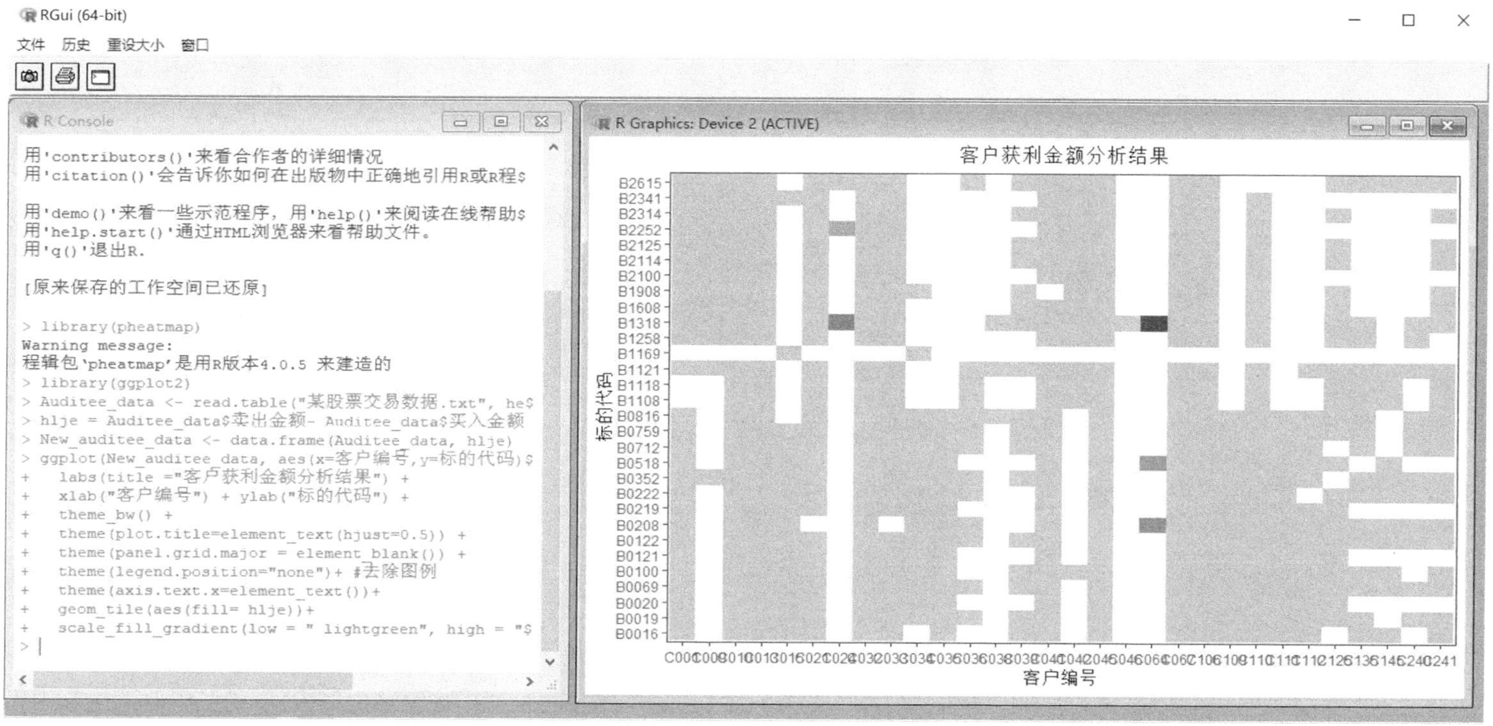

图 4.15　Windows中的R主界面

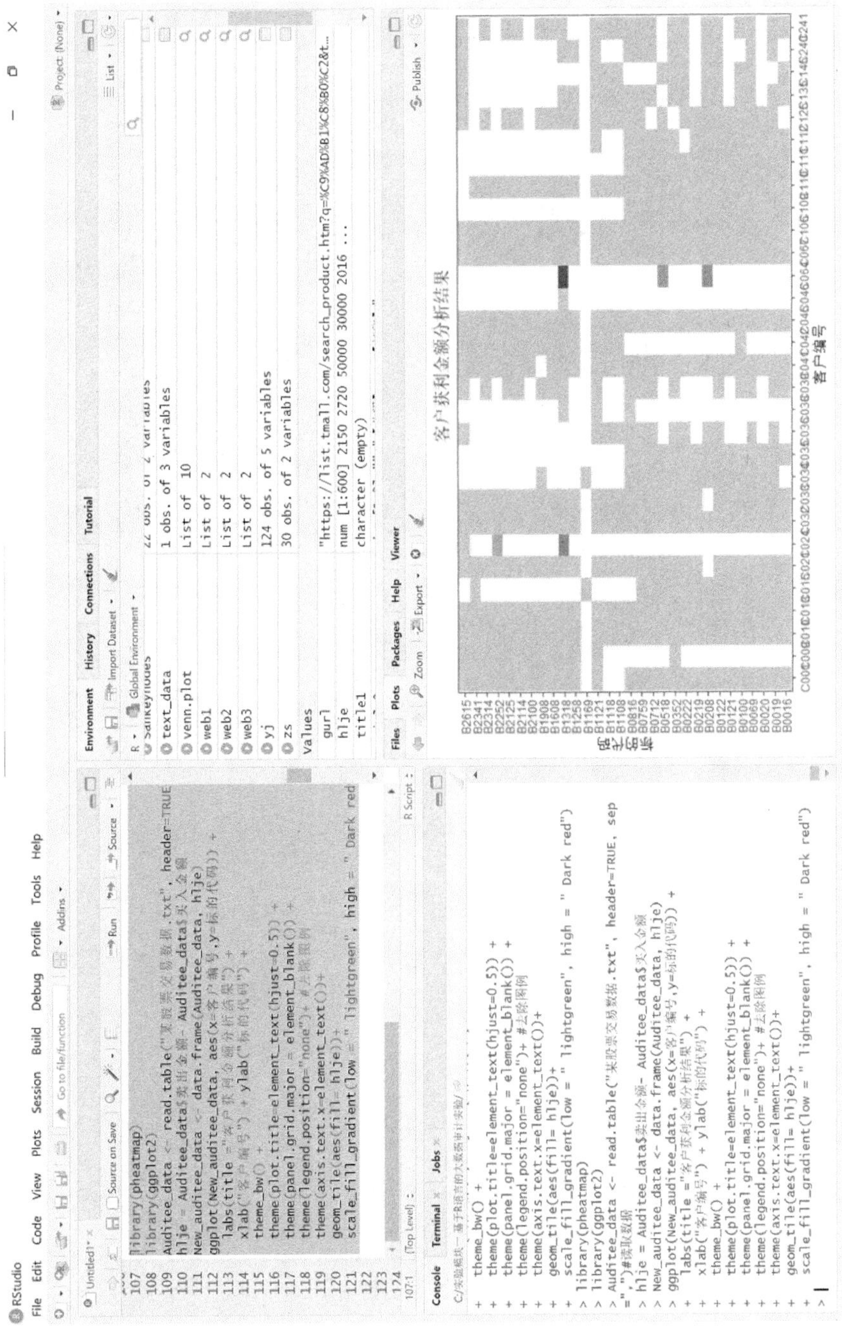

图 4.16　Windows中的RStudio主界面

C. 其他工具

除了 R、RStudio 之外，也可以选择 R Commander、Rattle、StatET、Tinn-R（只用于 Windows）等作为 R 语言开发工具。

3）基于 R 语言开发工具的数据采集

在采用 R 语言开发工具进行数据审计时，需要把相关数据采集到 R 语言开发工具中来。R 语言开发工具可以采集多种类型的数据，例如：统计软件 SAS、SPSS、Stata 生成的数据；ASCII、XML、CSV 文本文件数据以及 Web 抓取数据；数据库（如 Oracle、Microsoft Access、My SQL 等）数据；电子表格（Microsoft Excel 等）数据等，很好地满足大数据审计的需要。R 语言开发工具能采集的数据类型如图 4.17 所示。

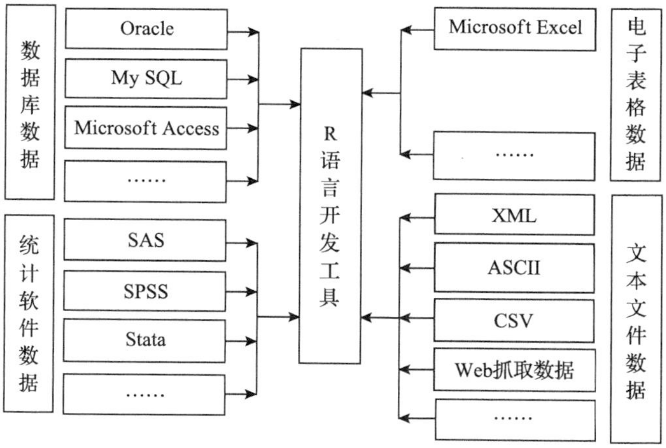

图 4.17 R 语言开发工具能采集的数据类型

4）基于 R 语言的数据分析

借助 R 语言开发工具，审计人员可以开展数据查询、数据可视化分析等数据分析，从而发现审计线索。另外，也可以借助 R 语言开发工具（如 RStudio）连接数据库，采用 SQL 语句对数据库中的数据进行查询分析。

3. Power BI

1）Power BI 简介

Microsoft Power BI 是微软公司（Microsoft）为其 Office 组件提供的一套商业智能工具软件，于 2017 年正式发布，其功能是在 Microsoft Excel 的基础之上增加了查询增强版（Power Query）、建模增强版（Power Pivot）、视图增强版(Power View)、地图增强版(Power Map)组件。Power BI 可以对相关数据进行分析，并生成可视化的分析结果。审计人员不需要强大的信息技术背景，只需要掌握 Excel 这样简单的电子表格工具就能轻松地进行数据可视化分析。微软公司提供了完全免费的 Power BI Desktop 版本，这为审计人员使用该工具开展审计数据可视化分析提供了方便。

2) Power BI 应用于大数据审计的可行性分析

根据大数据审计原理和特点，Power BI 应用于大数据审计的可行性主要表现在如下方面：

A. Power BI 能方便地实现审计数据采集

采用 Power BI 进行大数据审计时，需要把相关数据采集到 Power BI 中。Power BI 的数据采集功能很强大，可以采集多种类型的数据，如电子表格数据 Microsoft Excel 等；数据库数据 SQL Server、Oracle、My SQL 等；文本文件数据 CSV、XML 等，以及可以从 Web 网页上抓取数据，很好地满足了开展大数据审计时数据采集的需求。Power BI 可以采集的数据类型如图 4.18 所示。

图 4.18　Power BI 可采集的数据类型示例

不难发现，Power BI 在数据采集方面突出的优点是：Power BI 的数据采集功能强大，操作方便，且在进行数据采集时不需要编写相关程序代码。

B. Power BI 能方便地实现审计数据预处理

Power BI 具有操作简单、功能强大的数据预处理功能：审计人员可以在审计数据采集的过程中根据需要同时进行审计数据预处理操作，即选择“转换数据”功能进入 Power Query 编辑器，对数据进行简单的预处理，如删除或更改数据内容、更改数据类型、新建字段等；审计人员也可以在完成审计数据采集(把需要审计的数据导入到 Power BI 中)之后，再在 Power BI 中进行审计数据预处理操作。

C. Power BI 能方便地实现审计数据分析

Power BI 具有操作简单、功能强大的数据可视化分析功能，提供了“可视化”“筛选器”等快捷功能。借助这些快捷功能，审计人员可以很方便地对采集来的审计数据进行可视化分析。

对于一些简单问题的可视化分析,可以直接采用 Power BI 应用柱状图、散点图、条形图、折线图、直方图等方法进行数据可视化分析，审计人员不需要编写任何代码，就可以轻松完成。以上述某证券公司经济责任审计为例，审计人员通过对该股票交易数据进行条形图分析，可以判断该股票交易数据中客户购买股票的类型是否比较单一。

基于以上分析，直接采用 Power BI 进行条形图分析的结果示例如图 4.19 所示。

在图 4.19 中，Y 轴表示被审计股票交易数据中客户所购买的股票类型总数，X 轴表示被审计股票交易数据中的客户编号。由图 4.19 可以很容易地看出客户编号为 C024、C038、C046、C064 条形高度较短，这意味着其代表的客户购买股票的类型比较单一，符合股票内幕交易违规的特征之一，这类客户比较可疑，是审计人员关注的重点。

3) Power BI 应用于大数据审计的可扩展性分析

采用 Power BI 开展大数据审计时，除了其基本功能外，在 Power BI 中还可以通过借助 R 脚本、Python 等增强其审计数据采集、审计数据预处理、审计数据分析功能。以 Power BI 与 R 脚本组合应用为例，Power BI 应用于大数据审计的可扩展性分析主要包括以下内容[①]。

① 陈伟:《计算机审计》，北京，中国人民大学出版社, 2023, 第 3 版.

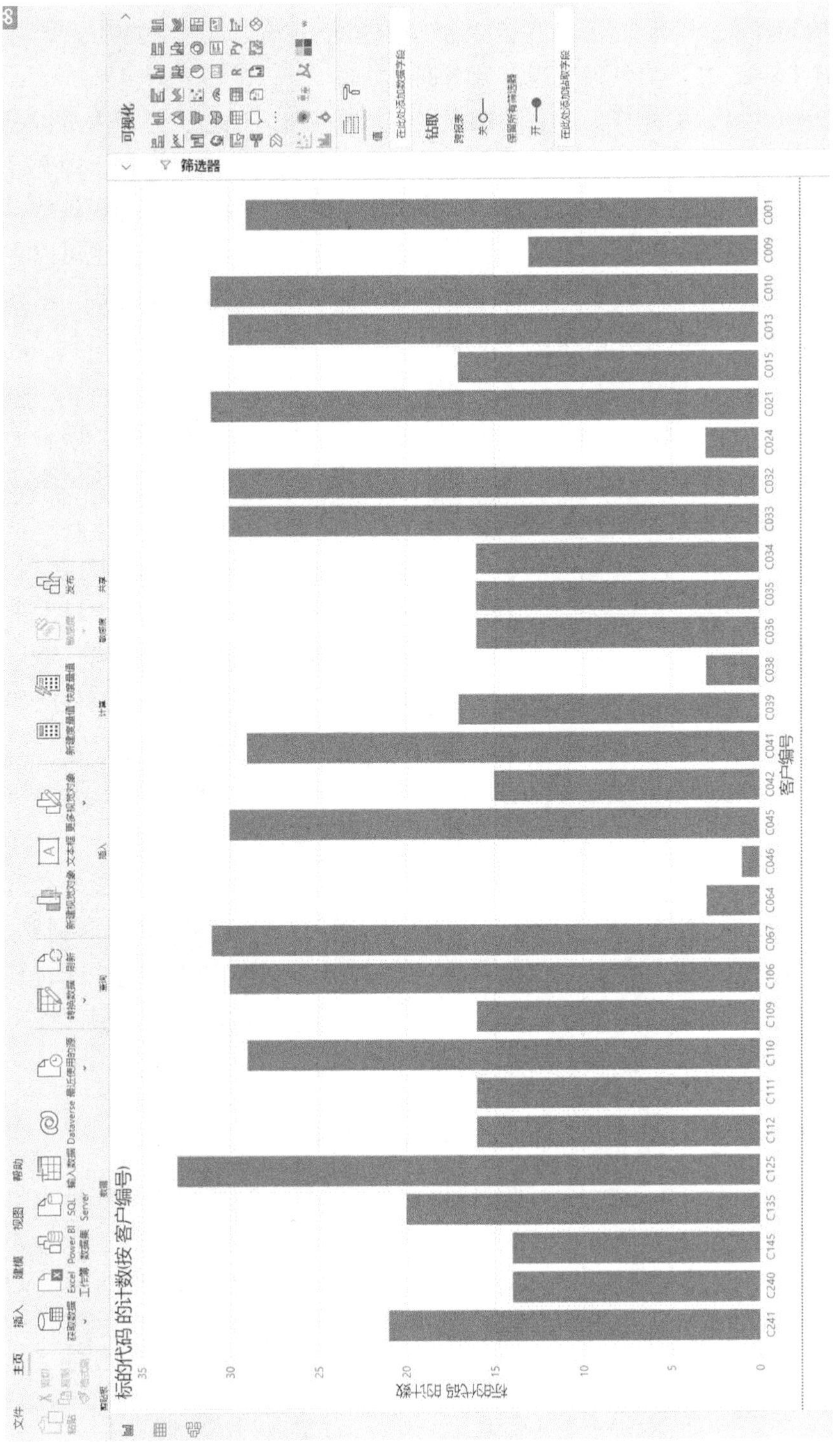

图 4.19　基于Power BI的股票交易数据条形图分析示例

A. 增强 Power BI 的审计数据采集功能

审计人员在开展大数据审计时，尽管采用 Power BI 可以有多种方式直接采集所需要分析的审计数据，但在 Power BI 中还可以通过借助 R 脚本采集所需要分析的审计数据，从而使 Power BI 的数据采集功能更强大。当需要采用 R 脚本采集数据时，可在 Power BI 中通过“获取数据”菜单，选择“其他—R 脚本”，在此基础上，输入数据采集所需要的 R 脚本，Power BI 在运行审计数据分析时就可以自动执行该脚本完成数据采集。因此，R 语言与 Power BI 组合应用可以增强 Power BI 的审计数据采集功能。

B. 增强 Power BI 的审计数据预处理功能

在 Power BI 中使用 R 脚本完成审计数据采集后，审计人员根据审计需要可以在 Power BI 中编写 R 脚本对已采集到 Power BI 中的数据进行转换操作，从而可以完成所需要的审计数据预处理工作。因此，R 语言与 Power BI 组合应用可以增强 Power BI 的审计数据预处理功能。

C. 增强 Power BI 的审计数据分析功能

Power BI 的数据可视化分析功能与 R 语言相比，操作更简便，审计人员在进行数据可视化分析时，直接将相关字段添加到相应位置就可以得到对应的可视化分析结果；而审计人员直接采用 R 语言进行数据可视化分析时，则需要编写相应的可视化分析程序代码。但是，对于较复杂问题的可视化分析，有时仅采用 Power BI 无法实现，这种情况下，审计人员可以将 Power BI 和 R 语言组合应用，通过 R 语言编写相应的功能代码，从而增加 Power BI 的数据采集和数据可视化分析功能。

在本节案例中，通过简单的图形分析虽然可以帮助审计人员分析客户购买股票的类型是否比较单一，但不能整体了解客户购买股票的获利情况，仅靠分析客户购买股票的类型是否比较单一这一个特征，仍不能很好地发现审计线索。为了更精准地发现审计线索，审计人员可以对这些数据做更多维度的分析。以被审计股票交易数据的气泡图分析为例，气泡图分析结果除了可以表示 *X* 轴、*Y* 轴坐标之间数据的变化关系之外，还可以通过气泡图中气泡图的大小直观地反映出其所代表的数据值的大小。通过气泡图，审计人员可以整体了解客户购买股票的获利情况。因此，审计人员可以采用气泡图分析方法对股票交易数据进行分析。但仅仅采用 Power BI 不容易实现气泡图分析，R 语言可以扩展 Power BI 的可视化分析功能。

综上分析，审计人员可以将 Power BI 和 R 语言组合应用实现对客户购买股票及获利金额大小情况的气泡图分析，其结果示例如图 4.20 所示。在图 4.20 中，*X* 轴表示被分析股票交易数据中的客户编号字段，*Y* 轴表示被

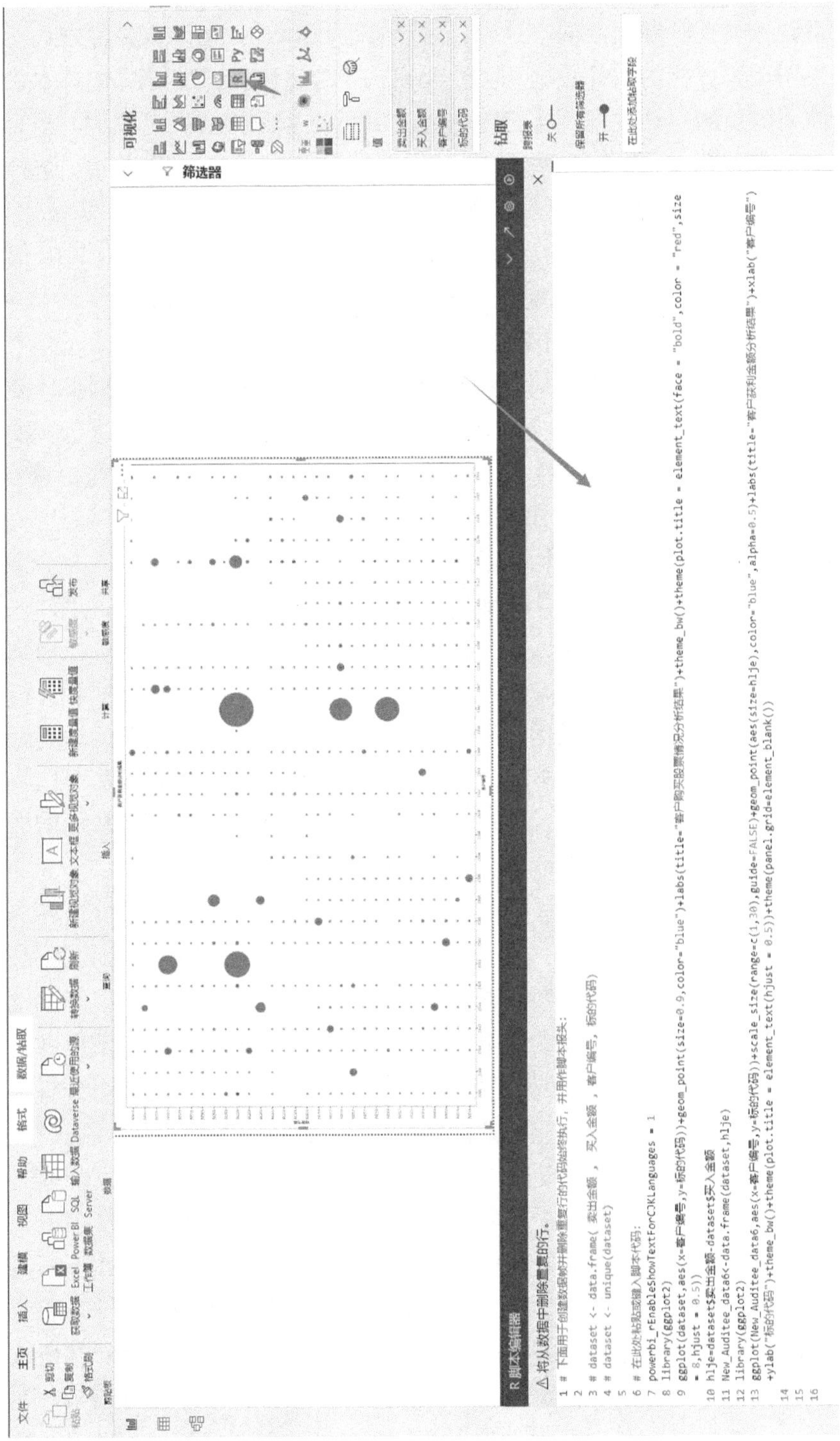

图 4.20　基于Power BI和R语言组合应用的股票交易数据气泡图分析示例

分析股票交易数据的客户所购买股票的代码字段。

通过图 4.20 中的分析结果，审计人员可以很容易地发现购买股票的类型比较单一，同时购买的股票获利较大的客户。但大数据环境下，当被分析数据较多时，分析结果可能不能清晰地在图形上展示出来。为了更清晰地查看相关分析结果数据，在图 4.20 分析结果的基础上，审计人员可以再采用 Power BI 的筛选器功能，方便地选择部分分析结果做进一步的详细分析。例如，通过采用 Power BI 的筛选器功能，对分析结果仅选择客户编号为 C024 和 C064 的客户，其结果示例如图 4.21 所示。

由图 4.21 可以更清晰、容易地看出编号为 C024 和 C064 的客户对应的气泡数量较少且气泡较大，这意味其代表的客户购买股票的类型比较单一，且客户购买的股票获利金额较大(如标的为 B1318 的股票)，符合股票内幕交易违规的两个特征，这类客户更可疑，是审计人员关注的重点。

从上述应用中不难发现:利用 Power BI 的筛选器功能做进一步分析时，审计人员无须使用 R 语言编写复杂的程序代码，这极大地便利了审计人员的应用。

同理，借助 Power BI 和 R 语言组合应用，审计人员可以容易地进行被审计股票交易数据的热力图可视化分析，其结果示例如图 4.22 所示。在以上组合应用的基础上，审计人员可以再采用 Power BI 的筛选器功能，方便地选择部分分析结果做进一步的详细分析。

以上应用不难发现：采用 Power BI 的筛选器功能做进一步的分析时，审计人员可以避免使用 R 语言编写复杂的程序代码，从而方便了审计人员的应用。

4)基于 Power BI 和 R 语言组合应用的大数据审计原理

根据前文分析，如何对 Power BI 和 R 语言进行组合使用，发挥各自的优势对于审计人员开展大数据审计非常重要。对于直接采用 Power BI 就可以完成的审计数据采集、审计数据预处理和审计数据分析工作，审计人员可以把需要审计的数据直接采集到 Power BI 中，然后借助其可视化分析功能直接进行分析。对于不能直接采用 Power BI 完成的审计数据分析工作，审计人员可以采用 Power BI 中的 R 语言接口，扩展 Power BI 的数据采集与分析功能，从而增强其大数据采集与可视化分析能力。一般来说，采用基于 Power BI 和 R 语言组合应用手段进行大数据可视化分析的流程为：借助 Power BI 中的 R 语言接口，采用 R 语言编写数据采集和数据可视化分析程序代码，然后执行所编写的 R 语言程序代码，便可采用 Power BI 和 R

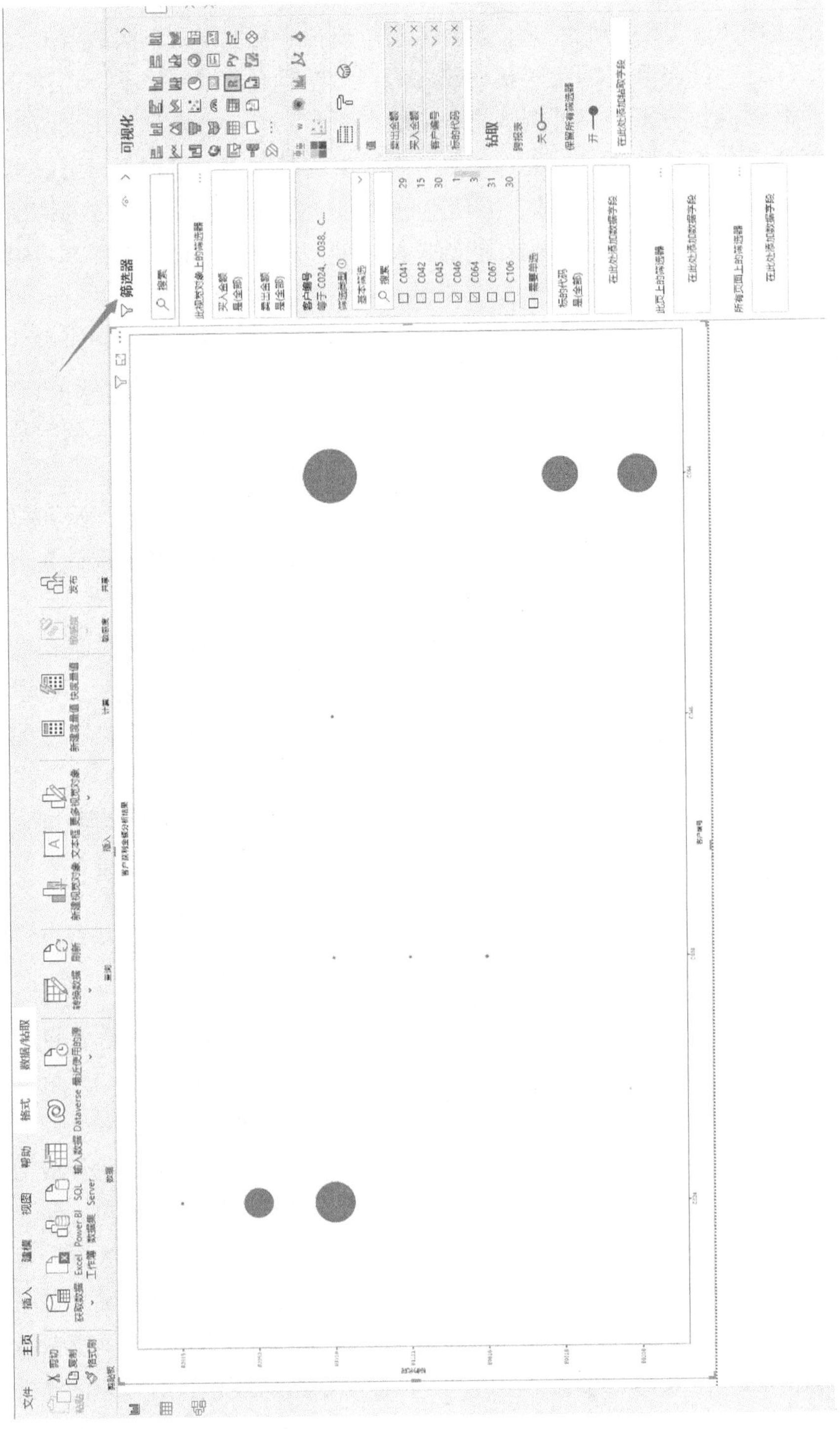

图 4.21　基于Power BI和R语言组合应用的股票交易数据气泡图分析筛选结果示例

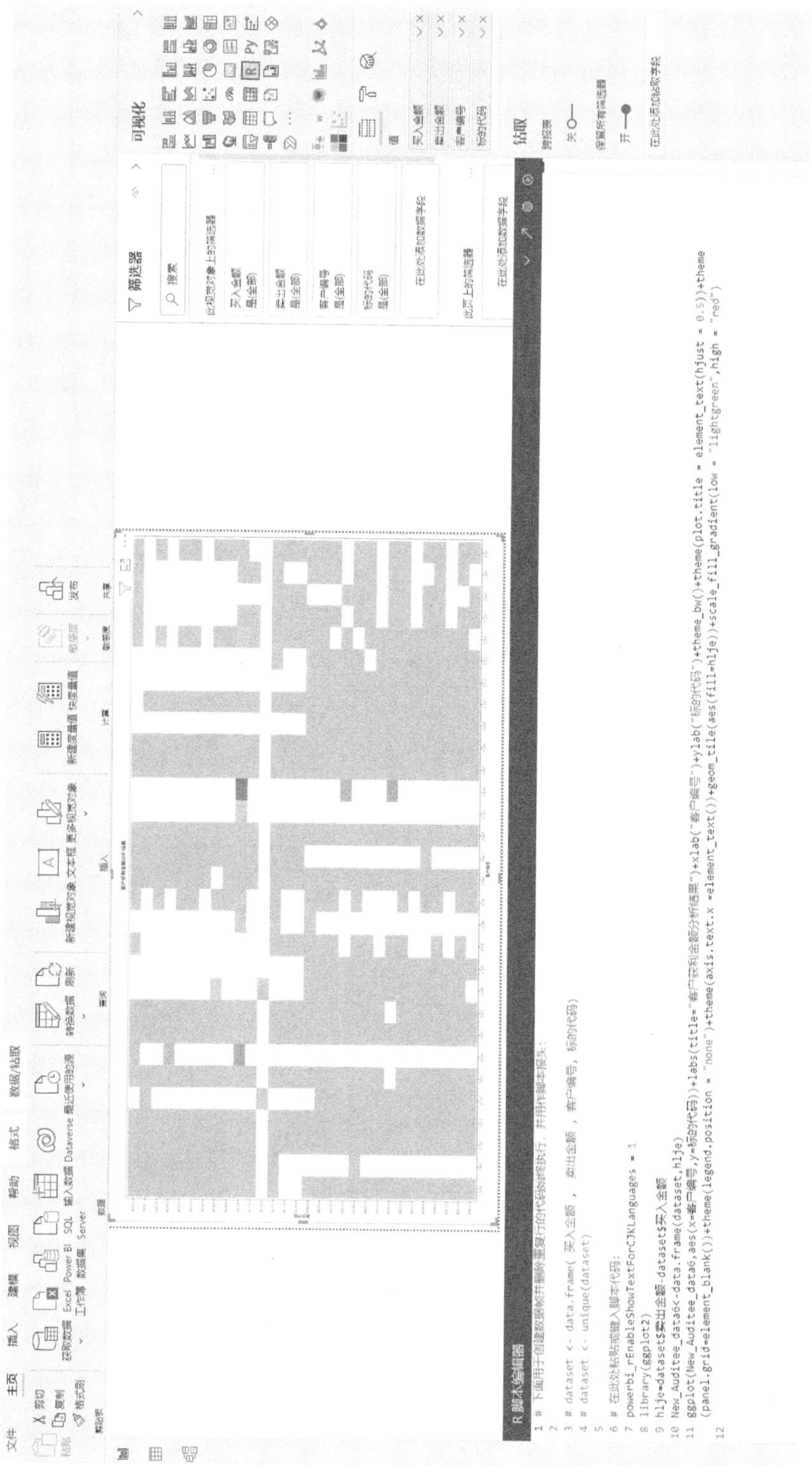

图 4.22　基于Power BI和R语言组合应用的股票交易数据热力图分析示例

语言完成审计数据采集与分析，并可将分析结果通过 Power BI 的可视化功能转化为便于审计人员分析观察的图形；在这些分析图形的基础上，审计人员利用自己的相关审计专业知识，通过对这些采用 Power BI 分析的可视化结果进行观察和进一步的分析，从总体上系统地掌握被审计大数据中存在的规律和问题，从而发现可疑的审计线索。另外，审计人员还可以根据需要，通过更改所编写的 R 语言数据可视化分析程序代码或直接在 Power BI 中设置可视化显示参数(如采用筛选器功能)，改变输出的可视化分析结果，帮助审计人员从不同的视角分析被审计大数据，从而全面地、系统地发现可疑的审计线索。审计人员在基于 Power BI 和 R 语言组合应用手段进行大数据可视化分析发现审计线索的基础上，进行延伸取证，最终获得相关审计证据。

相比直接应用 R 语言进行大数据可视化分析，采用 Power BI 及其快捷功能，可以减少 R 语言的复杂代码编写工作。概括来说，基于 Power BI 和 R 语言组合应用的大数据可视化审计方法原理如图 4.23 所示①。

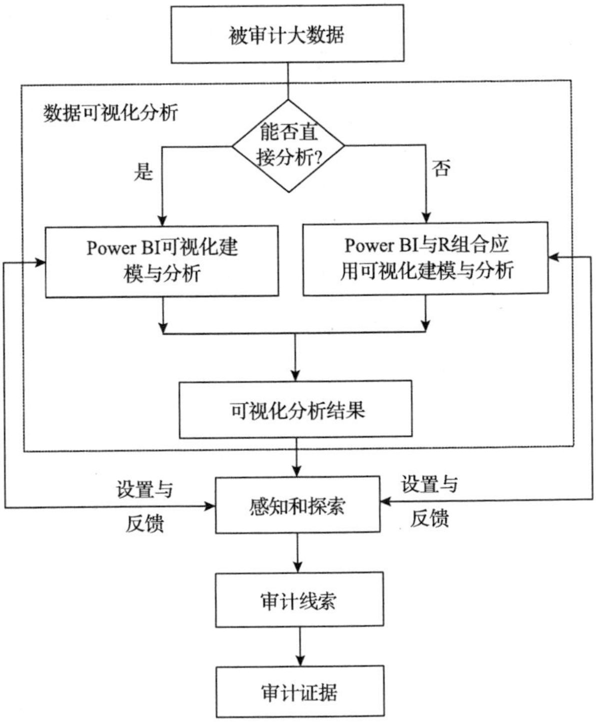

图 4.23　基于 Power BI 和 R 语言组合应用的大数据可视化审计方法原理

① 陈伟, 张慧汶, 周红:《基于 Power BI 和 R 语言组合应用的可视化审计方法》,《会计之友》2023 年第 7 期, 第 128～133 页.

通过本节的研究，不难发现：将 Power BI 和 R 语言组合应用，可以充分发挥二者的优势，避免二者的不足。例如，对于简单问题的数据可视化分析，审计人员直接采用 Power BI 完成，无须编写相关程序代码；对于复杂问题的数据可视化分析，可以借助 R 语言通过编写简单的代码完成数据可视化分析。Power BI 和 R 语言组合应用的大数据审计可视化分析方法可使审计人员无须系统地掌握 R 语言的详细功能和编程操作，方便了审计人员的使用。

4. Python

1）Python 简介

Python 是一种面向对象、解释型、动态数据类型的高级程序设计语言。Python 第一个公开发行版发行于 1991 年。Python 简单易学、代码易于维护和阅读、功能强大、可连接各种类型的主流商业数据库，并且具有丰富的库，是一种跨平台的开源编程语言，因此得到了广泛应用和支持。

2）Python 开发工具简介

Python 有很多的集成开发环境工具可以用，审计人员可以使用最基本的文本编辑器进行 Python 编程，也可以用功能丰富的 Python 集成开发环境工具进行 Python 编程，常见的 Python 开发工具有 PyCharm、Spyder、Anaconda、Spyder Python、Pydev 等。

3）基于 Python 开发工具的数据采集

在采用 Python 开发工具进行数据审计时，需要把相关数据采集到 Python 开发工具中来。Python 开发工具可以采集多种类型的数据，如文本文件 CSV、Web 抓取数据；数据库数据，如 Oracle、Microsoft Access、My SQL 等数据库中的数据；电子表格数据，如 Microsoft Excel 数据等，能够很好地满足大数据审计的需要。例如，Python 中可以使用 xlrd（excel read）来读取 Excel 文件。

4）基于 Python 开发工具的数据分析

基于 Python 工具，审计人员可以实现各种大数据分析，如社会网络分析等大数据智能分析；文本数据标签云分析；结构化数据的散点图、条形图、折线图、气泡图、热力图、维恩图、桑基图、饼图、雷达图、地区分布图、树地图等分析。

5. Tableau

常见的商业化数据可视化工具软件有很多，其中，Tableau[①]是一款较为简单的商业化数据可视化工具软件，借助该软件，用户只需要将相关数据拖放到软件的相关功能上，便能进行数据可视化分析，生成所需要的各种图表，如气泡图、柱状图、条形图、热力图、折线图、饼图、散点图等。

审计人员可以采用 Tableau 连接各种类型的被审计数据，包括所有主流数据库。以 Desktop 版 Tableau 为例，其数据采集方法如图 4.24 所示。

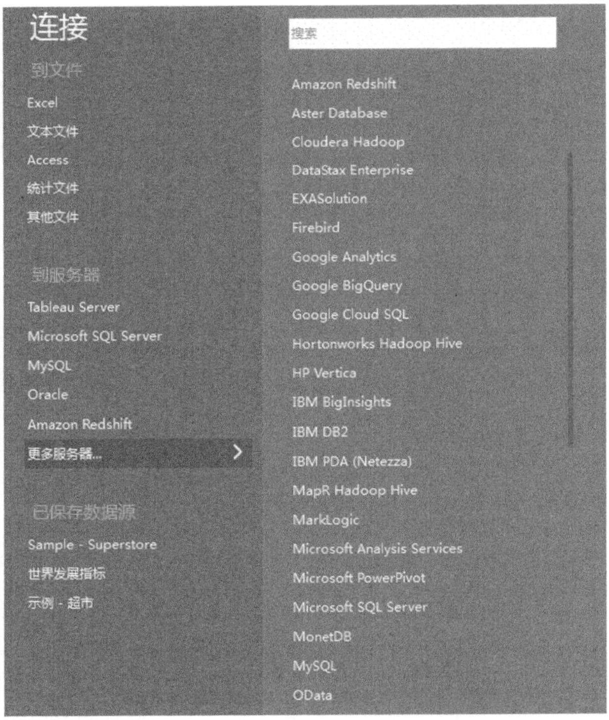

图 4.24　Tableau 的数据采集示例

在完成数据采集之后，便可进行数据可视化分析。以 Desktop 版 Tableau 为例，其数据可视化分析方法如图 4.25 所示。

① https://www.tableau.com/.

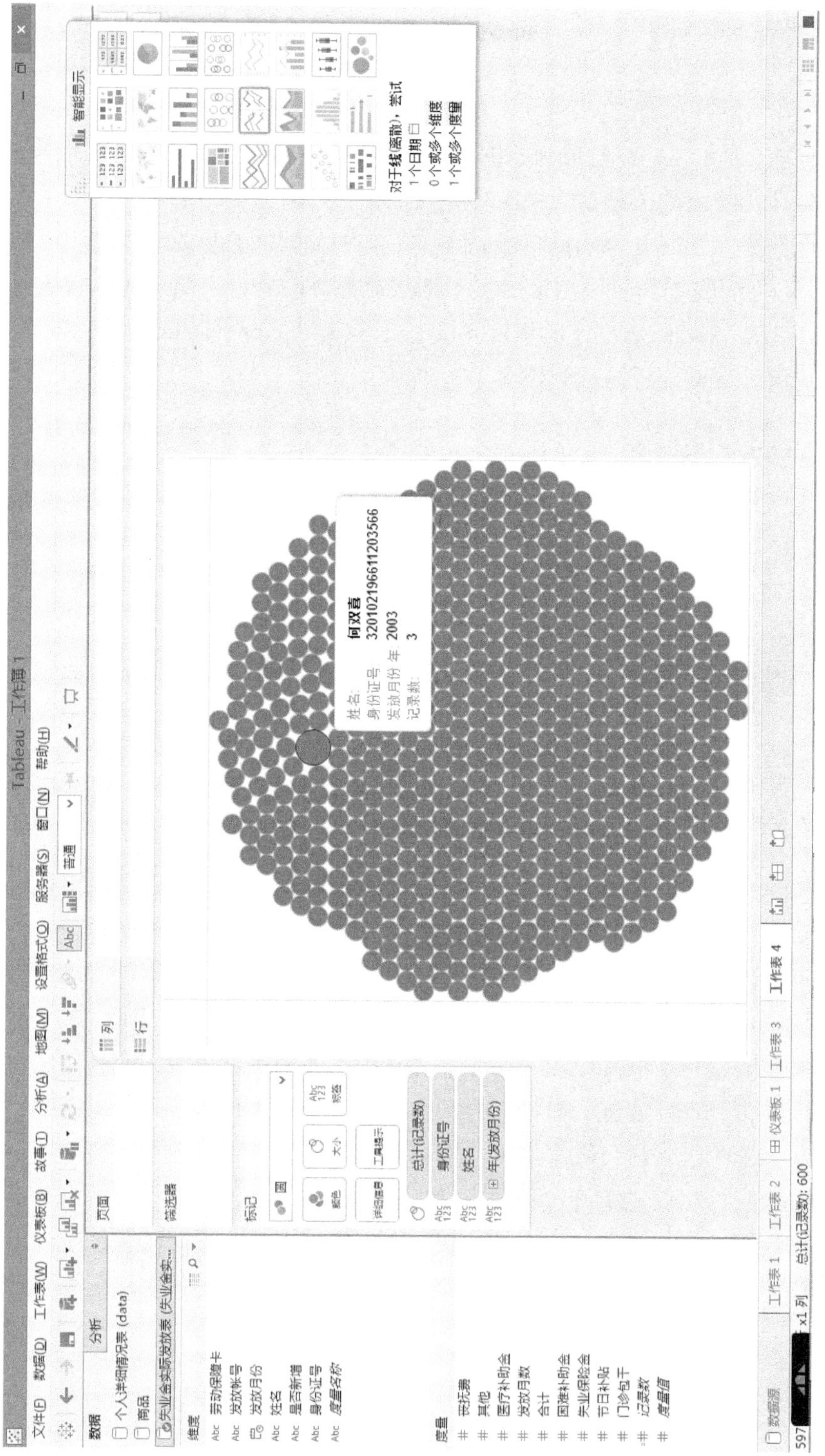

图 4.25 Desktop版Tableau的气泡图数据可视化分析示例

6. 数据库工具

1) SQL Server 数据库

目前，SQL Server 已成为数据库管理方面的主流产品之一。SQL Server 是微软公司推出的关系型数据库管理系统，它可以在多种平台上使用。相比其他数据库，SQL Server 优点众多，它与相关软件的集成程度高、可伸缩性好、使用简单方便。目前 SQL Server 数据库在审计人员中应用较为普遍。在 SQL Server 数据库的集成环境工具 SQL Server Management Studio 中进行审计数据分析的示例如图 4.26 所示。

2) Oracle 数据库

由于大数据环境下被审计的数据量较大，所以审计人员可以采用 Oracle 数据库系统开展大数据多数据源综合分析。利用 Oracle 数据库的查询工具 PL/SQL Developer 8.0 进行审计数据分析的示例如图 4.27 所示。

4.4　金融科技风险审计 RPA 审计机器人技术方法

4.4.1　RPA 技术的研究背景分析

1. RPA 技术应用于审计工作的重要性

如前文所述，传统环境下，审计人员多是采用人工的方式开展审计。随着信息技术的发展及其在审计领域中的应用，审计信息化成为必然[①]。目前，审计人员已广泛应用信息技术开展审计管理工作，实现审计管理信息化，同时他们还借助信息技术开展审计作业，实现审计作业信息化(电子数据审计与信息系统审计)。目前，信息化环境下实施审计项目的流程一般包括审计准备、审计实施、审计报告撰写和审计结果执行四个阶段。其中，在审计实施阶段，审计数据采集、审计数据预处理、审计数据分析是三个关键步骤[②③]。尽管在审计过程中审计人员通过采用相关软件工具帮助其审计电子数据，提高了审计效率。然而，在审计过程中，不同阶段的审计工作，特别是跨多个系统的审计数据采集与审计数据分析工作仍然需要审计

① 陈伟:《计算机审计》，北京，中国人民大学出版社, 2023, 第 3 版.

② 陈伟:《大数据审计理论、方法与应用》，北京，科学出版社, 2019.

③ 陈伟:《审计信息化》，北京，高等教育出版社, 2022, 第 2 版.

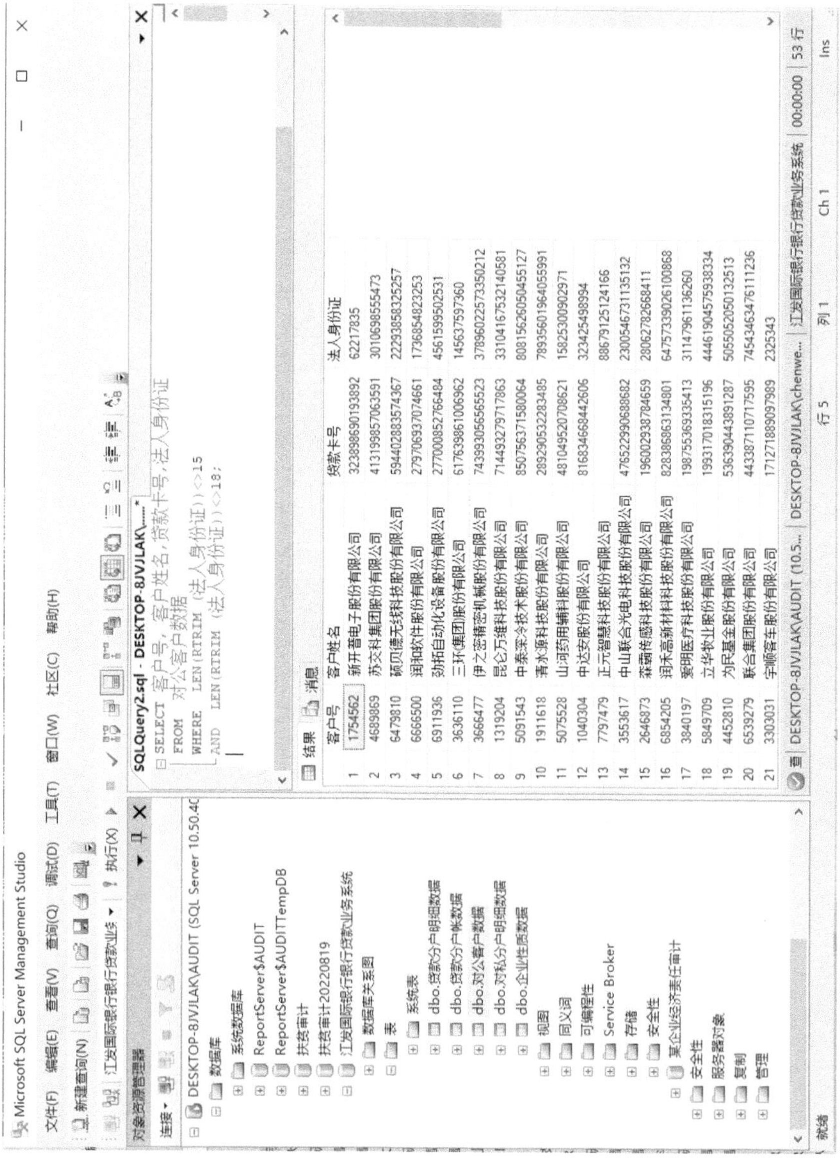

图 4.26　SQL Server数据库数据查询分析功能主界面

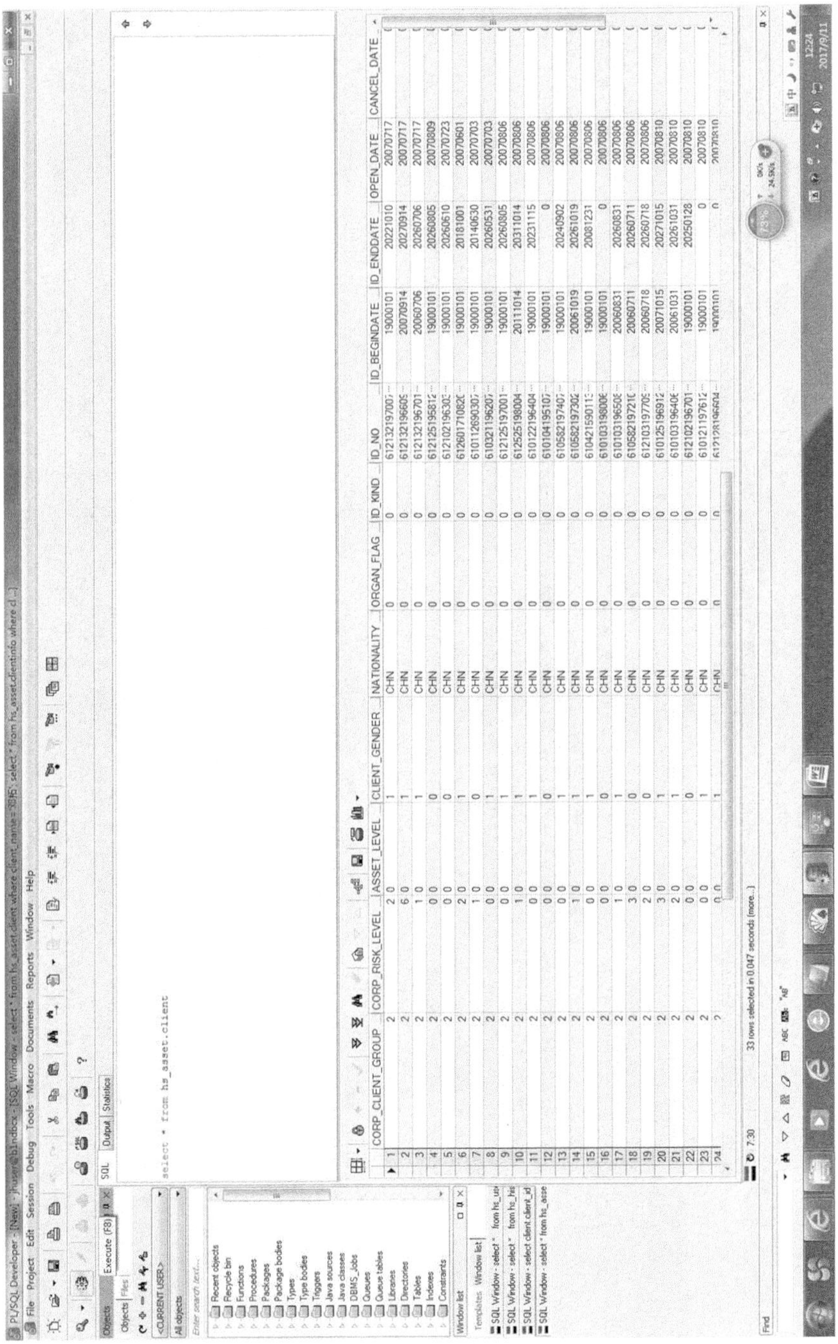

图4.27　在PL/SQL Developer 8.0中审计数据分析示例

人员花很多的时间和精力去完成，特别是在一个审计项目中，审计人员可能需要花很多时间去做一些重复性的工作。尽管这些重复性的工作可以采用相关软件进行分析，但仍然会占用审计人员大量的时间。如何应用自动化技术取代劳动密集型审计工作，实现审计工作的自动化成为审计人员近年来追求的目标。RPA 技术的出现为解决这一问题提供了机遇[①②③]。

RPA 技术目前已得到实务界的广泛关注。普华永道对丹麦 18 家最大企业的调查发现：有 45%的人认为 RPA 技术将发展成为丹麦商界最具革命性的技术，RPA 技术易于使用，企业已经取得了预期的成果[④]；在会计领域，一些大型会计师事务所正在应用 RPA 技术，如毕马威会计师事务所与 Automation Anywhere 公司合作，应用 RPA 技术来提高税务和咨询服务的运作效率[②]。学术界也在积极探索 RPA 技术的理论与应用，例如，Syed 等[⑤]对很多 RPA 相关文献进行了系统的综述，分析了 RPA 的含义、主要优点、支持 RPA 的技术等；Kokina 和 Davenport[⑥]分析了人工智能在会计和审计领域的兴起，指出 RPA 对于审计过程是有用的；Moffitt 等[③]设想通过引入 RPA 的概念，探讨其在审计中的应用前景，该文献指出 RPA 的出现给传统审计模式带来了潜在变革；Issa 等[⑦]在讨论审计自动化时提到了审计机器人；Huang 和 Vasarhelyi[⑧]从理论框架层面研究了 RPA 在审计中的应用。但总的来说，目前关于如何把 RPA 技术应用于审计工作之中的研究仍较少。本节笔者结合目前 RPA 技术的研究与应用现状，分析 RPA 技术及其在审计

---

① Deloitte, 2017: “Automate this: the business leader's guide to robotic and intelligent automation”, https://www2.deloitte.com/content/dam/Deloitte/us/Documents/process-and-operations/us-sdt-process-automation.pdf.

② KPMG, 2017: “KPMG and automation anywhere form alliance to deliver robotic process automation solutions to clients”, https://www.prnewswire.com/news-releases/kpmg-and-automation-anywhere-form-alliance-to-deliver-robotic-process-automation-solutions-to-clients-300508497.html.

③ Moffitt K C, Rozario A M, Vasarhelyi M A, 2018: “Robotic process automation for auditing”, Journal of Emerging Technologies in Accounting, 15 (1) : 1-10.

④ PwC, 2017: “Successful implementation of RPA takes time”, https://www.pwc.dk/da/publikationer/2017/ rpa-danish-market-survey-2017-uk-pwc.pdf.

⑤ Syed R, Suriadi S, Adams M, et al., 2020: “Robotic process automation: contemporary themes and challenges”, Computers in Industry, 115: 103162.

⑥ Kokina J, Davenport T, 2017: “The emergence of artificial intelligence: how automation is changing auditing”, Journal of Emerging Technologies in Accounting, 14: 115-122.

⑦ Issa H, Sun T, Vasarhelyi M A, 2016: “Research ideas for artificial intelligence in auditing: the formalization of audit and workforce supplementation”, Journal of Emerging Technologies in Accounting, 13 (2) : 1-20.

⑧ Huang F Q, Vasarhelyi M A, 2019: “Applying robotic process automation（RPA）in auditing: a framework”, International Journal of Accounting Information Systems, 35: 100433.

工作中应用，从而为后文研究如何基于 RPA 技术的金融科技风险审计打下基础。

2. 审计自动化技术的发展

为了减少人工参与，提高工作效率，降低审计成本，实现审计工作的自动化一直是审计领域的一个热点问题。

自动化的想法很早就出现了，两个多世纪前纺织行业为了提高生产效率，就开始广泛应用自动化技术。在工业生产装配线技术方面也早已采用自动化技术①。审计业务流程自动化方面的研究与应用一直是审计领域研究与应用的一个热点问题，早在 30 年前，审计领域就开始探索审计工作自动化技术②。典型的应用如嵌入审计模块（embedded audit module，EAM），它是指在一个被审计应用系统中增加一个审计模块，该模块用来检查输入到该被审计应用系统中的每一数据，识别出其中不符合相关要求的异常数据，并把这些结果发送给审计人员。审计人员可以对这些识别出的异常数据进行实时的或定期的审查，从而发现相关审计线索，其原理如图 4.28 所示③。

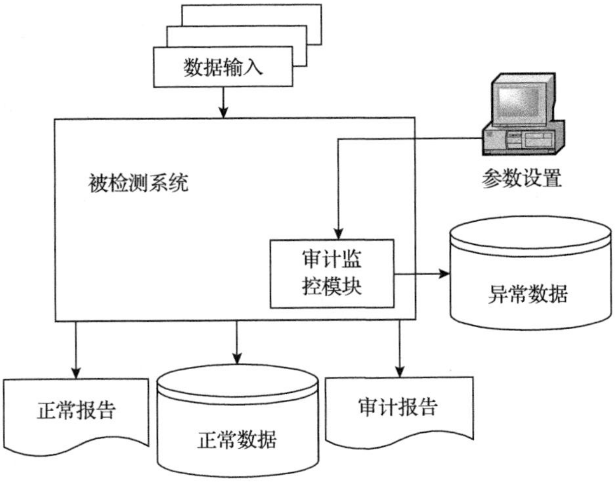

图 4.28　嵌入审计模块技术实现原理

① Moffitt K C, Rozario A M, Vasarhelyi M A, 2018: "Robotic process automation for auditing", Journal of Emerging Technologies in Accounting, 15(1): 1-10.

② Issa H, Sun T, Vasarhelyi M A, 2016: "Research ideas for artificial intelligence in auditing: the formalization of audit and workforce supplementation", Journal of Emerging Technologies in Accounting, 13(2): 1-20.

③ 陈伟:《大数据审计理论、方法与应用》, 北京, 科学出版社, 2019.

另一种典型的审计自动化技术是持续审计，Vasarhelyi 和 Halper[①]提出了持续审计的概念，加拿大特许会计师协会(Canadian Institute of Chartered Accountants，CICA)/美国注册会计师协会(American Institute of Certified Public Accountants，AICPA)把持续审计定义为"在相关事件发生后同时或短时间内发布审计报告的一种方法"[②]。在我国，广泛应用的联网审计也是实现审计自动化的一种重要方式，其实现原理如图 4.29 所示[③]。

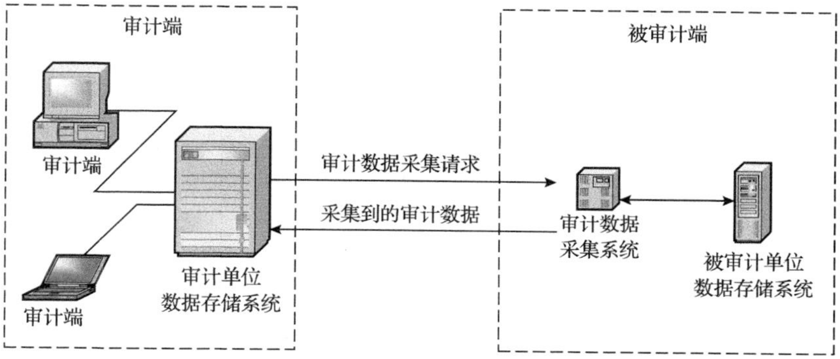

图 4.29　我国联网审计实现方法的原理

这些审计工作自动化技术极大地提高了审计工作的效率，降低了审计成本。随着金融机构金融科技系统的广泛应用，在不同部门、不同金融科技系统之间的审计工作也迫切需要实现审计工作的自动化，RPA 的出现为其提供了技术方法。

这些审计自动化技术极大地提高了审计的有效性和效率。然而，这些技术主要关注于特定审计任务或审计测试的自动化，在不同系统或应用程序之间的协调和集成工作目前仍然不能实现审计流程的自动化，主要还是由审计人员来完成，这使得实际的审计工作仍然是劳动密集型的。RPA 技术的发展与应用有助于解决这一问题。

3. RPA 的内涵

RPA 是近年出现的一种自动化技术，很多文献给出了 RPA 的定义，代表性的有：

① Vasarhelyi M A, Halper F B, 1991: "The continuous audit of online systems", Auditing a Journal of Practice & Theory, 10(1): 110-125.

② CICA/AICPA, 1999: "Continuous auditing research report", Canadian Institute of Chartered Accountants, Toronto, Ontario.

③ 陈伟:《大数据审计理论、方法与应用》, 北京, 科学出版社, 2019.

IEEE 企业顾问组(IEEE Corporate Advisory Group)把 RPA 定义为“一种预先配置的软件，它依据业务规则和预定义的活动设计，能够自动执行一个或多个不相关软件系统中的流程、活动、事务和任务的组合。人可以参与管理其中某些异常结果或服务”[①]。德勤[②]认为 RPA 是一种执行常规业务流程的方法，它能通过一个用户界面层实现用户与多个应用程序或系统交互方式的自动化，并通过遵循简单的规则来做出决策。Kokina 和 Blanchette[③]认为 RPA 是一种新兴的技术，它通过使用软件机器人来实现基于规则的业务流程和任务的自动化。

综上所述，RPA 是指一种新的软件技术，它能根据预先设定的程序和规划，模拟人类与计算机系统的交互过程，自动执行大批量、重复性的任务，并通过遵循简单的规则来做出决策，从而实现工作流程自动化[④]。

4. RPA 的主要特点

通过以上分析，不难发现 RPA 具有以下特点。

1)一种软件技术

RPA 是为实现自动化而设计和开发的一种软件技术，这种软件技术可以用来帮助用户很容易地、快速地设计出针对所需要业务流程操作的自动化实现方法及实现软件。

2)模仿人的操作

RPA 主要是能模拟人的手工操作与计算机系统进行交互，如复制、粘贴、鼠标点击、键盘输入、数据的转换、数据的分析、自动收发邮件、自动打开检验网页链接、文献检索、收集资料等重复操作。

3)基于预定的规则

RPA 主要是代替人工进行重复性机械性操作，需要基于明确规则去编

---

① IEEE Corporate Advisory Group, 2017: “IEEE guide for terms and concepts in intelligent process automation”, https://standards.ieee.org.

② Deloitte, 2017: “Automate this: the business leader's guide to robotic and intelligent automation”, https://www2.deloitte.com/content/dam/Deloitte/us/Documents/process-and-operations/us-sdt-process-automation.pdf.

③ Kokina J, Blanchette S, 2019: “Early evidence of digital labor in accounting: Innovation with Robotic Process Automation”, International Journal of Accounting Information Systems, 35: 100431.

④ 陈伟:《智能审计》, 北京, 机械工业出版社, 2021.

写脚本。因此，RPA 适用的流程必须有明确的、可被数字化的触发指令和输入。

4）用于执行重复的、工作量大的任务

RPA 根据预先编写的脚本执行重复、机械式的操作，用自动化处理代替人工任务处理。因此，RPA 可以 7×24 小时不间断地工作，提高工作效率。越是重复的、工作量大的任务，越是能体现出 RPA 的优势。

5）能跨多个应用系统进行操作

RPA 能模拟人实现跨多个应用系统进行操作，从而实现不同应用系统之间业务操作的流程自动化。

4.4.2　RPA 在审计工作中应用的机遇与挑战

1. RPA 给审计带来的机遇

1）提高审计工作效率

审计机器人可以 7×24 小时地进行审计工作，在工作时间方面比审计人员灵活得多。因此，通过基于 RPA 的审计机器人可以减少审计项目实施时间和所需人力资源。另外，审计单位采用基于 RPA 的审计机器人之后，从重复读取邮件和系统数据、进行烦琐的计算、大批量生成文件和报告、枯燥的文件检查等重复枯燥的审计任务中解脱出来的审计人员可以分配到其他更有创造性的审计任务中，并可以有更多的精力和时间去处理需要专业判断的工作，从而提高审计工作效率。这也为更好地实现审计全覆盖打下了基础。

2）提高审计质量，降低审计风险

在审计过程中，审计人员可能会因精力、时间、职业道德、能力水平或其他原因，出现一些失误，产生一定的审计检查风险。审计机器人与审计人员不同的是，只要被正确地设定好相关程序和参数，就没有必要担心审计机器人会犯审计人员可能出现的错误，且不会出现因职业道德、能力水平等因素造成的失误。另外，基于 RPA 的审计机器人不像审计人员那样存在有限的审计处理能力的限制，审计工作的规模不仅可以增加，而且可以更全面地收集证据，从而可以得到更低错误率和更好质量的审计相关材料[①]。因此，采用基于 RPA 技术的审计机器人可以提高审计质量，降低审计风险。

3) 能很容易地实现不同平台和软件之间的自动化操作

与一些改变现有系统的传统 IT 实现和业务再造不同，采用 RPA 技术并不需要改动被审计系统的底层 IT 系统，只需要通过表示层将现有的手工流程替换为自动化流程。例如，采用 RPA 技术可以从一个系统自动检索信息，并将相同的信息输入到另一个系统中，而不是通过系统改造，把两个系统集成在一起实现两个系统之间数据的交换。因此，RPA 技术特别适用于需要将许多不同的系统结合在一起的工作场景，以及那些拥有许多遗留系统的单位。通过 RPA 技术能很容易地实现不同平台和软件之间的自动化操作。

4) 实施技术要求低

在设计与实现基于 RPA 技术的审计机器人时，不要求审计人员具有较高的软件编程技术水平，只需要借助相关 RPA 软件通过简单的配置(使用流程图操作创建审计机器人的操作流程和图形化的界面设置相关参数)，就可以很容易地完成审计机器人的开发与应用。

5) 实施成本低

传统的流程自动化实现需要集成不同的系统，在集成不同的系统时，开发人员必须很好地理解系统/应用程序是如何工作的。采用 RPA 技术并不需要改变 IT 系统或与它所操作的 IT 系统集成在一起，它只是在应用层面上实现交互。因此，应用 RPA 技术可以以较低的成本实现审计流程操作的自动化。

6) 降低审计成本

RPA 软件的运行成本低，且基于 RPA 的审计机器人可以 7×24 小时地进行审计工作。因此，应用 RPA 技术开展审计工作能够大幅降低人力成本和时间的投入，有效提高现有的审计效率，准确、稳定、快捷地完成工作。

① Kokina J, Blanchette S, 2019: "Early evidence of digital labor in accounting: Innovation with Robotic Process Automation", International Journal of Accounting Information Systems, 35: 100431.

2. 审计工作应用 RPA 面临的挑战

1) 智能化程度低

尽管 RPA 至今在低代码智能流程自动化方面已经取得了可观的成果，并为普通开发人员提供了功能强大的用户友好型任务自动化工具，但由于 RPA 技术的限制，目前基于 RPA 的审计机器人仅仅能处理流程化的审计工作，尚不能很好地处理需要专业判断的审计业务。因此，基于 RPA 的审计机器人在智能化方面还较弱。

2) 灵活性低

尽管基于 RPA 的审计机器人在审计过程中比审计人员操作更为安全和可靠，但使用 RPA 技术需要为每一种可能性制定一个预定的规则，且这个规则必须是明确的。在审计过程中，当审计机器人遇到一些预定规则之外的情况时，例如数据异常或需要判断的模糊情况下，机器人可能会无法自动运行，仍需要人工处理。

3) 自适应性差

在应用基于 RPA 的审计机器人时，当被审计对象的用户界面、数据或应用程序的任何方面发生变化时，基于 RPA 的审计机器人都无法进行自动调整来适应相应的变化，需要相关人员对其进行调整，这意味着被审计对象的 IT 项目频繁升级或者变更将会导致基于 RPA 的审计机器人维护难度直线上升。因此，基于 RPA 的审计机器人较适合那些功能和内容不常变化的系统，不适合应用到经常变化的系统中去。

4) RPA 的可靠性需要验证

为了保证 RPA 的可靠性，减少审计风险，在使用 RPA 技术时，审计单位应该考虑如何验证基于 RPA 的审计机器人的可靠性。例如，可以通过审查 RPA 软件的设置，或者通过运行模拟数据，观察 RPA 软件的输入和预期输出来验证其可靠性。其中，基于 RPA 的审计机器人验证的频率是一个值得思考的问题，应该每年验证一次？还是每季度验证一次？还是每个审计项目验证一次？

4.4.3　基于 RPA 的审计机器人实现方法

审计工作是一种劳动密集型的工作，大量、重复的工作会占用审计人员大量的时间。大多审计工作是成熟的、稳定的、高重复的任务，流程标准化程度较高，这些任务和流程不需要太多的人工干预，审计工作自动化成为一种理想的选择。特别是大数据环境下，被审计单位具有多个应用系统，审计人员在审计时需要与多个系统进行交互。当审计人员需要在频繁访问多个系统的情况下，一些人工操作可能会导致较高的人为错误。RPA 的优势是能实现多个应用系统之间的交互，这使得这些审计过程适合于 RPA。综上分析，RPA 适合于审计工作。本节将研究如何采用 RPA 技术实现审计机器人的构建。

1. 基于 RPA 的审计机器人原理

基于 RPA 的审计机器人原理就是把一些人工完成的重复、单调、程序化的审计工作，通过创建一个程序机器人，模仿审计人员的操作来完成审计工作，其原理如图 4.30 所示。

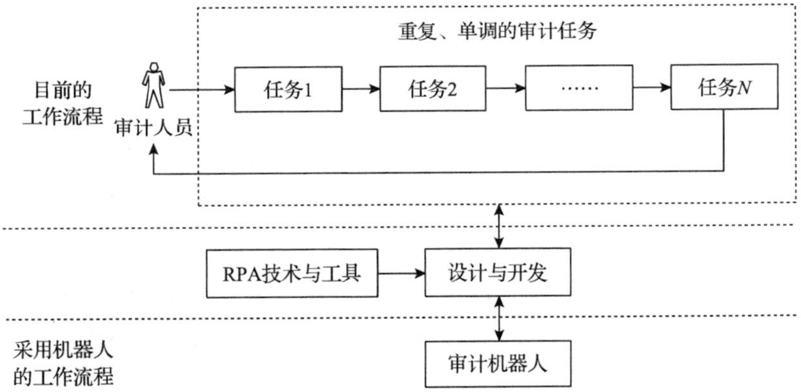

图 4.30　基于 RPA 的审计机器人原理

2. 基于 RPA 的审计机器人实施过程

根据上述基于 RPA 的审计机器人的设计原理，结合目前审计业务的需要以及 RPA 技术的现状与特点，以下是对基于 RPA 的审计机器人实施过程的分析。

1) 审计任务选择

针对被审计对象设计审计机器人时，要选择合适的审计任务，这些任务应具备以下特征：流程固定、工作量大、重复单调、跨多个系统、属于多步骤任务、不需要专业判断。同时，被审计单位及相关业务信息化程度高，相关数据已经电子化，这样比较适合自动处理。对于需要专业判断的审计任务，今后可以采用相关人工智能算法来完善基于 RPA 的审计机器人的功能。

2) 审计项目流程优化

对选择的审计任务，参照人工审计的流程，根据需要进行流程优化和数据预处理，使其更适合 RPA 处理。例如，对于电子发票等非结构化数据，可以采用 OCR 技术进行识别处理，转化成结构化数据。

3) 审计机器人设计

在以上基础上，采用相关 RPA 商品化软件(如 UiPath、Automation Anywhere、Blue Prism 等)，或自行开发的相关自动化软件，设计基于 RPA 的审计机器人，实现审计任务的自动化处理。

4) 审计机器人风险评估

针对设计好的审计机器人，审计人员评估其执行效果以及相关实施风险，并根据评估的相关情况调整处理流程和实施过程。主要风险评估内容及方法如下：

A. 审计机器人的检测风险

审计人员可以采用审计数据验证、平行模拟法(parallel simulation)、测试数据法、人工审计的结果和审计机器人的审计结果相比较等方法来评估审计机器人的检测风险。

B. 访问控制风险

审计机器人在自动执行审计任务时，由于需要访问与被审计单位相关的信息系统，采集和分析被审计单位的相关数据，在这一过程中，会产生一定的风险，特别是访问控制风险。因此，设计的审计机器人需要遵守安全标准、防范入侵漏洞、具有可靠的登录和密码策略等。另外，为了保护相关系统中的数据不被非法访问，确保被审计数据的私密性，在必要时，审计机器人还应该具备在锁定屏幕后运行的能力。

5) 审计机器人执行

在完成审计机器人的设计和风险评估之后，审计人员就可以采用基于 RPA 的审计机器人自动完成相关审计工作。

综上分析，基于 RPA 的审计机器人实施过程如图 4.31 所示。

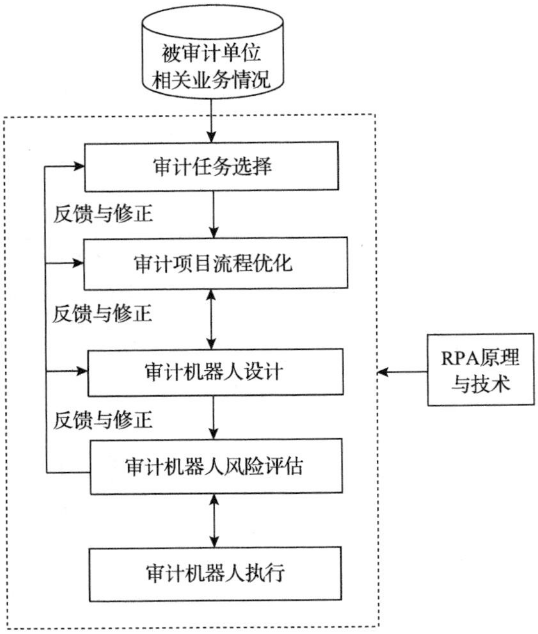

图 4.31　基于 RPA 的审计机器人实施过程

4.4.4　金融科技风险审计 RPA 审计机器人技术方法实现的可行工具分析

1. 国内外 RPA 工具分析

为了采用 RPA 审计机器人技术开展金融科技风险审计，我们需要借助一些工具。以下是可用于实现金融科技风险审计 RPA 审计机器人技术方法的国内外 RPA 工具的综合分析。

为了实现 RPA 技术，一些软件平台被开发出来。近年国内外都非常重视 RPA 软件的研究与应用，目前，国外常见的 RPA 软件平台包括 UiPath①、Automation Anywhere②、Blue Prism③、WinAutomation④、WorkFusion⑤、Kryon Systems⑥、IBM RPA⑦，以及 Softomotive⑧等；国内常用的 RPA 软件平台包

① https://www. uipath.com.

② https://www.automationanywhere.com.

③ https://www.blueprism.com.

④ https://www.winautomation.com.

⑤ https://www.workfusion.com.

⑥ https://www.kryonsystems.com.

⑦ https://www.ibm.com/products/robotic-process-automation.

⑧ https://www.softomotive.com.

括 UiBot[①]、达观 RPA[②]、艺赛旗 RPA[③]、科大讯飞 RPA[④]等。部分代表性 RPA 软件简单介绍如下。

1) UiPath

UiPath 于 2005 年在罗马尼亚布加勒斯特成立，起初给一些世界上的大型公司外包自动化库和软件，后来逐渐成为全球领先的 RPA 软件公司。借助 UiPath，能够使用简单的可视化设计工具来创建和使用机器人。

2) Automation Anywhere

Automation Anywhere 成立于 2003 年，是一家美国的 RPA 公司。Automation Anywhere 主要提供针对商业及 IT 的任务自动执行工具，它使用方便，用户不需要编程就可以很容易地设定复杂的任务安排。

3) Blue Prism

Blue Prism 是一家位于英国的机器人流程自动化领域的软件开发公司。该公司的 RPA 软件提供了具有拖放功能的类似于设计师的流程图，以自动化业务流程的每个步骤，可以像人一样自动执行办公流程。

4) UiBot

UiBot（来也科技）致力于研究人机共生时代具备全球影响力的智能机器人，该公司创办于 2015 年。其核心业务包括 RPA、自然语言处理、文字识别与图像识别、流程挖掘、智能对话交互等。

5) 达观 RPA

达观数据是一家专注于文本智能处理技术的国家高新技术企业，该企业应用知识图谱、自然语言理解与生成等技术，为大型企业和政府客户提供文本自动抽取、搜索、推荐、审核、纠错、写作等智能软件系统，让计算机代替人工完成业务流程自动化。达观 RPA 可将重复性劳动进行自动化处理，高效低门槛连接不同业务系统。

---

① https://www.uibot.com.cn.

② http://www.datagrand.com.

③ https://www.i-search.com.cn.

④ https://www.xfyun.cn/solutions/iFlyRPA.

6) 艺赛旗 RPA

上海艺赛旗软件股份有限公司成立于 2011 年，是一家专业从事智能软件研发及技术服务的高新技术企业。公司通过机器人流程自动化软件(iS-RPA)等产品为行业客户提供智能化、数字化服务。艺赛旗 iS-RPA 产品由设计器、控制平台及机器人三部分组成，为 RPA 流程的设计、生产、发布、调度、分配、执行、应用、运维、智能化提供相应的工具及平台。

7) 科大讯飞 RPA

科大讯飞股份有限公司成立于 1999 年，是知名的智能语音和人工智能上市企业。科大讯飞 RPA 用 AI 能力赋能 RPA 技术，助力业务全程数字化。科大讯飞 RPA 产品由设计器、人工智能集市、控制中心及执行器(机器人)四部分组成，通过人工智能技术，构建流程自动化开发平台，打造零基础开发、开箱即用机器人，帮助企业解决人力成本高、工作效率低、数据价值低等问题。

2. RPA 软件的功能

一般来说，RPA 商品化软件需要包括三个主要组件——开发平台或设计器(图形化的建模工具)、控制平台(一个用来管理机器人应用程序的协调器)，以及机器人本身，这三个组件包括了开发、测试、准备和执行等一个生命周期。RPA 商品化软件的其他组成部分还可以包括审计跟踪和执行分析工具等。

以 UiBot 为例，UiBot RPA 软件平台主要包含创造者(Creator)、指挥官(Commander)、劳动者(Worker)三大模块，这三大模块为机器人的开发、管理、执行提供了良好的载体。其中，创造者即开发工具，用于搭建机器人或建立软件机器人的配置；指挥官即控制中心，用于多个软件机器人的部署与管理；劳动者即运行工具，供用户运行已有机器人或查阅运行结果。

以艺赛旗为例，艺赛旗 RPA 软件平台主要包含设计器、控制平台及机器人。其中，设计器用于定义工作，列出机器人执行任务流程需要走的每一个步骤指令；控制平台用于分配与监督工作，为机器人管理控制平台，负责机器人、流程生命周期的管控，负责任务的调度和制定，将工作任务分配给不同的机器人，对机器人工作过程进行监督、管理、控制；机器人执行自动化任务，直接与业务应用程序交互来处理相关事项。

第 5 章　金融科技风险审计应用研究

5.1　引　　言

前文第 1 章到第 4 章研究了金融科技风险审计理论。其中，第 1 章分析了金融科技风险审计研究的背景与意义、金融科技风险审计的目标、主体和客体、基本步骤、可参照的准则与规范等；第 2 章从理论上研究了金融科技的内容，包括金融科技主要相关技术、常见金融科技应用；第 3 章分析了金融科技面临的风险，在此基础上，研究了金融科技风险审计的内容；第 4 章从理论上研究了金融科技风险审计技术方法。

在前文对金融科技风险审计理论研究的基础上，本章结合具体审计实务案例，分析“金融科技风险审计的目标、主体和客体、基本步骤”这些金融科技风险审计理论的具体应用；在“第 3 章　金融科技风险审计内容理论研究”的基础上，结合“3.2.2 金融科技风险控制及审计的内容分类”中对金融科技风险审计内容的分类，从金融科技系统总体控制风险审计、金融科技系统应用控制风险审计、其他风险审计三个方面，研究金融科技风险审计的应用，包括金融科技系统开发、测试与维护风险审计应用，金融科技系统运行管理风险审计应用，金融科技系统安全风险审计应用，金融科技系统业务连续性管理风险审计应用，金融科技系统外包风险审计应用，金融科技系统应用控制风险审计应用，金融科技治理风险审计应用，金融科技系统项目建设风险审计应用，以及金融科技云计算系统风险审计应用等。

5.2　审计案例背景简介及审计步骤示例分析

5.2.1　审计案例背景简介

为了便于分析如何开展金融科技风险审计，结合审计实务，假设现需要对某金融机构开展金融科技风险审计，审计主体为江发鑫聚国际银行审计部，审计客体为江发鑫聚国际银行科技信息部，相关案例背景如下①：

① 本案例中相关地名、人名、公司名等已进行脱密处理，如有雷同，纯属巧合。

江发鑫聚国际银行成立于 1992 年，是江发省一家由国有股份、外资股份及众多个人股份共同组成的具有独立法人资格的股份制商业银行，于 2012 年成功上市。目前注册资本为 9968.96 亿元，下辖 999 家分行，9686 家营业网点，员工总数近 60 000 人。除了江发省外，江发鑫聚国际银行在美国、加拿大、英国、日本等国设有 100 多家分行。江发鑫聚国际银行目前已建设了存款系统、贷款系统、支付清算系统、资金交易系统、网上银行、手机银行、微信银行、直销银行、开放银行、互联网支付、移动支付等系统。另外，为适应金融行业移动支付的需要，充分利用当今金融科技发展的优势，提升银行金融服务能力，江发鑫聚国际银行投入 3000 万元，开展了“江发鑫聚国际银行移动支付系统”项目建设。目前该项目已经建设完成。为适应金融业务集中化管理的需要，充分利用当今金融科技发展的优势，提升银行金融服务能力，江发鑫聚国际银行开发了“江发鑫聚国际银行云服务平台”。该平台由江汉智云数据科技有限公司实施开发，于 2018 年 3 月 1 日启动开发工作，2018 年 6 月 1 日上线。“江发鑫聚国际银行云服务平台”由金融科技、金融服务、鑫聚理财、业务管理、全景鑫聚五个模块组成。

为了全面了解江发鑫聚国际银行金融科技系统现状，找出江发鑫聚国际银行金融科技系统中存在的风险点及内控管理上的薄弱环节，提高金融科技管理水平，促进江发鑫聚国际银行金融科技系统安全、持续、稳健运行，根据江发鑫聚国际银行审计部 2021 年的审计计划安排，现对江发鑫聚国际银行金融科技系统风险情况进行专项审计，重点是金融科技系统总体控制风险审计、手机银行系统及金融科技业务生物特征识别系统的应用控制风险审计、“江发鑫聚国际银行移动支付系统”项目建设风险审计，以及“江发鑫聚国际银行云服务平台”项目风险审计等。

5.2.2　审前准备阶段

1. 下发审计通知书

在开始到被审计单位开展金融科技风险审计时，需要向被审计单位下发审计通知书。

以本案例为例，江发鑫聚国际银行审计部根据江发鑫聚国际银行金融科技系统专项审计的需要，选派张登拜、刘顿林、李马巴、王普朗、赵么布、孙里拉、钱肯林等七人，成立审计项目组，其中，张登拜任组长，刘顿林任副组长。

在开始审计之前，先向江发鑫聚国际银行科技信息部下发审计通知书，审计通知书的内容如下：

江发鑫聚国际银行金融科技系统风险专项审计通知书

江鑫专审通字〔2022〕6 号

科技信息部：

根据江发鑫聚国际银行 2022 年度审计工作计划，兹指派下列七位同志于 2022 年 7 月 1 日至 2022 年 9 月 30 日，对科技信息部的金融科技系统风险情况开展专项审计，请提供必要的工作条件。

审计组成员名单如下：

审计组组长：张登拜

审计组副组长：刘顿林

审计组成员：李马巴(主审)、王普朗、赵么布、孙里拉、钱肯林

特此通知。

江发鑫聚国际银行审计部

2022 年 6 月 18 日

2. 审前调查

在对被审计单位实施金融科技风险审计之前，应在对其金融科技建设与应用情况进行调查的基础上，掌握金融科技系统在机构内的分布和应用情况。然后，根据金融科技风险审计的目的和金融科技系统的重要性确定需要深入调查的金融科技应用系统，进行全面和详细的了解，内容包括金融科技系统基本情况(如金融科技系统名称、开发单位、使用部门、维护部门、系统处理数据的来源等)、运行环境、金融科技系统的主要功能、金融科技系统使用的数据库情况、金融科技系统的相关技术文档等。通过审前调查，审计人员可以全面了解被审计单位金融科技系统的总体情况，从而为后面的审计工作打下基础。

以本案例为例，审计人员到达江发鑫聚国际银行科技信息部后，立即开展审计调查。通过与江发鑫聚国际银行科技信息部相关人员座谈、发放调查表、收集与金融科技风险审计调查相关的数据资料、其他证明材料等，审计人员对江发鑫聚国际银行金融科技系统情况有了较全面的了解。

3. 制订审计实施方案

在审前调查的基础上，根据被审计项目情况，制订金融科技风险审计实施方案。

以本案例为例，审计组根据江发鑫聚国际银行金融科技系统审计的目标，以及审前调查的情况，可以制订本项目的金融科技风险审计实施方案。该方案可采用的格式内容示例如下：

江发鑫聚国际银行金融科技风险审计实施方案

被审计单位：	科技信息部	审计组组长：	张登拜
审计期间：	2022-07-01　至　2022-09-30	审计组副组长：	刘顿林
审计组成员：	李马巴(主审)、王普朗、赵么布、孙里拉、钱肯林	审计方案编号：	JRKJFXSJ2022-1

立项依据：
根据江发鑫聚国际银行2022年度审计工作计划，对江发鑫聚国际银行金融科技风险进行专项审计。
审计目的：
为有效防范化解金融科技风险，对江发鑫聚国际银行金融科技建设情况及相关风险进行检查，评估可能存在的潜在风险，并出具审计报告。
审计时间计划：
1、2022年7月1日前，下发审计通知、审计前准备资料(刘顿林、李马巴)； 2、2022年7月1日至7月15日，现场审计前准备(李马巴、王普朗、赵么布、孙里拉)； 3、2022年7月16日至9月14日，根据审计目的、审计内容和审计分工，项目组进行现场审计（刘顿林、李马巴、王普朗、赵么布、孙里拉、钱肯林)； 4、2022年9月15日至9月21日，完成交换意见(刘顿林、李马巴、王普朗、赵么布、孙里拉)； 5、2022年9月21日至9月30日，撰写审计报告及审计整改意见(刘顿林、李马巴)。
本次审计须重点关注问题：
1、江发鑫聚国际银行金融科技总体控制风险审计、手机银行系统及金融科技业务生物特征识别系统的应用控制风险审计、金融科技治理风险审计，以及金融科技云计算系统风险审计等； 2、江发鑫聚国际银行移动支付系统项目建设风险审计，包括立项审批、设计开发、采购审批、合同管理、系统测试、系统上线、验收交付等。
其他：
无

5.2.3　审计实施阶段

在审计实施阶段，审计人员可以按照金融科技风险审计实施方案开展金融科技风险审计，获得相关审计证据，并编写审计取证单和审计工作底稿。金融科技系统开发、测试与维护风险审计应用以及金融科技系统运行管理风险审计应用、金融科技系统安全风险审计应用、金融科技系统业务连续性管理风险审计应用、金融科技外包风险审计应用、金融科技系统应用控制风险审计应用、金融科技治理风险审计应用、金融科技系统项目建设风险审计应用、金融科技云计算系统风险审计应用等部分的相关审计示例将会在后文分别分析。

5.2.4　审计报告阶段

在完成审计取证的基础上，基于获得的相关审计证据，审计人员可以编写金融科技风险审计报告征求意见稿，并与被审计单位进行沟通。在沟通的基础上，最终形成金融科技风险审计报告。以本案例为例，金融科技风险审计报告可采取的格式示例如下：

关于对江发鑫聚国际银行金融科技系统风险专项审计的报告

江鑫专审报〔2022〕8 号

江发鑫聚国际银行科技信息部：

根据江鑫专审通字〔2022〕6 号审计通知书，审计组对江发鑫聚国际银行金融科技系统风险情况进行了专项审计。审计工作已结束，现将审计结果报告如下：

一、被审计项目基本情况

江发鑫聚国际银行成立于 1992 年，是江发省一家由国有股份、外资股份及众多个人股份共同组成的具有独立法人资格的股份制商业银行，于 2012 年成功上市。目前注册资本为 9968.96 亿元，下辖 999 家分行，9686 家营业网点，员工总数近 60 000 人。除了江发省外，江发鑫聚国际银行在美国、加拿大、英国、日本等国设有 100 多家分行。江发鑫聚国际银行目前已建设了存款系统、贷款系统、支付清算系统、资金交易系统、网上银行、手机银行、微信银行、直销银行、开放银行、互联网支付、移动支付等系统。另外，为适应金融行业移动支付的需要，充分利用当今金融科技发展的优势，提升银行金融服务能力，江发鑫聚国际银行投入 3000 万元，开展了“江发鑫聚国际银行移动支付系统”项目建设。目前该项目已经建设完成。为适应金融业务集中化管理的需要，充分利用当今金融科技发展的优势，提升银行金融服务能力，江发鑫聚国际银行开发了“江发鑫聚国际银行云服务平台”。该平台由江汉智云数据科技有限公司实施开发，于2018年3月1日启动开发工作，2018年6月1日上线。“江发鑫聚国际银行云服务平台”由金融科技、金融服务、鑫聚理财、业务管理、全景鑫聚五个模块组成。

为了有效防范金融科技风险，审计组对江发鑫聚国际银行金融科技应用情况进行了审计。重点是金融科技系统总体控制风险审计、手机银行系统及金融科技业务生物特征识别系统的应用控制风险审计、移动支付系统项目建设风险审计，以及金融科技云计算系统风险审计等。

二、审计总体评价意见

审计组根据江鑫专审通字〔2022〕6 号审计通知书，制订了审计实施计划，对审计内容、时间、范围和方法等作了明确的要求，审计过程中，审计组查阅了被审计期间江发鑫聚国际银行金融科技系统的相关资料，询问了被审计部门相关人员，重点关注了金融科技系统总体控制风险审计、手机银行系统及金融科技业务生物特征识别系统的应用控制风险审计、移动支付系统项目建设风险审计，以及金融科技云计算系统风险审计等内容。审计结果表明，江发鑫聚国际银行顺应了当前金融科技发展的新趋势，充分利用互联网、大数据、人工智能等现代信息技术手段，全力打造“操作便捷、信息及时、服务专业、平台智能”的金融科技系统，很好地满足了该行业务发展的需要。此次重点审计江发鑫聚国际银行金融科技总体控制风险、手机银行系统及金融科技业务生物特征识别系统的应用控制风险、移动支付系统项目建设风险，以及金融科技云计算系统风险等方面情况，发现还存在一些问题。

三、审计中发现的主要问题

（一）江发鑫聚国际银行金融科技总体控制风险

该银行金融科技系统在“金融科技系统开发、测试与维护”“金融科技系统运行管理”“金融科技系统安全管理”“金融科技系统业务连续性管理”“金融科技系统外包”等方面存在风险。

（二）江发鑫聚国际银行金融科技应用控制风险

(1) 手机银行系统“预约取号”功能输入控制、处理控制、输出控制存在风险。

(2) 手机银行支付系统中生物特征识别系统应用控制存在风险，主要有：手机银行支付系统存在要求用户必须同意采用刷脸支付的用户授权协议；没有向用户告知采集来的生物特征识别信息的保存期限、生物特征识别信息处理者的名称或者姓名和联系方式；没有定期委托专业机构对其手机银行支付系统生物特征识别信息处理活动进行合规审计等风险。

（三）江发鑫聚国际银行金融科技治理风险

（1）科技信息部门内部重要岗位缺少详细完整的工作手册。

（2）部分金融科技系统应用了非正版的数据库软件。

（四）江发鑫聚国际银行移动支付系统项目建设风险

（1）部分金融科技项目采购合同虽与合规部进行过预沟通，但正式合同的公文审批流程中未报经合规部会签，如 2020 年 8 月签署的 Oracle 数据库采购合同（金额 421.8 万元），2020 年 9 月签署的存储系统合同（金额 818.9 万元）。

（2）部分金融科技项目采购管理过程缺少控制，第三方软件、硬件设施采购招投标存在问题：如存储系统采购未进行招投标，直接选定江北大协科技有限公司作为供货商，签订供货协议，合同总金额 13 212 607 元；Oracle 数据库等通过网络招标采购，采购流程不规范，仅有两家厂商进行了报价，合同总金额 8 875 997 元。

（五）江发鑫聚国际银行金融科技云计算系统风险

（1）被审计单位与云服务商签订的“服务水平协议”中缺少关于“服务合约到期时，完整提供云服务客户数据，并承诺相关数据在云计算平台上清除”方面的规定。

（2）被审计单位的云计算系统承载了高于其安全保护等级的业务应用系统（金融科技系统）。

（3）被审计单位在使用云计算系统时，没有在本地保存其业务数据的备份。

四、审计建议

根据上述情况，提出如下建议：

（1）进一步加强江发鑫聚国际银行金融科技总体控制风险、应用控制风险，以及金融科技治理风险管理。

（2）建议江发鑫聚国际银行进一步规范金融科技项目采购程序，防范金融科技项目建设风险。

（3）进一步规范江发鑫聚国际银行云服务平台的风险管理，注重加强业务数据的备份与管理；在与云供应商签订云服务器使用合同时，注重相关服务条款的内容，以防范云服务平台使用过程中产生的风险。

审计组
组长：张登拜
副组长：刘顿林
组员：李马巴，王普朗，赵么布，孙里拉，钱肯林
2022 年 10 月 18 日

5.3　金融科技系统总体控制风险审计应用示例

根据前文研究的金融科技风险审计内容、审计方法与审计步骤，以“金融科技系统开发、测试与维护风险审计”“金融科技系统运行管理风险审计”“金融科技系统安全风险审计”“金融科技系统业务连续性管理风险审计”“金融科技系统外包风险审计”等为例，江发鑫聚国际银行金融科技系统总体控制风险审计的应用示例分别简要分析如下。

1. 金融科技系统开发、测试与维护风险审计应用示例

通过分析被审计单位提供的“手机银行”项目相关文档，发现：在保密协议中缺少现场服务人员“张小南”的身份证件信息；通过调阅被审计单位提供的“智能金融理财服务”项目文档，在“项目服务报告”的“服务安全承诺书”现场服务人员名单中两位技术开发人员（刘少先、王靠南）没有在“现场服务人员名单”中签名。上述问题违反了公司规定“针对长期或临时聘用的技术人员和承包商，尤其是从事敏感性技术相关工作的人员，需要身份验证和背景调查等方面的严格审查程序”。

通过分析被审计单位相关文档管理情况，包括“智能客服、互联网贷款、微信银行”等项目文档，通过分析对方提供的“智能客服”项目文档材料，发现该材料中的“智能客服项目尽职调查报告”内容格式不规范，此外还存在一些错误，如该文档中的“项目风险控制报告”误写成“项目管理规范”。经分析被审计单位提供的“互联网贷款”项目文档材料，发现：①文档“项目风险控制报告”的内容系拷贝的“智能客服”项目文档的内容，造成“互联网贷款”项目“项目风险控制报告”中的内容错误；②系统测试文档中提到“项目中存在 5 个 Bug”，但仅解决了 3 个，系统测试管理存在风险。上述问题违反了公司规定“金融科技系统开发、测试与维护需要制定文档管理规范制度，相关项目文档管理需要符合规范，需要进行

文档版本控制”。

通过分析该商业银行的维护管理系统，发现：尽管在相关金融科技系统开发与维护过程中，所有变更均在维护管理系统中记录管理，并按照电子流程进行审批，但在维护管理系统中一些变更内容是否被准确地记录到系统中得不到充分的保障，例如，手机银行系统版本变更表中变更申请信息和变更内容不一致。上述问题违反了公司规定“对生产系统的紧急修复任务，应用程序开发和维护人员进入生产系统需要得到管理层批准执行，所有的紧急修复活动需要进行记录”。

根据以上分析，其审计取证单示例如下：

江发鑫聚国际银行金融科技系统开发、测试与维护风险审计取证单

			签字	日期		
审计期间：	2022-07-01	审计人员：	赵么布	2022-09-01	编号：	JRKJFXSJ2022-1-Q2
	2022-09-30	审　　核：	李马巴	2022-09-05	页次：	1

被审计单位：	科技信息部
审计内容：	金融科技系统开发、测试与维护风险审计
审计发现：	
金融科技系统开发、测试与维护过程存在风险控制缺陷，主要问题如下： （1）在手机银行项目保密协议中缺少现场服务人员的身份证件信息；在智能金融理财服务“项目服务报告”的“服务安全承诺书”现场服务人员名单中两位技术开发人员没有在“现场服务人员名单”中签名。 （2）文档“项目风险控制报告”的内容系拷贝的“智能客服”项目文档的内容，造成“互联网贷款”项目“项目风险控制报告”中的内容错误。 （3）系统测试文档中提到“项目中存在5个Bug ”，但仅解决了3个，系统测试管理存在风险。 （4）尽管在相关金融科技系统开发与维护过程中，所有变更均在维护管理系统中记录管理，并按照电子流程进行审批，但在维护管理系统中一些变更内容是否被准确地记录到系统中得不到充分的保障，例如，手机银行系统版本变更表中变更申请信息和变更内容不一致。	
审计依据：	
违反了《江发鑫聚国际银行金融科技系统开发、测试与维护管理办法》	
被审计单位意见：	
上述审计发现情况：属实（√）不属实（ ） 被审计单位负责人签字：　　　　　公章： 年　　月　　日	

2. 金融科技系统运行管理风险审计应用示例

通过分析该商业银行的金融科技系统，发现：

(1)该商业银行的手机银行系统在账号及权限管理方面存在一定的问题，例如，离职人员的账号仍然在系统中存在，且账号状态为正常使用。

(2)一些系统开发人员的测试账号目前仍然在本金融科技系统中存在，且账号状态为正常使用。

上述问题违反了公司规定“金融科技业务系统需要能保证只有经授权的用户才能访问，需要能防止非授权访问”。

3. 金融科技系统安全风险审计应用示例

检查交易日志和系统日志的保存期限设定是否符合要求。通过分析被审计单位所提供的《金融科技系统管理规范》，没有发现关于交易日志和系统日志保存期限的相关规定，不符合公司“交易日志应按照国家会计准则要求予以保存”和“系统日志保存期限按系统的风险等级确定，但不能少于一年”的要求。

4. 金融科技系统业务连续性管理风险审计应用示例

检查是否制定规范的业务连续性管理计划。通过分析被审计单位提供的材料，发现：所提供的《金融科技系统业务连续性管理办法》中应急组织人员通信名单中联系方式不完整；该银行办公系统中公布的应急组织人员通信名单中人员信息缺少更新(部分人员已离职，但仍然在名单中)。上述问题违反了公司的业务连续性管理规定“对于金融科技项目，需要制订规范的业务连续性计划”。

5. 金融科技系统外包风险审计应用示例

通过分析被审计单位提供的“手机银行”项目相关文档，在“项目尽职调查报告”中，发现开发商在公司规模及注册资金方面较弱(技术人员3人、注册资本5万)，在“手机银行”系统方面相关的开发经验及资质等、开发人员资质有待进一步加强。上述问题违反了公司规定“金融科技系统外包过程中，需要充分审查、评估外包服务商的财务稳定性和专业经验，需要对外包服务商进行风险评估，考察其设施和能力是否足以承担相应的责任”。

通过分析被审计单位所提供的外包项目相关文档，发现被审计单位已建立了针对应对外包服务商在服务中可能出现的重大缺失的应急预案，但没有发现针对外包服务商在服务中可能出现的重大缺失的相关应急预案的演练记录，不能证明已建立的应急措施是否得到有效的执行。上述问题违反了公司规定“对于金融科技系统外包项目，需要建立恰当的应急措施，来应对外包服务商在服务中可能出现的重大缺失”。

5.4　金融科技系统应用控制风险审计应用示例

5.4.1　手机银行系统应用控制风险审计应用示例

以上述江发鑫聚国际银行手机银行系统为例，现对其进行金融科技系统应用控制风险审计。该手机银行系统的主要功能结构示例如图 5.1 所示。

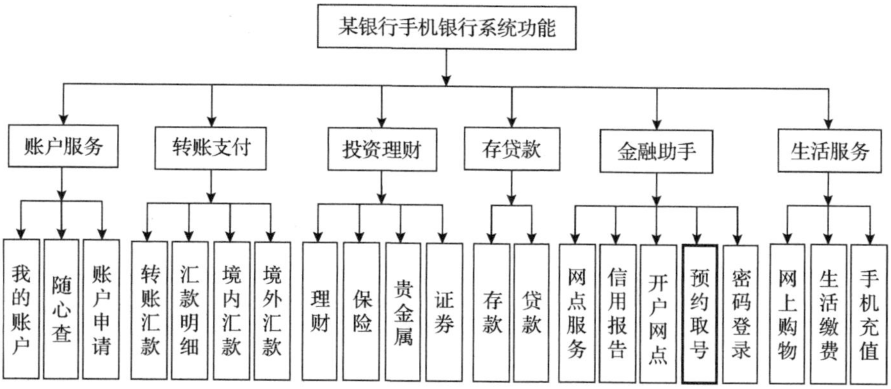

图 5.1　某银行手机银行系统的主要功能结构示例图

以该手机银行系统中的“预约取号”功能为例，来分析如何开展应用控制风险审计。客户去银行办理业务，如果直接去网点，由于网点办理业务的人多，肯定需要排队等待，很浪费时间，手机银行提供的预约取号功能为客户提供了网点业务提前预约功能，可以让预约客户错峰出行，在预约的时间和网点及时办理业务，减少人员接触，提高业务办理效率，特别是在疫情防控情况下，“预约取号”对疫情防控更是有着特别重要的作用。目前很多银行的手机银行系统、微信银行系统等都提供了“预约取号”功能。

1. 业务流程分析

通过访谈和察看该手机银行系统，“预约取号”功能的操作流程如图 5.2 所示。

2. 应用控制识别

根据上一步分析的业务流程，识别手机银行系统“预约取号”的控制活动，其关键应用控制点分析如下。

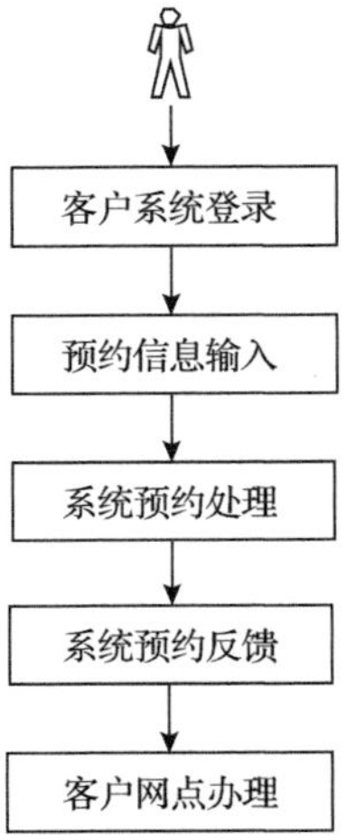

图 5.2　某银行手机银行系统“预约取号”功能流程图

1) 客户系统登录

客户系统登录是指客户在使用手机银行系统的“预约取号”功能时，首先需要登录手机银行系统。这一步骤的关键应用控制点是：是否有客户身份信息控制。如果不需要客户身份验证，就可以直接预约，表明缺少控制。

2) 预约信息输入

这一步骤的关键应用控制点包括：是否设置了必需选项保证预约取号关键数据的输入(如预约时间)；是否设置了预约取号关键数据的输入限定范围(如预约时间的可选择范围)。

3) 系统预约处理

这一步骤的关键应用控制点包括：“预约取号”功能中系统能否预防重复预约取号(如存在同一个网点、同一个时间段、同一个手机号进行预约取号)；系统是否具有同一个时间段内预约取号人数的限制功能；系统是否提供“更改预约”功能；系统是否具有对同一个手机号“预约取号”申请次数的限制功能。

4) 系统预约反馈

这一步骤的关键应用控制点是：“预约取号”成功的业务是否能给客户一个合理的信息反馈。

5）客户网点办理

这一步骤的关键应用控制点是：“预约取号”成功的业务是否能在网点方便、顺利地办理业务。

3. 应用控制测试

根据上一步分析的“预约取号”流程中关键的应用控制点，主要控制活动描述及相关测试如下：

1）客户系统登录

客户系统登录控制活动描述

控制活动：客户身份信息控制。

审计领域：输入控制。

控制描述：预约取号的录入界面中客户身份信息必须输入，从而预防非法分子随意进行预约取号。

控制活动测试

测试步骤一：进入预约取号的界面。

测试步骤二：测试进入“预约取号”功能时系统是否需要验证客户身份信息。

2）预约信息输入

客户预约信息输入控制活动描述（一）

控制活动：设置了必需选项保证预约取号关键数据的输入。

审计领域：输入控制。

控制描述：预约取号的录入界面中某些字段必须强制输入，某些字段可以选择性地输入，从而确保关键的预约取号信息均被录入。

控制活动测试（一）

测试步骤一：进入预约取号的录入界面。

测试步骤二：测试当关键的预约取号信息未被录入时，预约取号能否成功。

客户预约信息输入控制活动描述（二）

控制活动：设置了预约取号关键数据的输入限定范围。

审计领域：输入控制。

控制描述：系统可以对预约取号录入界面中必需选项关键数据的输入

范围进行限定，从而确保客户输入的关键预约取号信息在合理的范围内。

控制活动测试(二)

测试步骤一：进入预约取号的录入界面。

测试步骤二：查看每个字段选择组中的字段输入范围是否符合银行的实际要求。

测试步骤三：测试当字段选择组中的字段输入范围不符合银行的实际要求时，是否仍能预约成功。

3) 系统预约处理

系统预约处理控制活动描述(一)

控制活动：能预防重复预约取号(存在同一个网点、同一个时间段、同一个手机号进行预约取号)。

审计领域：处理控制。

控制描述：系统可以对同一个网点、同一个时间段、同一个手机号的“预约取号”申请进行限定，使申请次数不能超过 1 次，从而预防客户重复预约取号。

控制活动测试(一)

测试步骤一：进入预约取号的录入界面。

测试步骤二：测试当用同一个手机号选择同一个网点和同一个时间段时，是否仍能预约成功。

系统预约处理控制活动描述(二)

控制活动：能预防重复预约取号(存在不同网点、同一个时间段、同一个手机号进行预约取号)。

审计领域：处理控制。

控制描述：系统可以对不同网点、同一个时间段、同一个手机号的“预约取号”申请进行限定，使申请次数不能超过 1 次，从而预防客户重复预约取号。

控制活动测试(二)

测试步骤一：进入预约取号的录入界面。

测试步骤二：测试当用同一个手机号选择不同网点和同一个时间段时，是否仍能预约成功。

系统预约处理控制活动描述(三)

控制活动：具有同一个时间段内预约取号人数的限制功能。

审计领域：处理控制。

控制描述：系统可以对同一个网点、同一个时间段的“预约取号”申请人数进行限定，使同一个时间段内预约取号人数控制在网点柜台在该时间段内能处理的能力范围内，从而保证预约取号功能的有效性。

控制活动测试(三)

测试步骤一：通过访谈和分析相关文档，了解系统是否有预约取号人数的限制功能。

测试步骤二：若有，进入预约取号的录入界面。

测试步骤三：根据一个网点某一时间段的处理能力，对该网点的同一个时间段的“预约取号”以超过处理能力的申请次数进行申请时，测试是否仍能预约成功。

系统预约处理控制活动描述(四)

控制活动：提供“更改预约”功能。

审计领域：处理控制。

控制描述：对于提交成功的预约取号申请，系统提供“更改预约”功能，即客户可以修改提交成功的预约取号申请，也可以删除提交成功的预约取号申请，从而保证“预约取号”功能的合理性。

控制活动测试(四)

测试步骤一：进入预约取号的界面。

测试步骤二：审查系统是否提供“更改预约”功能，测试是否可以删除提交成功的预约取号申请。

系统预约处理控制活动描述(五)

控制活动：具有同一个手机号的“预约取号”申请次数的限制功能。

审计领域：处理控制。

控制描述：系统可以对同一个手机号的“预约取号”申请次数进行限定，从而防止利用预约取号功能进行骚扰行为。

控制活动测试(五)

测试步骤一：通过访谈和分析相关文档，了解系统是否有“预约取号”申请次数的限制功能。

测试步骤二：若有，进入预约取号的录入界面。

测试步骤三：根据限制申请次数，用同一个手机号进行“预约取号”，测试超过限定次数时是否仍能预约成功。

4) 系统预约反馈

系统预约反馈控制活动描述

控制活动："预约取号"成功业务的短信反馈控制。

审计领域：输出控制。

控制描述："预约取号"成功的业务能给客户一个合理的短信反馈，从而保证客户知道"预约取号"成功。

控制活动测试

测试步骤一：选择某一"预约取号"业务。

测试步骤二：测试该"预约取号"成功的业务能否给客户一个合理的信息反馈。

5) 客户网点办理

客户网点办理控制活动描述

控制活动：预约取号业务和网点取号机的对接控制。

审计领域：输出控制。

控制描述："预约取号"业务必须能和网点的取号机方便、顺利地对接，从而保证"预约取号"成功的业务能在网点方便、顺利地办理业务。

控制活动测试

测试步骤一：选择某一"预约取号"成功的业务。

测试步骤二：到对应的网点查看"预约取号"成功的业务是否能在网点顺利办理业务，或通过相关数据分析，确认"预约取号"成功的业务是否能在网点顺利办理业务。

4. 控制风险确认

通过以上测试分析，对发现的一些相关应用控制风险需要和被审计单位进行沟通确认。对于本实例，经被审计单位确认后，手机银行系统"预约取号"功能主要存在以下相关应用控制风险。

1) 手机银行系统"预约取号"功能输入控制存在风险

"预约取号"功能中，"预约日期"的选择范围设置不合理，其预约时间的范围在"9:00—20:00"，和银行的实际工作时间不一致，当预约取号选择银行下班时间时，系统仍然显示预约成功。

2) 手机银行系统"预约取号"功能处理控制存在风险

(1) 手机银行系统不能预防重复预约取号（系统允许同一个网点、同一个时间段、同一个手机号可以同时进行预约取号；系统允许不同网点、同一个时间段、同一个手机号可以同时进行预约取号）。

（2）手机银行系统“预约取号”功能中，系统缺少对同一个网点、同一个时间段“预约取号”申请人数的限定控制，不能确保同一时间段内预约取号人数控制在网点柜台在该时间段内能处理的能力范围内，从而不能保证预约取号功能的有效性。

（3）手机银行系统没有提供“更改和删除预约”功能，对客户已申请成功的预约不能更改和删除，不能保证预约取号功能的有效性。

3）手机银行系统“预约取号”功能输出控制存在风险

“预约取号”成功的业务能给客户一个信息反馈，但信息内容没有考虑到对误发或恶意短信的友好提醒内容。

5. 审计报告撰写

基于以上发现的问题，在与被审计金融机构沟通确认的基础上，审计人员可以完成审计报告的撰写工作。

5.4.2　金融业务生物特征识别系统应用控制风险审计应用示例

1. 金融业务生物特征识别系统应用控制风险审计的重要性

金融科技的发展使得用户身份核实和认证需求快速增长，基于密码口令等传统的用户身份核实和认证模式已经不能很好地满足目前金融科技发展的需要。生物特征识别技术可以实现便捷、可靠的用户身份认证，目前已在金融机构的金融科技系统中得到了广泛的应用，但同时也带来了新的风险。

为了更好地理解金融业务生物特征识别系统风险，我们先来看一个相关案例。

案例 5.1　人脸照片数据采集风险

2019 年，北京某科技有限公司开发了一款换脸 App 软件，这款 App 把上传的照片通过人工智能技术进行转换，从而把电影或者电视剧中某一明星的脸就变成上传用户的脸。这款 App 就因隐私问题引发轩然大波，在使用这款软件的同时，不少用户表达了对个人隐私泄露的担忧，担心自己的照片有被用作其他用途的安全风险。

据报道，这款 App 在注册时的用户授权协议对用户个人信息安全构成了威胁。据了解，在协议修改前，用户协议第 6 条第 1 款涉及以下内容：在用户上传或发布内容以前，用户同意或者确保实际权利人同意授予 App 及其关联公司以及 App 用户全球范围内完全免费、不可撤销、永久、可转授权和可再许可的权利。由于被工信部约谈，该 App 修改了用户授权协议，删除了原有的上传个人照片可被 App 完全免费、不可撤销、永久、可转授权和可再许可的权利等描述，但仍然在用户授权协议中保留了“您同意对用户内容进行网络信息传播的权利”。目前该 App 已下架。（来源：“工信微报”微信号）

案例启示：随着金融科技的广泛应用，金融机构的金融科技系统使用了大量的生物特征识别系统。对于审计人员，如何防范这些生物特征识别系统应用产生的这类风险呢？这就需要开展金融业务生物特征识别系统风险审计。

随着生物特征识别技术在金融科技中的广泛应用，防范金融科技生物特征识别系统风险越来越重要。俄罗斯中央银行 2019 年 2 月发布了《生物特征识别系统的信息安全建议》，督促金融机构注意防范生物识别技术的数据泄露与滥用风险。我国全国信息安全标准化技术委员会发布了国家标准《信息技术 安全技术 生物特征识别信息的保护要求》（征求意见稿）[①]。随着《中华人民共和国个人信息保护法》的颁布和实施，防范金融科技生物特征识别系统的风险更为重要。对于相关审计机构，为了防范金融科技系统中生物特征识别技术应用产生的风险，需要开展金融科技生物特征识别系统风险审计。

综上所述，不难发现：研究金融科技生物特征识别系统风险审计问题具有重要的理论和应用价值。本节结合目前金融科技与生物特征识别技术的研究与应用现状，研究面向金融科技生物特征识别系统的风险审计相关理论与方法。

2. 金融业务生物特征识别系统原理

生物特征识别系统是指根据一个或多个生理特征或者行为特征对个体进行自动识别的系统。其中，生理特征是指个体身体的物理特性，如人脸、指纹、掌纹、视网膜、虹膜、指静脉、掌静脉、DNA 等；行为特征是指个体所做的事情，如签名、语音、步态等。在原理上，生物特征识别系统一

① https://www.tc260.org.cn/front/bzzqyjDetail.html?id=20190625175932328888&norm_id=20180929110002&recode_id=34875.

般包括四个主要功能模块。

1) 生物特征识别信息采集功能

生物特征识别信息采集功能用于完成用户生物特征识别信息的采集。

2) 生物特征识别信息处理功能

生物特征识别信息处理功能用于把采集来的用户生物特征识别信息进行处理，形成数字或标签形式，便于生物特征识别信息的存储和匹配。

3) 生物特征识别信息存储功能

生物特征识别信息存储功能用于存储采集来的用户生物特征识别信息。

4) 生物特征识别信息匹配功能

生物特征识别信息匹配功能用于通过比较待验证用户的生物特征识别信息和存储在金融科技生物特征识别系统中的信息是否一致，从而完成用户身份的验证。

金融科技的发展使得用户身份核实和认证需求快速增长，为了弥补传统身份核实和认证技术的不足，生物特征识别系统在金融科技中得到广泛应用。金融科技生物特征识别系统就是应用于金融科技中的生物特征识别系统，这些系统采用生物特征识别技术完成金融科技相关业务的用户身份核实和认证。

3. 金融科技生物特征识别系统应用示例

金融科技中生物特征识别系统的应用模式可分为本地认证和远程认证两种模式，代表性生物特征识别系统及其生物特征识别技术应用示例分析如下。

1) 自动取款身份识别

自动取款机(automated teller machine，ATM)目前在金融机构得到广泛应用，它是一种计算机化的高度精密的机电一体化装置，可以代替银行柜面人员，帮助用户实现 7×24 小时的相关金融交易自助服务。自动取款机一般通过账户密码来识别用户身份。随着金融科技的发展，为了提高自动取款身份识别的安全性，防止账户密码被盗、账户密码被破解等而导致用户遭受经济损失，同时增加用户的使用体验，生物特征识别技术开始被应用到自动取款身份识别中。例如，波兰合作银行 2010 年 5 月开始把指静脉识别技术应用在自动取款机上。这种自动取款机由德国的德利多富公司(Nixdorf)制造生产，应用了日本日立公司研发的“手指静脉”(finger vein)识别技术，它能通过扫描用户手指尖端的毛细血管系统来对用户生物特征进行识别，用户不需要银行卡就可以直接从自动取款机上取得现金。指静脉识别技术原还应用于国防、军工等高精尖领域。指静脉识别技术的原理就是根据人手指中流动的血液可以吸收特定波长的光线，通过使用特定波长的光线对手指进行照射，从而可以得到手指静脉清晰的图像，在此基础上，通过对该手指静脉图像进行比对分析，从而可以进行个人身份识别。除了指静脉识别技术之外，更多的生物特征识别技术如人脸识别等也被广泛应用于自动取款身份识别之中。

2) 支付身份识别

支付已经成为当今社会生活密不可分的一部分，随着金融科技的发展，支付模式也在不断发展变化，生物特征识别技术开始被应用到支付身份识别中。例如，2014 年 1 月，美国支付公司 Pulse Wallet 将掌纹识别技术应用于无卡 POS(point of sale，销售时点系统)终端机支付方案中，用户可以通过掌纹识别技术实现银行卡的支付；2014 年 9 月，蚂蚁金服将指纹识别技术应用于支付身份识别中，用户可以通过指纹识别技术实现银行卡的支付。

3) 银行远程开户身份识别

办理银行开户是当今社会生活密不可分的一部分，传统的银行开户方式需要到银行网点办理，需要排队等候，耗费时间，开户效率低。随着金融科技的发展，用户可以采用远程自助开户方式代替传统的银行开户方式，这种方式被称为银行远程开户。也就是说，客户不需要到现场，只需使用手机就能完成银行的各种开户业务，极大地提高了开户效率，同时降低了营业成本。生物特征识别技术为银行远程开户身份识别提供了技术保障。例如，中国银行于 2016 年 4 月 1 日起在网上银行、手机银行、中银易商等电子渠道全面推出个人远程开户服务①；近年来，微众银行、网商银行等一些银行把人脸识别技术用于远程开户用户身份认证中，用户可以通过人脸识别技术在这些银行实现远程开户。这使得用户可以避免去银行网点办理业务，节省了用户的时间。

① https://www.boc.cn/aboutboc/bi1/201602/t20160225_6448495.html.

4. 金融科技生物特征识别系统风险分析

随着生物特征识别技术在金融科技中的广泛应用，防范金融科技生物特征识别系统风险越来越重要。简单地讲，金融科技生物特征识别系统风险主要指为弥补传统身份核实和认证技术的不足，而应用生物特征识别系统来完成金融科技相关业务的用户身份核实和认证时，可能产生的相关风险。这些风险主要表现在以下几个方面。

1) 生物特征识别信息的数据管理安全风险

无论是内在的生理特性还是个人行为的特点，一般来说生物特征都是一个不变的属性，个人无法更改自己的生物特征，因此，在个人身份验证中，一些更改个人身份验证的方法(如更改密码等)不能用于生物特征识别应用系统中，这对生物特征识别系统的安全提出了新的挑战。目前金融机构的金融科技系统中应用了很多生物特征识别系统，这些生物特征识别系统的数据安全非常重要，需要采取合适的对策来维护生物特征识别系统的数据安全，对于存储生物识别数据的数据库要加强保护。因此，防范生物特征识别信息的数据管理安全风险非常重要。

国家市场监督管理总局和国家标准化管理委员会颁布的《信息安全技术 个人信息安全规范》将个人敏感信息明确为“一旦泄露、非法提供或滥用可能危害人身和财产安全，极易导致个人名誉、身心健康受到损害或歧视性待遇等的个人信息”。个人生物识别信息属于个人敏感信息。2019 年 2 月，深圳某人脸识别企业发生数据泄露事件，680 万条数据泄露，这些数据包括人脸识别图像、身份证信息以及 GPS 位置记录等[①]。

随着生物特征识别技术在金融科技中的广泛应用，如果金融机构在生物特征识别信息采集、保管等环节中没有很好地对风险进行把控，就会给掌握相关信息的不法分子以可乘之机。例如，金融机构的生物特征识别信息数据一般会存储在服务器或云计算平台中，如果储存着大量个人生物特征识别信息的数据库被攻破，不但会导致用户身份信息和个人隐私泄露，还会存在把用户银行卡中的资金转走或用于其他犯罪的可能。

2) 生物特征识别信息自身的安全风险

虽然生物特征信息具有唯一性的天然安全优势，但是特征信息数字化之后，可能会被复制、被再造利用，存在被破解的风险。例如，某公司等

① https://www.gov.cn/xinwen/2019-11/06/content_5449498.htm.

应用的指纹识别技术曾暴露出存在重大漏洞，黑客可以采用木胶做成的假指纹轻松地解锁 iPhone5s 的指纹锁；2016 年，美国密歇根州立大学(Michigan State University)利用特殊的墨水和纸张 2D 打印出假指纹，成功骗过了两款不同公司的手机的指纹识别系统。在此之后，又升级了这项实验，通过 3D 打印，制作出带有指纹的手模型，再次成功骗过了指纹扫描仪；2019 年，在浙江乌镇举办的世界互联网大会上，一名工作人员乔装“黑客”，通过采用一张用户个人照片制作的 3D 脸模，就可以很容易地通过某人脸识别系统的检测；2020 年 8 月举行的 DEFCON 极客大会(世界上最知名的“黑客大会”)虚拟安全会议上，Dreamlab 技术公司的安全研究员介绍了如何仅用一台基于 UV 树脂的 SLA 3D 打印机和价值 10 美元的材料就能绕过指纹认证。

随着生物特征识别技术在金融科技中的广泛应用，金融机构在使用生物特征识别信息进行用户身份验证时，如果不能采取有效的控制措施来防范生物特征识别信息自身的安全风险，生物特征识别系统的应用将会对金融机构的金融科技系统带来潜在的安全风险。

5. 金融科技生物特征识别系统风险审计理论分析

简单地讲，金融科技生物特征识别系统风险审计就是指为了防范化解金融科技生物特征识别系统风险而开展的审计专项工作。其审计的依据、审计的基本步骤、审计的内容、审计的方法分别分析如下。

1) 审计的依据

目前，开展金融科技系统生物特征识别系统风险审计已经有了一些法律法规依据，如《中华人民共和国个人信息保护法》《中华人民共和国数据安全法》、国家标准《信息安全技术　生物特征识别信息保护基本要求》。例如，根据《中华人民共和国个人信息保护法》“第六十条　国家网信部门负责统筹协调个人信息保护工作和相关监督管理工作。国务院有关部门依照本法和有关法律、行政法规的规定，在各自职责范围内负责个人信息保护和监督管理工作。县级以上地方人民政府有关部门的个人信息保护和监督管理职责，按照国家有关规定确定。”因此，审计机关可以依照该法和有关法律、行政法规的规定，在职责范围内开展金融科技生物特征识别系统风险审计，负责审计金融机构生物特征识别信息保护和监督管理工作。同时，金融机构内审部门和风险管理部门也可以依据相关法律法规和内部规定，对其金融科技系统中的生物特征识别技术活动定期开展相关内部审计工作，或委托相关会计师事务所对其金融科技系统中的生物特征识别技术活动进行合规审计。

2) 审计的基本步骤

审计人员在开展金融科技生物特征识别系统风险审计工作时，可以依据这些相关法律和规定，检查被审计金融机构生物特征识别系统的应用是否符合国家、行业、单位内部等的层面的要求和规定。

根据审计的基本流程以及金融科技系统生物特征识别信息应用的现状与特点，金融科技生物特征识别系统应用控制风险审计的基本步骤如图 5.3 所示。

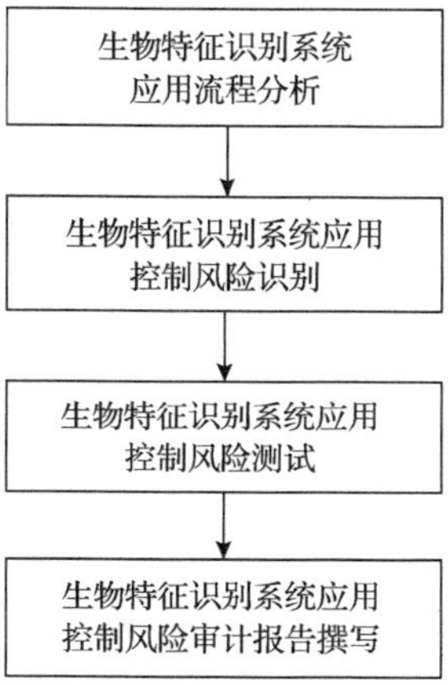

图 5.3　金融科技生物特征识别系统应用控制风险审计的基本步骤

主要步骤分析如下：

A. 生物特征识别系统应用流程分析

根据被审计金融机构不同的金融科技系统，分析其生物特征识别系统应用情况及其应用流程。

B. 生物特征识别系统应用控制风险识别

根据被审计金融机构不同的金融科技系统应用情况及应用流程，识别出其生物特征识别系统应用中可能存在的风险。

C. 生物特征识别系统应用控制风险测试

对识别出的金融科技生物特征识别系统中可能存在的相关应用控制风险进行测试，从而最终发现相关应用控制风险。

D. 生物特征识别系统应用控制风险审计报告撰写

针对测试出的生物特征识别系统相关应用控制风险，撰写生物特征识别系统应用控制风险审计报告。

3) 审计的内容

根据相关法律和规定，如《中华人民共和国个人信息保护法》、国家标准《信息安全技术 生物特征识别信息保护基本要求》等，结合金融科技生物特征识别系统的处理流程及内容(包括生物特征识别信息的采集、存储、处理与使用、删除等)，在开展金融科技生物特征识别系统应用控制风险审计时，审计人员关注的主要内容如图 5.4 所示。

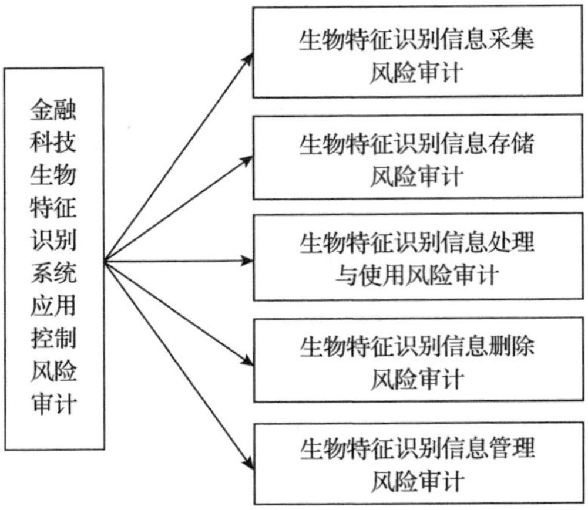

图 5.4　金融科技生物特征识别系统应用控制风险审计的主要内容

金融科技生物特征识别系统应用控制风险审计每一部分关注的具体内容分别分析以下。

A. 生物特征识别信息采集风险审计

对于金融机构金融科技中应用的生物特征识别信息采集风险审计，可以从以下几个方面出发：

(1) 检查金融机构的相关金融科技系统是否要求用户在使用时必须使用其生物特征识别系统(必须用户同意采集其生物特征识别信息)，金融机构是否存在以用户不同意采集生物特征信息为由拒绝用户使用其相关金融科技系统的情况。例如，对于安全级别不高的场景和服务，金融机构应提供其他选项，不应该强制用户使用人脸识别技术等生物特征识别方式来登录使用其相关金融科技系统。

(2) 检查金融机构是否依法依规采集用户的生物特征识别信息。例如，金融机构在采集用户生物特征识别信息之前，是否取得用户同意的授权协议；授权协议重要事项发生变更时是否重新取得用户同意；用户是否有权撤回已同意的授权协议，金融机构是否给用户提供便捷方式以方便用户撤回已同意的授权协议。

(3) 检查金融机构采集用户生物特征识别信息的用户授权协议条款是否规范。例如，是否以明显的方式以及清晰易懂的语言准确、真实、完整地告知用户关于金融机构用户生物特征识别信息处理者的姓名(或者名称)和联系方式、用户生物特征识别信息的处理方式、处理目的等关键信息。

(4) 检查金融机构在采集用户生物特征识别信息时是否仅限于实现处理目的的最小范围，是否遵循“必要、够用、最小范围，公开处理规则、采取安全保护措施”的原则，是否存在过度收集个人信息的情况发生。

(5) 检查金融机构在采集用户生物特征识别信息时保存期限的设置是否合理，设置的保存期限是否是实现处理目的所必要的最短时间。

B. 生物特征识别信息存储风险审计

对于金融机构金融科技中应用的生物特征识别信息存储风险审计，可以从以下几个方面出发：

(1) 检查金融机构在存储所采集的生物特征识别信息时，是否采取了适当的保护措施，以保障生物特征识别信息的保密性。

(2) 检查金融机构是否将在中国境内采集和产生的相关用户生物特征识别信息存储在中国境内；对于确需向境外提供的生物特征识别信息，检查金融机构是否依照相关法规进行了安全评估。

(3) 检查金融机构在备份采集来的生物特征识别信息的过程中，是否采取适当的保护措施，以确保生物特征识别信息的保密性。若备份数据没有进行充分的保护，会对生物特征识别信息安全构成威胁。

C. 生物特征识别信息处理与使用风险审计

对于金融机构金融科技中应用的生物特征识别信息处理与使用风险审计，可以从以下几个方面出发：

(1) 检查金融机构相关金融科技系统在使用采集来的生物特征识别信息时，使用范围是否取得相关用户的同意。

(2) 检查金融机构是否合理设置本单位员工对用户生物特征识别信息处理的范围和操作权限。

(3) 检查金融机构在向其他单位提供其采集来的生物特征识别信息时，是否取得用户的单独同意，是否向相关用户告知接收方的姓名(或名称)、联系方式、生物特征识别信息的种类、处理目的和处理方式等；检查接收方是否在约定的范围内处理金融机构提供的用户生物特征识别信息；检查接收方变更原先的处理方式、处理目的时，是否依照相关规定重新取得用户的同意。

(4) 检查金融机构金融科技系统中生物特征识别技术的应用范围是否合理，防止金融机构金融科技系统中生物特征识别技术滥用的风险。例如，生物特征识别技术可用于支付等安全要求较高的金融科技业务，对于账户查询、业务预约等一般业务应予限制。

(5) 对于金融机构的一些重要金融科技应用，审计人员可以评估该业务的重要等级和所采用的生物特征识别技术安全级别是否匹配。例如，对于一些重要金融科技系统的支付安全应用方面，检查金融机构是否采用了安全级别更高的生物特征识别技术及具体标准，是否在采用生物特征识别技术的同时，还采用了其他并用性辅助识别技术，如数字密码、短信验证、人工监控、安全风控策略等其他安全手段，通过这些多重技术手段的方式填补生物特征识别技术的漏洞。例如，对于金额超过 1 万元的支付，在进行指纹识别后，用户还需要输入与账号绑定的手机号进行短信验证，从而进一步提高了安全性；在使用刷脸支付功能时，需要用户先开通该功能，开通之后才能进行刷脸支付，用户不使用时，也可以随时关闭。通过这些安全风险控制策略，可以进一步确保用户账户的安全。

D. 生物特征识别信息删除风险审计

检查金融机构对于不再使用的金融科技生物特征识别信息，是否采取安全的处理措施进行删除处理。需要删除生物特征识别信息的情况包括：

(1) 用户 (生物特征识别信息的主体) 撤回对金融机构相关金融科技系统生物特征识别信息采集的同意权，或者金融机构相关金融科技系统的生物特征识别信息使用目的改变，但是用户 (生物特征识别信息的主体) 不同意新的使用目的。

(2) 金融机构的相关金融科技系统已不再需要使用这些采集来的生物特征识别信息。

(3) 金融机构的相关金融科技生物特征识别系统已停止提供产品或者服务。

(4) 金融机构与用户 (生物特征识别信息的主体) 约定的使用期限已到期。

E. 生物特征识别信息管理风险审计

对于金融机构金融科技中应用的生物特征识别信息管理风险审计，可以从以下几个方面出发：

(1) 检查金融机构是否制定了关于生物特征识别信息的内部管理制度和操作程序，是否根据相关要求指定用户生物特征识别信息保护责任人，负责对生物特征识别信息处理活动以及对生物特征识别信息所采取的保护措施等进行监督。

(2) 检查金融机构是否定期对其相关人员进行生物特征识别信息管理安全教育和培训。

(3) 检查金融机构是否对用户生物特征识别信息实行分类、分级管理，是否采取了相应的加密保护等安全技术措施。

(4) 检查金融机构是否制定了关于生物特征识别信息的安全事件应急预案并定期进行演练。

(5) 检查金融机构是否依法依规遵循生物特征识别技术的伦理边界，不做非法采集、修改或售卖用户个人生物特征识别信息的行为。

(6) 检查金融机构是否定期委托专业机构对其金融科技系统中的生物特征识别技术活动进行合规审计。

4) 审计的方法

根据常用的审计方法以及金融科技生物特征识别系统的特点，审计人员在开展金融机构金融科技生物特征识别系统风险审计时，可以采用以下审计方法：

(1) 询问金融机构有关当事人，调查与其金融科技系统生物特征识别系统应用活动有关的情况。

(2) 采用常用审计技术和大数据审计技术分析用户与金融科技系统生物特征识别系统应用活动有关的合同、授权协议、记录、日志以及其他有关资料，包括电子数据资料。

(3) 开展现场检查，对涉嫌违规违法的金融科技系统生物特征识别应用活动进行现场调查。

(4) 检查与用户个人生物特征识别信息处理活动有关的系统和设备，查找用于违法进行用户个人生物特征识别信息处理活动的系统和设备。

今后，随着金融科技生物特征识别系统风险审计业务的广泛需要，审计人员可以在审计过程中广泛应用大数据审计技术和智能审计技术，从而进一步提高审计效率。

6. 金融科技生物特征识别系统风险审计案例：某商业银行手机银行支付系统风险审计

1) 案例背景分析

以上述江发鑫聚国际银行手机银行支付系统风险审计为例，现对其进行金融科技生物特征识别系统风险审计。

A. 手机银行支付生物特征识别系统业务流程分析

通过访谈和分析该手机银行支付系统，该银行手机银行支付生物特征识别系统的主要业务流程如图 5.5 所示。

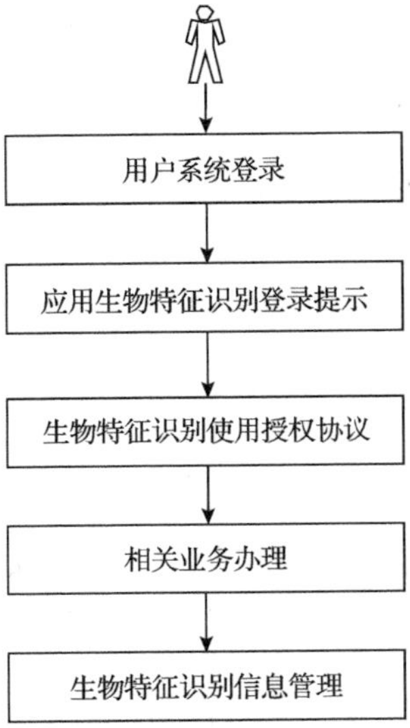

图 5.5　某银行手机银行支付生物特征识别系统功能流程图

相关业务流程分析如下：

● 用户系统登录

用户系统登录是指用户在使用手机银行系统支付功能时，首先需要登录手机银行系统。

● 应用生物特征识别登录提示

在采用常用方式登录手机银行系统后，若目前尚未应用生物特征识别方式登录手机银行支付系统，系统会提示是否应用生物特征识别登录。

● 生物特征识别使用授权协议

若用户选择应用生物特征识别方式登录手机银行系统，系统会提示用户阅读并同意生物特征识别使用授权协议。

● 相关业务办理

用户登录手机银行支付系统后，办理相关业务。

● 生物特征识别信息管理

银行对生物特征识别信息采集、处理、存储、匹配等功能与过程进行管理。

B. 手机银行支付系统的用户授权协议示例

为了分析相关风险，审计人员采集了被审计金融机构的手机银行支付系统的用户授权协议，主要内容示例如下：

《江发鑫聚国际银行手机银行隐私政策》
本版发布日期：2021年11月1日
生效日期：2021年11月1日

江发鑫聚国际银行股份有限公司(后称“我们”，注册地址：江展市金融大街18号)非常重视用户的用户信息和用户信息保护。您在使用我们的手机银行时，我们可能需要收集和使用您的相关信息。我们希望通过《江发鑫聚国际银行手机银行隐私政策》向您说明我们在您使用我们的手机银行时如何收集、保存、使用、转让和共享这些信息，以及我们为您提供的访问、更正、删除和保护这些信息的方式。

一、我们收集的信息及所需的权限

在您使用江发鑫聚国际银行手机银行服务的过程中，手机银行会按照如下方式收集您在使用服务时主动提供或因为使用服务而产生的信息，用以向您提供服务、优化我们的服务以及保障您的信息安全：

收集您的头像照片用于头像设置，以及设备型号、操作系统、设备标识符、登录IP地址、接入网络的方式、类型和状态、网络质量数据、操作日志、服务日志信息等。

使用您的如下个人权限：

● 摄像头：用于扫描二维码等功能。

● 指纹/FaceID：用于登录、小额指令及限额设置授权等认证。该类授权信息属于敏感信息，拒绝提供这些信息将会使您无法正常使用App的功能。

● 相册：用于存储和调取二维码图片、头像图片等功能。

● 定位：用于获取用户位置，自动提供相应地区服务以及网点地图等功能。

二、信息的存储

我们会按照中国和业务开办国家(地区)的相关法律法规及监管规定要求妥善保存您的用户信息。一般而言，我们将会永久保留您的用户信息。

三、信息的安全保护

我们将尽力保障用户的信息安全，以防止信息的泄露、未经授权访问、不当使用或披露。例如：

● 我们将使用各种安全保护措施尽力保障您的信息安全。

● 我们会不断提升技术手段尽力防止您的用户信息泄露。

● 我们会建立专门的组织、管理制度、管理程序和管理人员以保障信息的安全。

● 我们会建立应急预案，当发生用户信息泄露等安全事件时，我们会启动应急预案，阻止安全事件扩大，并及时告知您。

四、信息的使用方式

为了帮助您完成支付交易，确保准确及时到账，我们会将您注册的姓名、手机号、公民身份证号码、用于提现的银行卡卡号、订单支付相关信息、订单安全相关设备信息及其他反洗钱法律要求的必要信息与支付机构共享。我们不会将我们存储在分析软件中的信息与您在应用程序中提供的任何个人身份信息相结合。

五、信息的对外提供

我们不会对外公开披露所收集的用户信息，我们不会共享您的用户信息至第三方，法律法规及监管另有规定的除外。

六、如何联系我们

如您对本手机银行支付系统的用户隐私政策或其他相关事宜有任何问题或建议，请您使用本手机银行的“联系我行”功能，了解我行的客服渠道，或通过拨打我行客服电话等多种方式与我们联系。

2) 审计发现

审计人员采用前文分析的审计内容和审计方法开展审计，主要审计结果如下：

(1) 通过测试该银行手机银行支付系统的使用流程，最终发现：该银行手机银行的支付系统要求用户必须同意采用刷脸支付的用户授权协议，才可以进行下一步操作，否则会自动退出手机银行的支付系统，违反了《中华人民共和国个人信息保护法》“第十六条　个人信息处理者不得以个人不同意处理其个人信息或者撤回同意为由，拒绝提供产品或者服务；处理个人信息属于提供产品或者服务所必需的除外”。

(2) 通过采集与分析该银行手机银行支付系统的用户授权协议，最终发现：①该银行手机银行的支付系统没有向用户告知采集来的生物特征识别信息的保存期限，违反了《中华人民共和国个人信息保护法》“第十七条　个人信息处理者在处理个人信息前，应当以显著方式、清晰易懂的语言真实、准确、完整地向个人告知下列事项：(二) 个人信息的处理目的、处理方式，处理的个人信息种类、保存期限”。②该银行手机银行的支付系统没有向用户告知生物特征识别信息处理者的名称或者姓名和联系方式，违反了《中华人民共和国个人信息保护法》“第十七条　个人信息处理者在处理个人信息前，应当以显著方式、清晰易懂的语言真实、准确、完整地向个人告知下列事项：(一)个人信息处理者的名称或者姓名和联系方式”。

(3)通过访谈该商业银行相关人员，并采集与分析相关文件，最终发现：该银行没有定期委托专业机构对其手机银行支付系统生物特征识别信息处理活动进行合规审计，违反了《中华人民共和国个人信息保护法》“第五十四条　个人信息处理者应当定期对其处理个人信息遵守法律、行政法规的情况进行合规审计”。

5.5　金融科技治理风险审计应用示例

以本章江发鑫聚国际银行金融科技系统风险专项审计为例，现对其进行金融科技治理风险审计。

审计组审计人员根据审计实施方案要求，按照“3.5 金融科技治理风险审计”的要求，通过分析被审计单位提供的“科技信息部内部重要岗位工作手册”等方面的相关材料，发现：该商业银行科技信息部仅有一些较为简单的岗位说明书，如软件研发岗岗位说明书、系统管理岗岗位说明书、网络管理岗岗位说明书、数据库管理岗岗位说明书、安全生产管理岗岗位说明书。上述问题违反了公司规定“科技信息部内部重要岗位需制定详细完整的工作手册”。

经分析被审计单位提供的文件，发现：该商业银行科技信息部已制定了使用正版软件的相关措施，目前所使用的软件均采用正版软件，但通过比较分析对方提供的文件“信息系统调查表(该表列出了该行所使用的所有应用系统和数据库系统信息)”和“正版软件清单”，发现“信息系统调查表”中金融科技维护管理系统等采用的数据库为 Oracle 11g，而 Oracle 11g 不在所提供的“正版软件清单”中，这些非正版软件的使用会给该商业银行业务的运行带来很多安全隐患。上述问题违反了公司规定“确保银行购买和使用合法的软硬件产品，禁止侵权盗版”。

5.6　金融科技系统项目建设风险审计应用示例：某商业银行移动支付系统项目建设风险审计

以上述江发鑫聚国际银行移动支付系统建设项目为例，现对其进行金融科技系统项目建设风险审计。

审计组人员根据审计实施方案要求，按照“3.6 金融科技系统项目建设风险审计”的要求，分别对江发鑫聚国际银行移动支付系统建设项目中的项目立项、采购(包括预算、招投标)、合同签订、项目实施、竣工决算等内容进行审计。

在审计过程中，审计人员可以针对每一项审计内容编写审计工作底稿。

以“待签合同审计”为例，其审计取证单示例如下：

江发鑫聚国际银行移动支付系统项目建设风险审计取证单

			签字	日期		
审计期间：	2022-07-01	审计人员：	王普朗	2022-09-01	编号：	JRKJFXSJ2022-1-Q9
	2022-09-30	审　　核：	李马巴	2022-09-05	页次：	1

被审计单位：	科技信息部
审计内容：	待签合同
审计发现：	
部分采购合同虽与合规部进行过预沟通，但正式合同的公文审批流程中未报经合规部会签，如2020年8月签署的Oracle数据库采购合同（金额421.8万元）、2020年9月签署的存储系统合同（金额818.9万元）。	
审计依据：	
违反了《江发鑫聚国际银行信息技术项目管理制度》（2018年8月）：合规部负责信息技术项目中涉及合同协议的审批；合规部负责项目合同协议履行过程中的法律支持及后续合同协议的审批。	
被审计单位意见：	
上述审计发现情况：属实（√）不属实（ ） 被审计单位负责人签字：　　　　公章： 年　　月　　日	

以“招标审计”为例，其审计取证单示例如下：

基于以上发现的问题，在与被审计金融机构沟通确认的基础上，审计人员可以完成审计报告的撰写。其示例如本章 5.3 节部分所示。

江发鑫聚国际银行移动支付系统项目建设风险审计取证单

			签字	日期		
审计期间：	2022-07-01	审计人员：	王普朗	2022-09-01	编号：	JRKJFXSJ2022-1-Q8
	2022-09-30	审　　核：	李马巴	2022-09-05	页次：	1

被审计单位：	科技信息部
审计内容：	招标管理
审计发现：	
招标管理过程缺少控制，第三方软件、硬件设施采购招投标存在以下问题： （1）存储系统采购未进行招投标，直接选定江北大协科技有限公司作为供货商，签订供货协议，合同总金额13 212 607元。 （2）Oracle数据库等通过网络招标采购，且采购流程不规范，仅有两家厂商进行了报价，合同总金额8 875 997元。	
审计依据：	
问题（1）违反了《江发鑫聚国际银行采购管理办法》第三十二条：“必须执行招标采购的范围：物资、服务类单项合同金额在100 万元人民币及以上的”。 问题（2）违反了《中华人民共和国招标投标法》第二十八条：“投标人少于三个的，招标人应当依照本法重新招标。”	
被审计单位意见：	
上述审计发现情况：属实（√）不属实（ ） 被审计单位负责人签字：　　　　　公章： 年　　月　　日	

5.7　金融科技云计算系统风险审计应用示例

在本项目中，审计组审计人员根据审计实施方案要求，通过分析江发鑫聚国际银行云服务平台软件需求规格说明书、江发鑫聚国际银行云服务购买合同、江发鑫聚国际银行云服务器服务条款、江发鑫聚国际银行云服务平台工作总结报告、江发鑫聚国际银行云服务平台用户使用说明、江发鑫聚国际银行云服务平台技术报告、江发鑫聚国际银行云服务平台测试报告、江发鑫聚国际银行云服务平台运营考核管理办法、江发鑫聚国际银行云服务平台技术运维及运营服务工作内容、江发鑫聚国际银行云服务平台技术运维及运营服务合同等材料，并结合访谈、现场确认、系统测试等工作，分别对江发鑫聚国际银行云服务平台开发、测试与维护，以及江发鑫聚国际银行云服务平台云计算系统等内容进行审计。

经审计，发现存在以下问题：

⑴通过分析被审计单位提供的江发鑫聚国际银行云服务平台项目相关文档，发现被审计单位与云服务商签订的“服务水平协议”中缺少关于“服务合约到期时，完整提供云服务客户数据，并承诺相关数据在云计算平台上清除”方面的规定。

⑵通过分析被审计单位提供的江发鑫聚国际银行云服务平台项目相关文档，并进行现场确认、系统测试和数据分析等，发现被审计单位的云计算系统承载了高于其安全保护等级的业务应用系统(金融科技系统)。

⑶通过和被审计单位江发鑫聚国际银行云服务平台负责人和技术人员进行访谈，并进行现场确认、系统测试和数据分析等，发现被审计单位在使用云计算系统时，没有在本地保存其业务数据的备份。

以上相关问题的存在给江发鑫聚国际银行云服务平台的运行带来了严重的风险隐患。

⑴不符合《信息安全技术 网络安全等级保护基本要求》7.2.5.1 云服务商选择“d)应在服务水平协议中规定服务合约到期时，完整提供云服务客户数据，并承诺相关数据在云计算平台上清除”。

⑵不符合《信息安全技术 网络安全等级保护基本要求》8.2.2.1 网络架构“a)应保证云计算平台不承载高于其安全保护等级的业务应用系统”。

⑶不符合《信息安全技术 网络安全等级保护基本要求》7.2.4.4 数据备份恢复“a)云服务客户应在本地保存其业务数据的备份”。

在审计过程中，审计人员可以针对每一项审计的内容编写审计取证单。篇幅所限，本节不再提供示例。

第6章　基于大数据审计技术的金融科技风险审计研究

6.1　引　　言

如前文所述，近年来金融业务和模式不断创新，网上银行、电子银行、手机银行、直销银行、微信银行、移动支付等新金融业务和模式快速发展。随着大数据、人工智能、云计算等技术的发展与应用，金融单位信息化程度越来越高，信息化应用范围越来越广，使用的应用系统也越来越多，业务系统也越来越复杂，由此也增加了金融科技风险的识别难度。目前常用的信息系统审计方法，如访谈法、现场观察法、文档查看法、穿行测试法、系统数据分析法、面向系统的计算机辅助审计技术等已不能完全满足金融科技风险审计的需要，仅靠现有的审计方法很难发现相关潜在的金融科技风险，创新金融科技风险审计方法成为必然，大数据审计、人工智能等技术的发展为开展金融科技风险审计提供了机遇。因此，研究如何应用这些技术开展金融科技风险审计越来越重要。

本章根据第 3 章对金融科技风险审计内容的研究，在第 4 章对金融科技风险审计大数据审计技术方法研究的基础上，以金融科技系统用户管理风险审计、金融科技贷款业务系统应用控制风险审计、金融科技系统业务连续性管理风险审计为例，研究如何采用大数据智能分析技术、大数据可视化分析技术、大数据多数据源综合分析技术开展金融科技风险审计。

6.2　基于大数据审计技术的金融科技系统用户管理风险审计

6.2.1　研究背景分析

用户及权限管理是信息系统运行管理中的一项重要内容[①]，它要求“应保证只有经授权的用户才能访问，防止非授权访问”。因此，在开展信息系

① 陈伟, 李晓鹏, 居江宁:《基于大数据技术的信息系统用户及权限管理审计研究》,《中国注册会计师》2019 年第 2 期, 第 74～79 页.

统运行管理审计时，审计人员需要检查业务系统是否能保证只有经授权的用户才能访问，是否能防止非授权访问。金融科技系统也是信息系统，对于金融科技系统审计来说，审计人员可以通过分析金融科技系统中是否存在操作用户有多个账号的情况，以及这些多个账号是否都可以正常使用等达到防范相关金融科技风险的目的。

传统信息化环境下，被审计金融机构信息化程度低，应用系统较少，操作用户较少，因此，对于用户及权限管理审计只需要做简单的访谈或现场察看一下被审计金融机构的应用系统即可。但随着金融科技的广泛应用，目前被审计金融机构信息化程度高，应用系统较多，一些单位应用系统多达几百个，甚至上千个，另外，操作用户也较多。因此，金融科技系统的用户及权限管理是一个重要挑战。

在开展金融科技系统的用户及权限管理审计时，审计人员需要查找被审计金融机构金融科技应用系统中是否存在用户拥有多个账号的情况。重号分析是数值分析中的一种常用方法，它用来查找被审计数据某个字段（或某些字段）中是否存在重复的数据[①]。通过重号分析方法，审计人员可以查找被审计金融机构金融科技应用系统中是否存在用户拥有多个账号的情况。对于重号分析方法，可以采用审计软件实现，也可以采用 SQL 语句在数据库工具中实现。例如，查找被审计金融机构金融科技应用系统中是否存在用户拥有多个账号的情况，相应的 SQL 语句示例如下：

```
SELECT 代码证号, COUNT(*)   AS 开户数量
FROM 对公客户数据
GROUP  BY 代码证号
HAVING COUNT(*)>1
ORDER BY COUNT(*) DESC;
```

以 SQL Server 数据库软件为例，采用 SQL 语句进行重号分析的示例如图 6.1 所示。

以审计软件 IDEA 举例，重号分析方法应用的示例如图 6.2 所示。

由图 6.1 和图 6.2 不难看出：常用的重号分析方法虽然也能查找被审计金融机构的金融科技系统中操作用户是否存在一人拥有多个账号的情况，但不能很清晰、形象地展示出拥有多个账号的操作用户分别分布在哪些部

① 陈伟，詹明惠，陈文夏：《基于社会网络分析的金融科技系统用户管理风险审计方法研究》，《中国注册会计师》2019 年第 12 期，第 74～78 页.

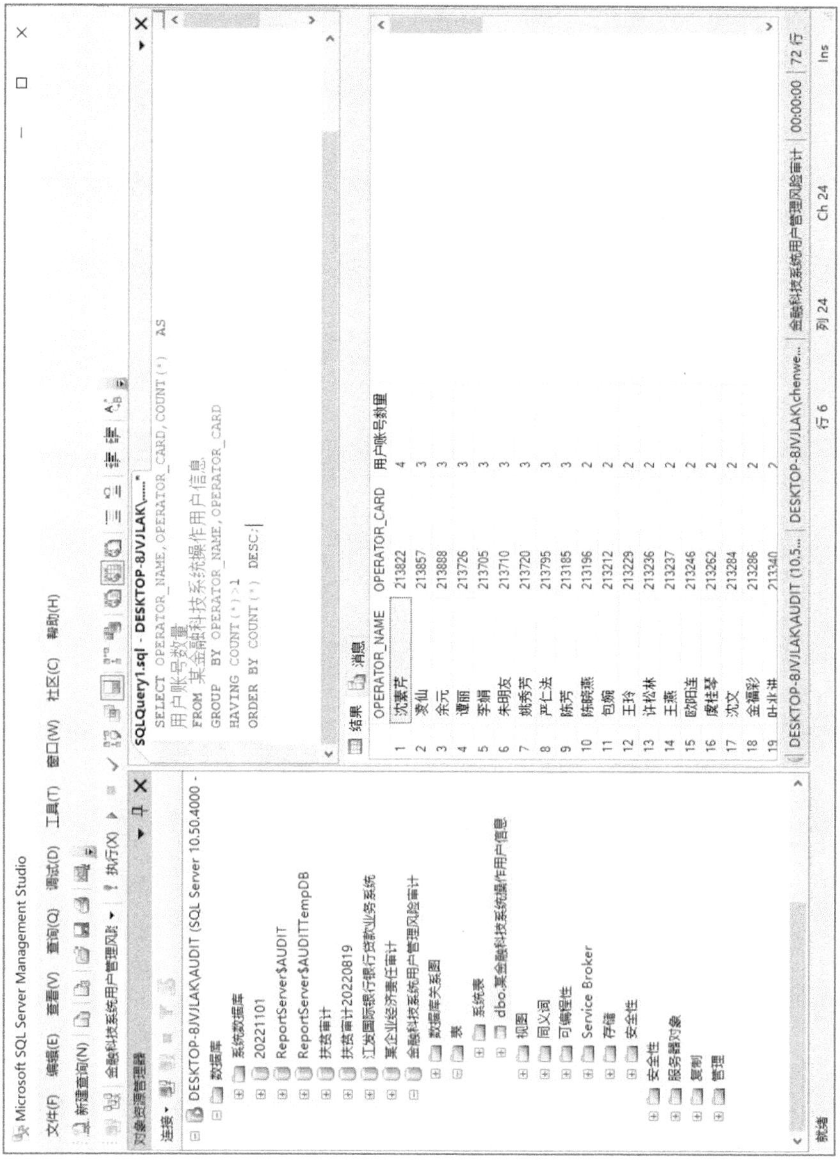

图 6.1　基于数据库工具的操作用户信息数据重号分析结果示例

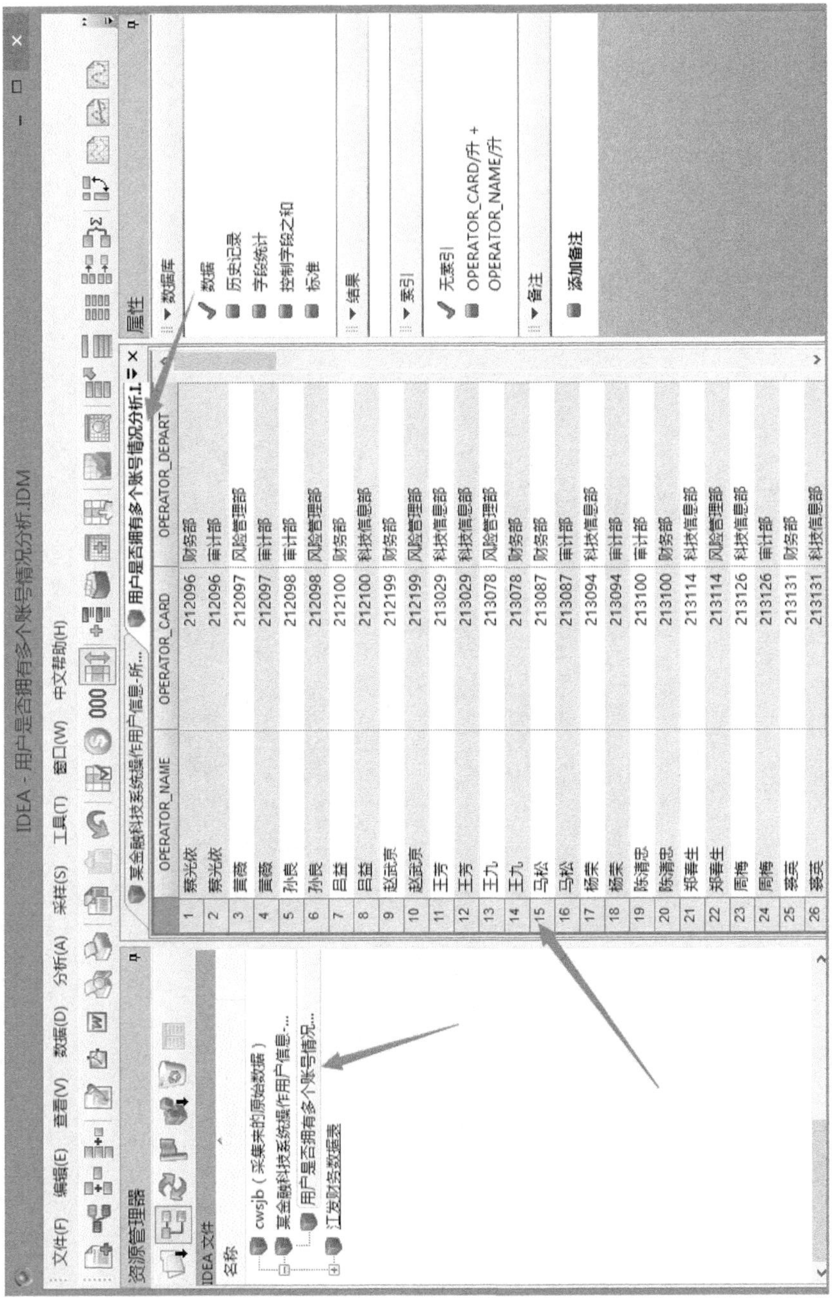

图 6.2　基于IDEA的操作用户信息数据重号分析结果示例

门、操作用户和所在部门的关系，以及对于每一个操作用户，其拥有的多个账号是否都可以正常使用等详细信息。

综上所述，金融科技风险审计是目前审计工作的一项重要内容。随着金融科技的广泛应用和快速发展，目前常用的信息系统审计方法不能很好地满足金融科技应用系统风险审计的需要，采用大数据审计技术开展金融科技风险审计成为一种有效的方法。尽管目前已有一些关于大数据审计方法的研究，如大数据审计的现状与发展①，大数据环境下电子数据审计的机遇、挑战与方法②，基于大数据可视化技术的审计线索特征挖掘方法③等，但目前仍缺少基于大数据审计技术的金融科技风险审计相关研究。本节根据这一需要，研究如何采用社会网络分析、维恩图分析、桑基图分析等开展金融科技风险审计。

6.2.2　基于社会网络分析的金融科技系统用户管理风险审计

1. 基于社会网络分析的金融科技系统用户管理风险审计方法原理

基于第 4 章分析的社会网络分析技术的原理和特点，结合目前大数据与信息系统审计的研究与应用现状，在已有的基于大数据技术的信息系统用户及权限管理审计研究的基础上④，探索如何采用社会网络分析技术开展金融科技风险审计，并以实际案例验证本节研究内容的可行性和有效性。

基于社会网络分析的金融科技系统用户管理风险审计方法原理可以总结为：采集被审计金融科技系统的全单位操作用户信息等数据，采用社会网络分析工具对全单位操作用户信息等相关结构化数据进行建模和整体分析，通过对社会网络分析的可视化结果图形和图像进行分析和观察，从总体上发现操作用户与所在部门之间的相互关系，从而发现是否存在用户属于不同部门的审计线索。在此基础上，进行延伸分析，例如，通过对被审计金融机构全单位操作用户信息数据进行分析，了解同时属于不同部门的用户的账号状态，确认其两个或多个账号是否都可以正常使用。通过对以上发现的这些异常数据做进一步的延伸审计和审计事实确认，最终获得审计证据。

---

① 陈伟, 居江宁:《大数据审计：现状与发展》,《中国注册会计师》2017 年第 12 期, 第 77～81 页.

② 陈伟, Smieliauskas Wally:《大数据环境下的电子数据审计：机遇、挑战与方法》,《计算机科学》2016 年第 43 卷第 1 期, 第 8～13, 34 页.

③ 陈伟, 居江宁:《基于大数据可视化技术的审计线索特征挖掘方法研究》,《审计研究》2018 年第 1 期, 第 16～21 页.

④ 陈伟, 李晓鹏, 居江宁:《基于大数据技术的信息系统用户及权限管理审计研究》,《中国注册会计师》2019 年第 2 期, 第 74～79 页.

综上分析，基于社会网络分析技术的金融科技系统用户管理风险审计方法原理如图 6.3 所示。

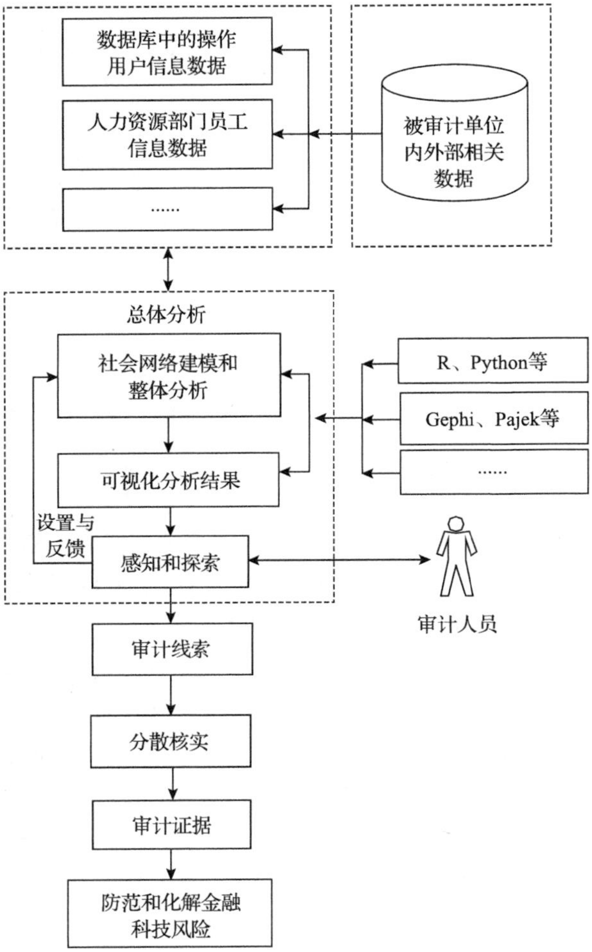

图 6.3　基于社会网络分析技术的金融科技系统用户管理风险审计方法原理

2. 基于社会网络分析的金融科技系统用户管理风险审计方法应用

1）案例背景简介

为了审计金融科技系统用户管理风险，需要从被审计金融机构的信息管理部门采集相关操作用户信息等数据。通过对这些数据的审计，可以掌握目前该被审计金融机构所有金融科技应用系统中的操作用户情况，如用户状态、用户相关信息等。以某金融科技系统用户管理风险审计为例，假设现已获得相关数据，以该金融科技系统中的用户信息数据为例，其数据字典如图 6.4 所示。

数据库中的表名：Fintech_User.operators	中文表名：金融科技系统用户信息表
数据库中的字段名	字段名内涵
operator_no	用户编号
op_branch_no	操作分支机构
operator_kind	用户类型
operator_name	用户姓名
id_kind	证件类别
id_no	证件号码
operator_card	操作卡号
operator_depart	用户所属部门
registe_date	登记日期
cancel_date	注销日期
oper_status	用户状态
……	……

图 6.4　某金融科技系统用户信息数据数据字典示例

2) 基于社会网络分析的金融科技系统用户管理风险整体分析

为了从整体上掌握金融科技系统中是否存在操作用户在多个部门拥有用户账号的情况，基于前文的分析，我们以第 4 章介绍的 R 语言为工具，采用社会网络分析方法对全单位的操作用户信息数据进行分析，整体动态分析结果的一个示例如图 6.5 所示。

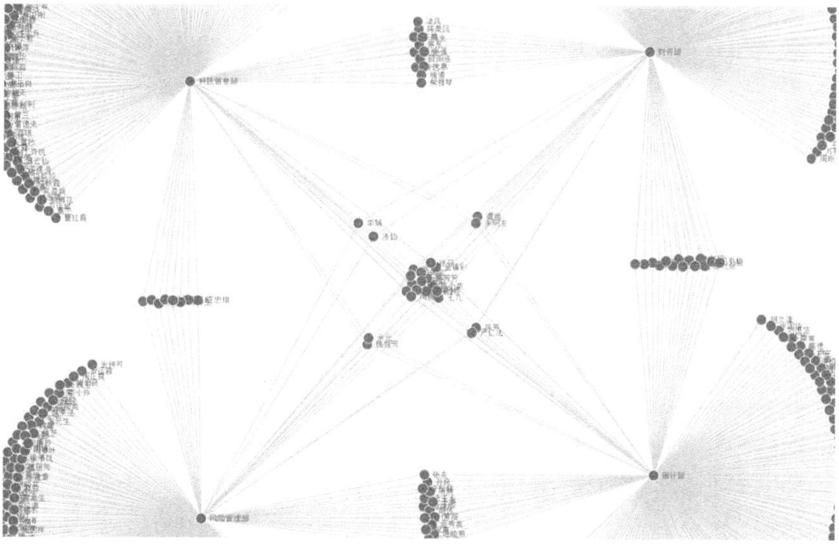

图 6.5　基于社会网络分析的金融科技系统用户管理风险审计方法分析结果示例

由图 6.5 可以发现：被审计单位的金融科技系统中存在多名操作用户在多个部门拥有用户账号的情况(图 6.5 中与多个部门有关联的用户)，这对被审计单位金融科技系统的运行管理造成潜在的风险隐患。

在图 6.5 的分析结果的基础上，审计人员可以进一步对拥有多个账号的用户做进一步的动态察看。以用户“凌仙”为例，如图 6.6 所示，可以发现用户“凌仙”在科技信息部、财务部以及风险管理部三个部门同时拥有用户账号。

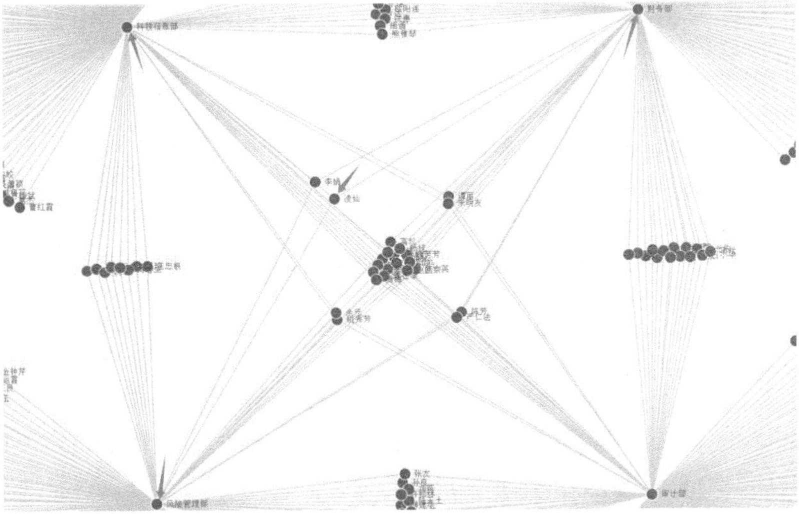

图 6.6　拥有多个账号的用户与所在部门的网络关系进一步察看结果示例

综上所述，不难发现：传统的静态社会网络分析方法主要集中于对某一横截面数据的静态分析，并生成静态图形结果，不能在分析结果的基础上进一步动态查看网络节点之间的关系，不能清楚地对被审计数据进行动态分析，而本节应用的社会网络分析方法有效地满足了“操作用户和所在部门”之间关系分析的需要。

3) 具有多个账号用户的具体状态情况可视化分析

为了深入分析这些在多个部门拥有账号的用户的具体信息，如拥有的多个账号是否都可以正常使用，我们采用散点图可视化分析方法对操作用户的信息数据做进一步的分析，以了解有多个账号的用户账号的状态情况，其中的一个分析结果示例如图 6.7 所示。在图 6.7 中，*X* 坐标为拥有多个账号的操作用户，*Y* 坐标为操作用户所在部门，散点的形状表示用户账号的状态[0 表示用户账号可以正常使用，1 表示用户账号已冻结(暂停使用)，2

表示用户账号已注销]。

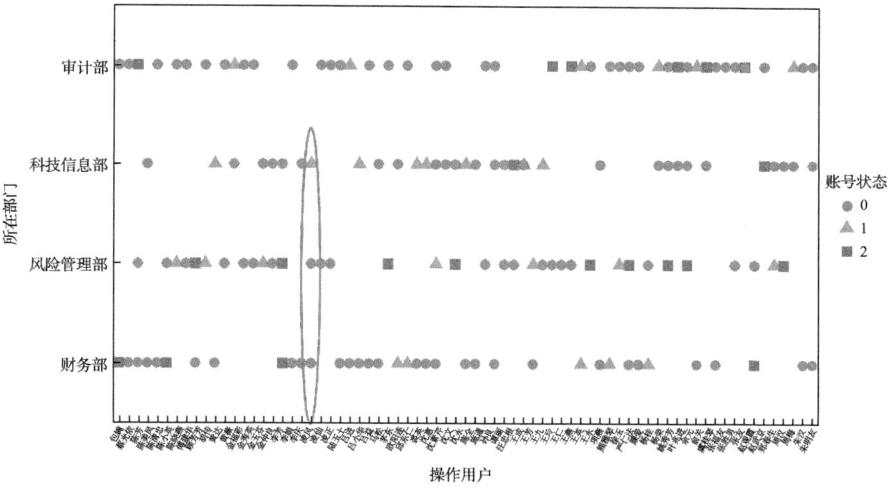

图 6.7 在多个部门拥有账号的“操作用户—所在部门—账号状态”关系分析示例

由图 6.7 可以清晰地发现：被审计单位金融科技系统中存在多名操作用户在多个部门拥有多个能正常使用的用户账号的情况(散点为圆形)，这对被审计单位金融科技系统的运行管理造成潜在的风险隐患。以用户“凌仙”为例，其在科技信息部、财务部以及风险管理部三个部门同时拥有用户账号，尽管其在科技信息部的账号已冻结(散点为三角形)，但其在财务部和风险管理部的两个用户账号的状态均为能正常使用(散点为圆形)。

4)在多个部门拥有可用账号的操作用户情况可视化分析

在前文分析的基础上，为了进一步清晰地察看在多个部门拥有可用账号的操作用户情况，我们采用散点图可视化分析方法对操作用户信息数据做进一步的分析，去除用户账号已冻结(暂停使用)和已注销的信息，仅保留用户账号可以正常使用的情况，其分析结果示例如图 6.8 所示。在图 6.8 中，X 坐标为拥有多个账号的操作用户，Y 坐标为操作用户所在部门，散点的形状表示用户账号的状态(0 表示用户账号可以正常使用)。

由图 6.8 可以清晰地发现被审计单位金融科技系统中存在多名操作用户在多个部门有多个能正常使用的用户账号的情况(散点为圆形)，这对被审计单位金融科技系统的运行管理造成潜在的风险隐患。以用户“谭丽”为例，其在审计部、科技信息部以及财务部三个部门同时拥有均能正常使用的用户账号(散点为圆形)。

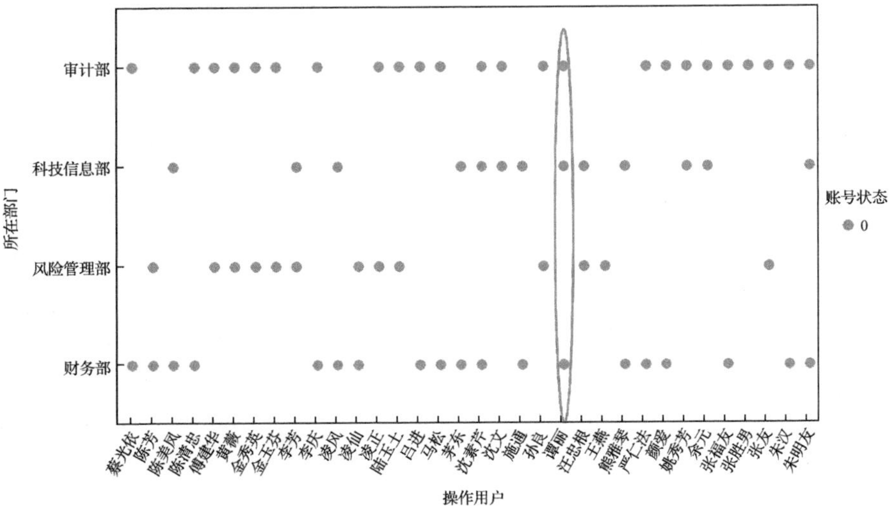

图 6.8　在多个部门拥有可用账号的操作用户情况可视化分析示例

6.2.3　基于维恩图分析的金融科技系统用户管理风险审计

1. 基于维恩图分析的金融科技系统用户管理风险审计原理

基于第 4 章分析的维恩图的原理和特点，可以探索如何采用维恩图来分析金融科技系统用户管理风险。

基于维恩图分析的金融科技系统用户管理风险审计方法原理可以总结为：采集被审计金融科技系统的全单位操作用户信息等数据，采用可视化分析工具实现维恩图分析，对全单位操作用户信息等相关结构化数据进行分析，通过对维恩图分析的可视化结果图形和图像进行分析和观察，从总体上发现操作用户与所在部门之间的相互关系，从而发现是否存在用户属于不同部门的审计线索。在此基础上，进行延伸分析，例如，通过细致分析被审计金融机构全单位操作用户信息数据，可以掌握同时归属于不同部门的用户的账号状态，验证其两个或多个账号是否都可以正常使用。通过对以上发现的这些异常数据做进一步的延伸审计和审计事实确认，最终获得审计证据。

综上分析，基于维恩图分析的金融科技系统用户管理风险审计方法原理如图 6.9 所示。

2. 基于维恩图分析的金融科技系统用户管理风险审计应用

为了审计金融科技系统用户管理风险，需要从被审计金融机构信息管理部门采集操作用户的相关信息等数据。通过对这些数据的细致审计，可

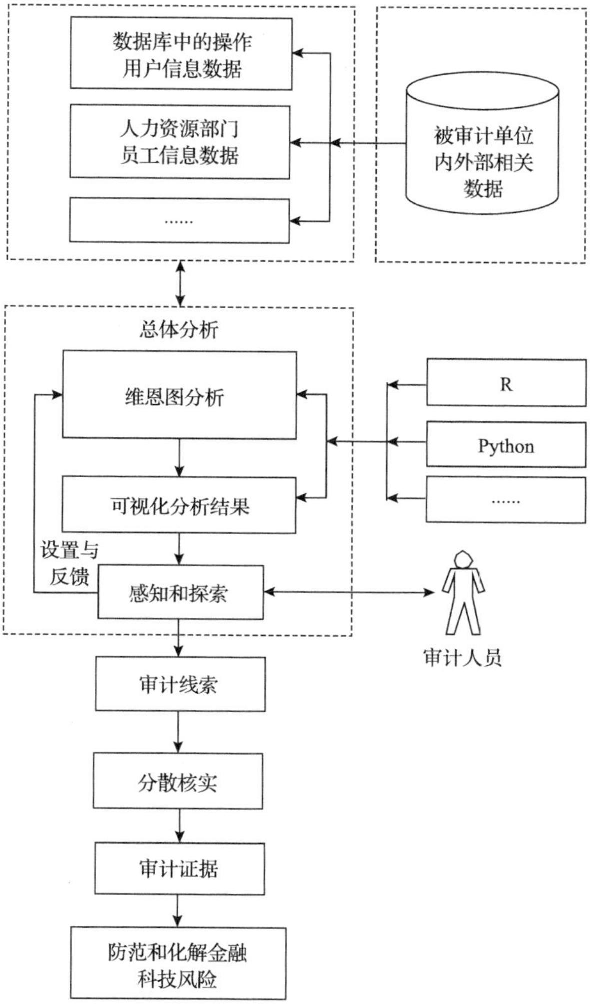

图 6.9　基于维恩图分析的金融科技系统用户管理风险审计方法原理

以掌握目前该被审计金融机构所有金融科技应用系统中的操作用户情况，比如用户状态、用户相关信息等。以某金融科技系统用户管理风险审计为例，假设现已获得相关数据，以该金融科技系统中的用户信息数据为例，其表结构见图 6.4。为了从整体上掌握金融科技系统中是否存在操作用户在多个部门有用户账号的情况，基于前文的分析，可以采用维恩图分析方法对全单位操作用户信息数据进行分析，其分析结果的一个示例如图 6.10 所示。其中，图 6.10 中的椭圆表示各部门(科技信息部、风险管理部、财务部以及审计部等部门)，椭圆交集中的数字表示同时在这些部门拥有用户账号的人员数量，没有交集的数字表示仅仅在这一个部门拥有用户账号的人员数量。

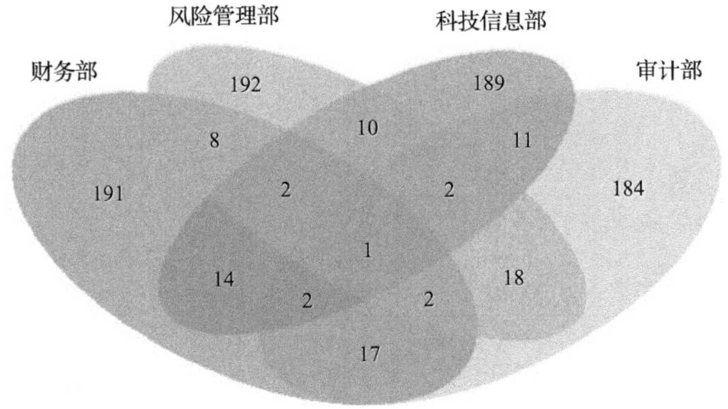

图 6.10　基于维恩图的金融科技系统用户管理风险审计方法分析结果示例

从图 6.10 可以清晰地发现：该被审计金融机构科技信息部、风险管理部、财务部以及审计部等部门之间的用户账号存在交集，例如，科技信息部和风险管理部的交集为 10，表明这 10 人同时在科技信息部和风险管理部拥有用户账号；科技信息部、风险管理部、财务部以及审计部的交集为 1，表明这 1 人同时在科技信息部、风险管理部、财务部以及审计部四个部门拥有用户账号。

以上分析清晰显示，被审计金融机构的金融科技系统中存在多名操作用户在多个部门拥有用户账号的情况，这对被审计金融机构金融科技系统的运行管理构成了潜在的风险威胁。

基于以上总体分析，审计人员通过对发现的这些异常数据做进一步的延伸审计和审计事实确认，最终获得审计证据。

6.2.4　基于桑基图分析的金融科技系统用户管理风险审计

1. 基于桑基图分析的金融科技系统用户管理风险审计原理

基于第 4 章分析的桑基图的原理和特点，可以探索如何采用桑基图来分析金融科技系统用户管理风险。

基于桑基图分析的金融科技系统用户管理风险审计方法原理可以总结为：采集被审计金融机构金融科技系统的全单位操作用户信息等数据，运用可视化分析工具对被审计金融机构全单位操作用户信息等相关结构化数据进行分析，通过对桑基图可视化结果图形和图像进行分析和观察，从总体上发现操作用户与所在部门之间的相互关系，从而发现是否存在用户属于不同部门的审计线索。在此基础上，进行延伸分析，例如，通过深入分析被审计金融机构全单位操作用户信息数据，可以了解同时隶属于不同部门的用户的账号状态，确认其两个或多个账号是否都可以正常使用。通过对以上发现的这些异常数据做进一步的延伸审计和审计事实确认，最终获得审计证据。

综上分析，基于桑基图分析的金融科技系统用户管理风险审计方法原理如图 6.11 所示。

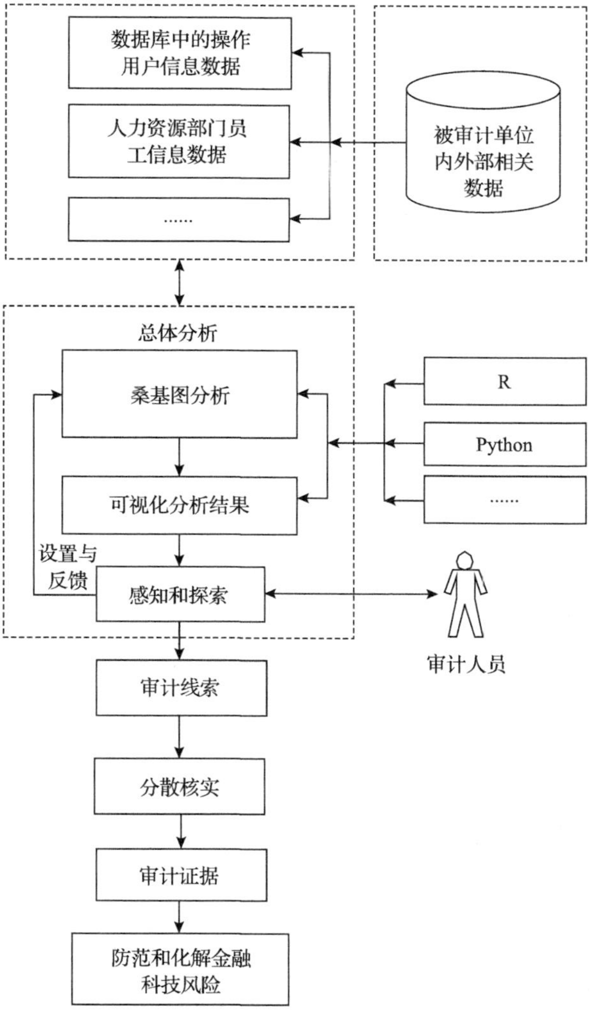

图 6.11　基于桑基图分析的金融科技系统用户管理风险审计方法原理

2. 基于桑基图分析的金融科技系统用户管理风险审计应用

为了审计金融科技系统用户管理风险，需要从被审计金融机构信息管理部门采集相关操作用户信息等数据。通过审计这些数据，可以掌握目前该被审计单位所有应用系统中的操作用户情况，如用户状态、用户相关信息等。以某金融科技系统用户管理风险审计为例，假设现已获得相关数据，以该金融科技系统中的用户信息数据为例，其表结构见图 6.4。为了从整体上掌握被审计金融科技系统中是否存在操作用户在多个部门有用户账号的情况，基于前文的分析，可以采用桑基图分析方法对全单位操作用户的信息数据进行分析，其分析结果的一个示例如图 6.12 到图 6.14 所示。其中，左边的表示部门(科技信息部、风险管理部、财务部以及审计部等部门)，右边的人员为操作用户，中间的连线用来显示部门和操作用户之间的关系。

由图 6.12 可以清晰地查看是否存在一些用户同时属于被审计金融机构科技信息部、风险管理部、财务部、审计部等多个部门，以及具体哪些人员同时在哪些部门拥有用户账号的情况。对可疑的数据可以选择后做进一步的查看。例如，从图 6.13 和图 6.14 中可以看出“沈素芹”同时属于科技信息部、风险管理部、财务部以及审计部等四个部门，表明“沈素芹”同时在科技信息部、风险管理部、财务部以及审计部四个部门拥有用户账号。

以上分析表明被审计金融机构的金融科技系统中存在多名操作用户在多个部门拥有用户账号的情况，这对被审计金融机构金融科技系统的运行管理造成潜在的风险隐患。

基于以上分析，审计人员可以对发现的异常数据做进一步的延伸审计和审计事实确认，最终获得审计证据。

6.3 基于大数据可视化分析技术的金融科技贷款业务系统应用控制风险审计

6.3.1 研究背景分析

如前文所述，为了防范化解金融风险，金融科技风险审计成为目前审计工作的一项重要内容。金融科技系统应用控制风险审计是金融科技风险审计的重要内容。传统环境下，被审计金融机构信息化程度低，应用系统较简单，因此，对于金融相关系统的应用控制审计只需要做访谈或简单的测试即可。随着金融科技的广泛应用，目前金融机构信息化程度较高，应用系统较多。因此，金融科技系统应用控制审计成为一个重要挑战。金融科技环境下，仅靠现有的审计方法很难发现相关潜在的金融科技系统应用控制风险，创新审计方法成为必然。尽管目前已有一些关于大数据审计方

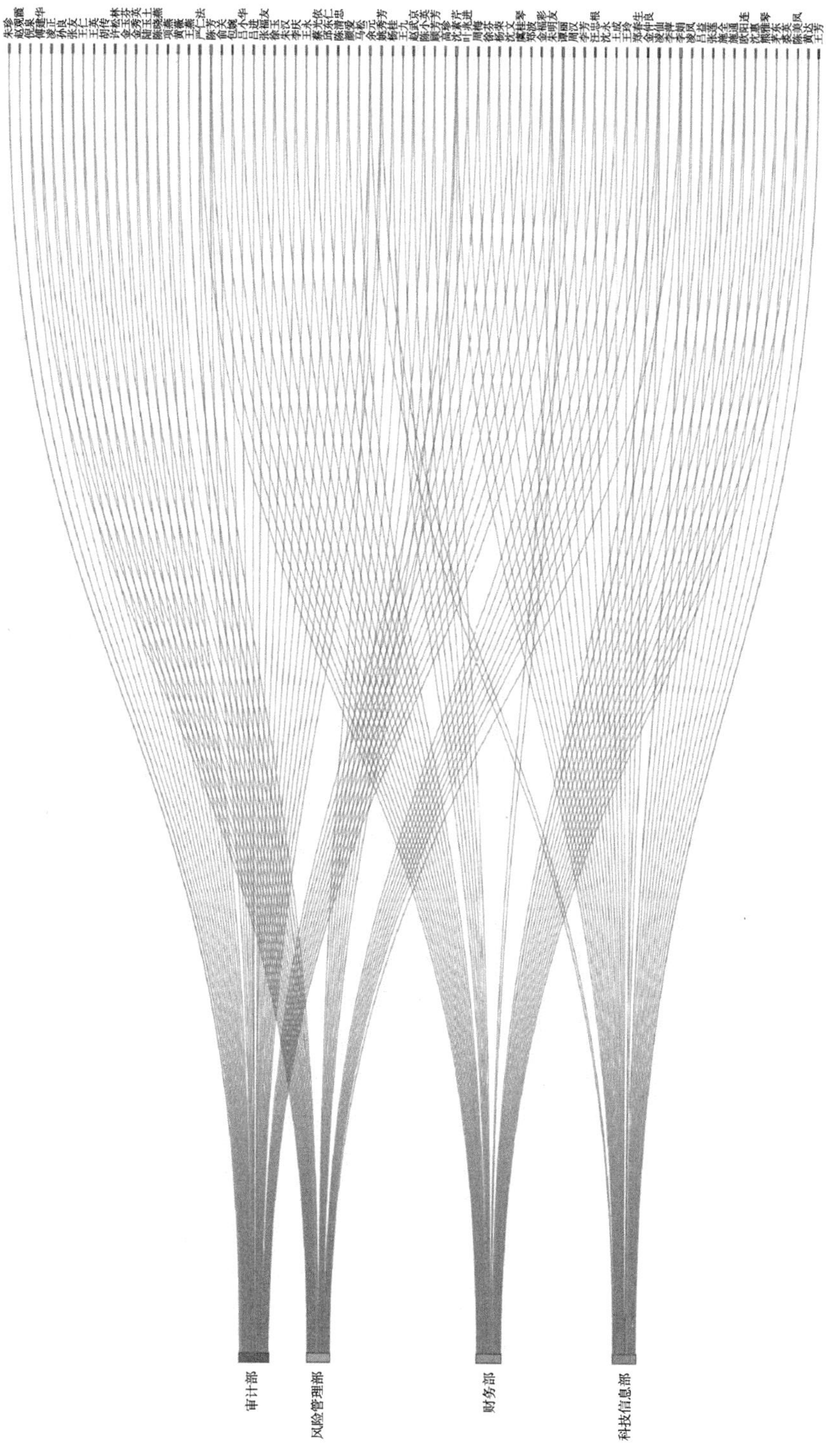

图 6.12　基于桑基图的金融科技系统用户管理风险审计方法分析结果示例一

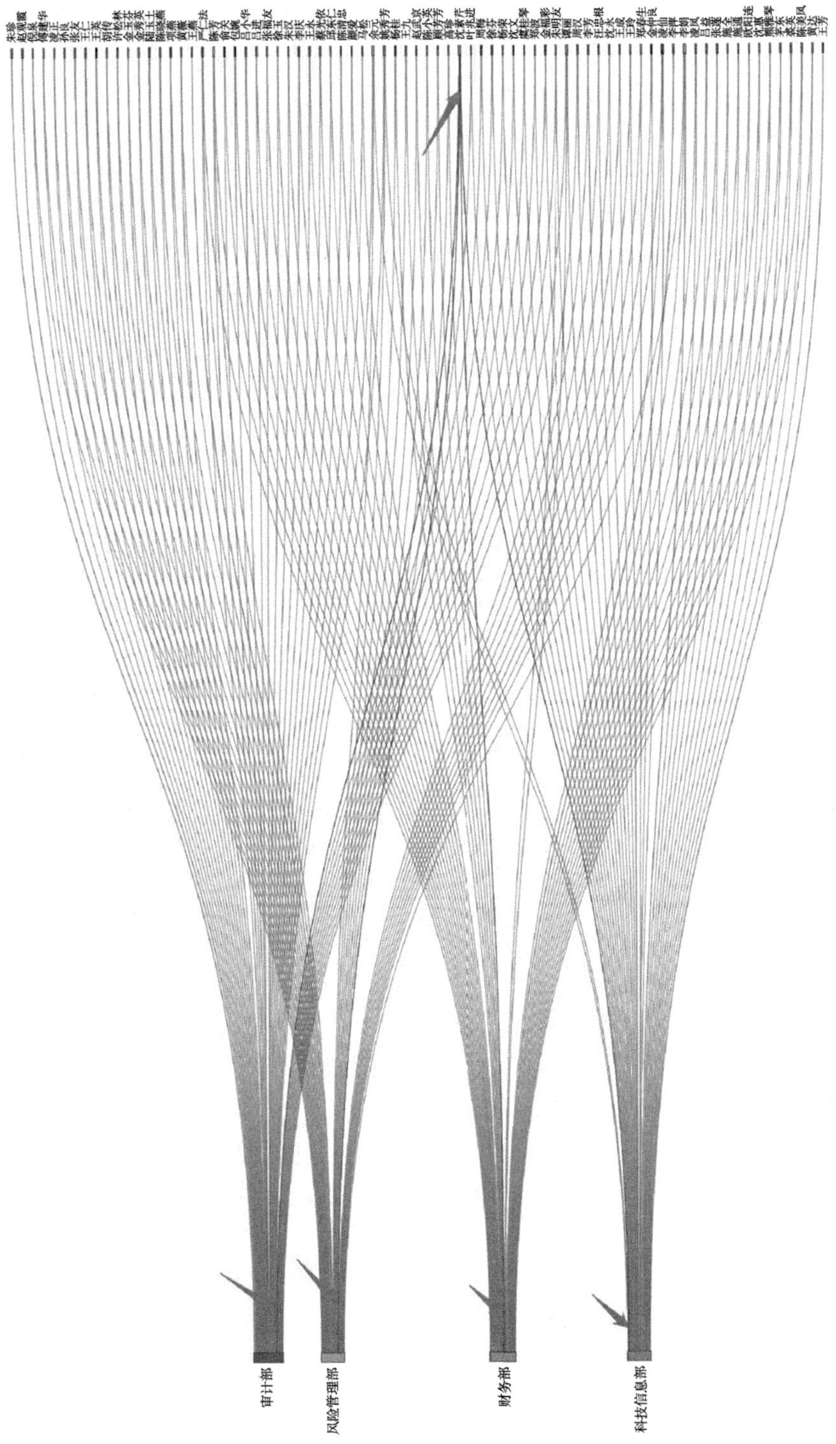

图 6.13 基于桑基图的金融科技系统用户管理风险审计方法分析结果示例二

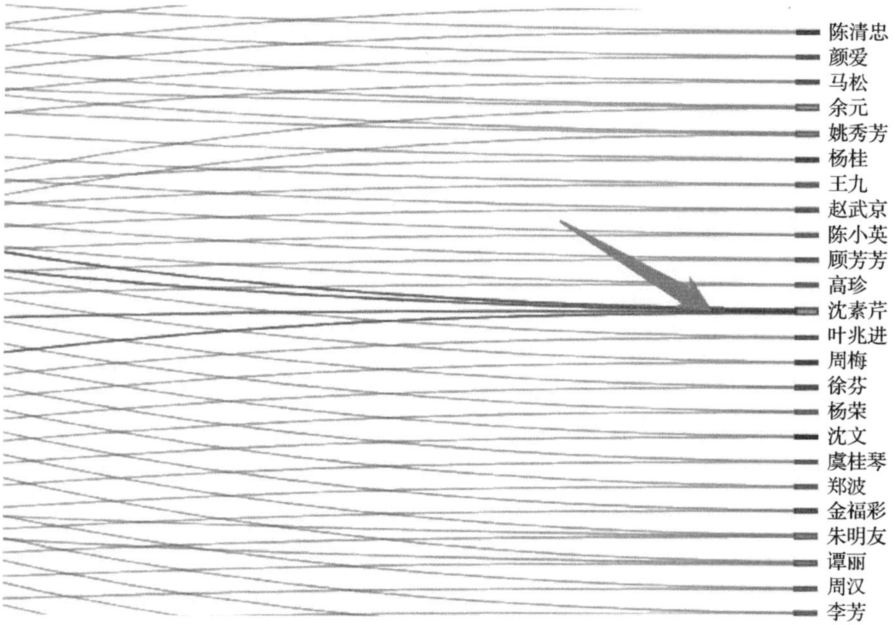

图 6.14　基于桑基图的金融科技系统用户管理风险审计方法分析结果示例三

法的研究，以及针对基于社会网络分析的金融科技系统用户管理风险审计方法[①]等，但目前直接针对金融科技系统应用控制风险审计方法的研究仍较少。采用大数据审计技术开展金融科技风险审计成为一种有效的方法。本节结合目前大数据审计技术、信息系统审计，以及金融科技风险审计的研究与应用现状，以金融科技贷款业务系统为例，探索如何采用大数据可视化分析技术开展金融科技系统应用控制风险审计。

6.3.2　基于大数据可视化分析技术的金融科技贷款业务系统应用控制风险审计原理

如第 4 章的研究所述，常见的大数据审计技术包括大数据多数据源综合分析技术、大数据可视化分析技术，以及大数据智能分析技术。其中，大数据可视化分析技术是目前较为流行的技术。本节以金融科技贷款业务系统为例，研究基于大数据可视化技术的金融科技系统应用控制风险审计。

大数据环境下，为了审计金融科技系统的应用控制风险，可以从被审计金融机构信息管理部门采集相关数据。通过对这些数据进行分析，掌握目前该被审计金融机构相关金融科技系统的应用控制风险。概括来说，对

① 陈伟：《大数据审计理论、方法与应用》，北京，科学出版社，2019.

金融科技贷款业务系统开展应用控制风险审计的主要思路如下：

(1) 分析被审计金融科技贷款业务系统的业务流程。

(2) 根据被审计金融科技贷款业务系统的业务流程，识别被审计金融科技贷款业务系统的应用控制活动。

(3) 根据识别出的被审计金融科技贷款业务系统流程中关键的应用控制点，采用相关技术对其进行建模和测试分析。

(4) 通过对相关数据进行测试分析，发现被审计金融科技贷款业务系统的相关应用控制风险，并与被审计单位进行沟通确认。

大数据可视化分析技术为金融科技系统应用控制风险审计带来了机遇，以金融科技贷款业务系统应用控制风险审计为例，基于大数据可视化分析技术的金融科技贷款业务系统应用控制风险审计方法原理可以总结为：采集被审计金融机构金融科技贷款业务系统中的相关数据，采用大数据可视化分析技术对这些相关被审计数据进行建模和可视化分析，通过对可视化结果图形和图像进行分析和观察，发现被审计金融科技贷款业务系统应用控制中的相关风险。在此基础上，通过对以上发现的这些风险做进一步的延伸审计和审计事实确认，最终获得审计证据。

综上分析，基于大数据可视化分析技术的金融科技贷款业务系统应用控制风险审计方法原理如图 6.15 所示。

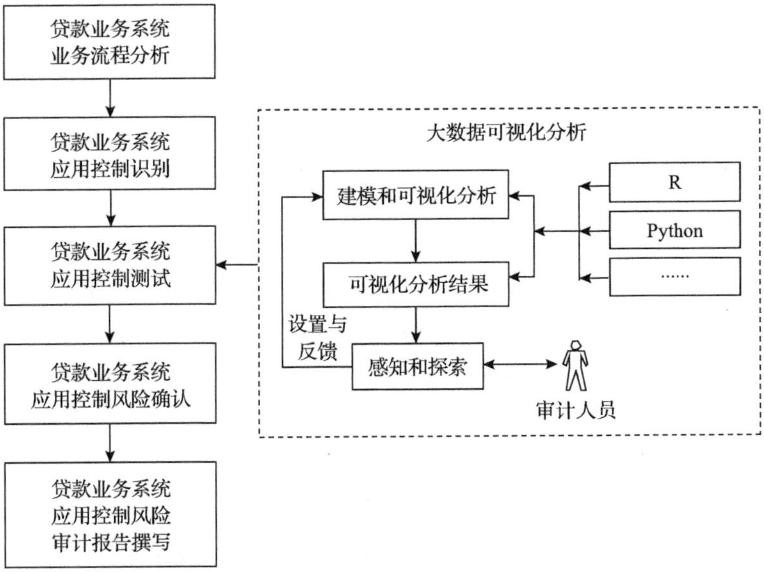

图 6.15 基于大数据可视化分析技术的金融科技贷款业务系统应用控制风险审计方法原理

6.3.3　基于大数据可视化分析技术的金融科技贷款业务系统应用控制风险审计应用

1. 金融科技系统应用控制审计案例背景简介

以某商业银行金融科技贷款业务系统为例，为了检查该商业银行金融科技贷款业务系统的应用控制风险，现需要基于大数据可视化分析技术进行金融科技贷款业务系统应用控制风险审计。假设审计人员现已从该行科技信息部获取了贷款业务系统审计所需的“对公客户数据”“贷款分户账数据”“贷款分户明细数据”“对私分户明细数据”“企业性质数据”等数据，如图 6.16 所示。

这些贷款业务系统数据的数据字典分别如图 6.17 到图 6.21 所示。

2. 贷款业务系统输入控制风险可视化分析示例

根据以上对基于大数据可视化分析技术的金融科技贷款业务系统应用控制风险审计原理的分析，贷款业务系统输入控制风险可视化分析示例如下：

1）数据缺失问题分析

如果被审计的贷款业务系统输入缺少系统检验，则系统中会出现数据缺失的情况。因此，为了评估被审计的贷款业务系统是否存在输入控制风险，可以对相关数据进行深入分析，检查系统中是否存在数据缺失问题，从而判断被审计系统是否存在输入控制风险。例如，在贷款信息录入过程中，如果贷款卡号的输入缺少系统检验，则系统中可能会出现贷款卡号为空的情况。如果贷款开户日期输入缺少系统检验，则系统中可能会出现贷款开户日期为空的情况。

以贷款业务系统中的“对公客户数据”为例，查看“对公客户数据”中的数据缺失情况，借助 R 语言软件进行建模对其进行可视化分析，其结果示例如图 6.22 所示。

在图 6.22 中，颜色的深浅表示数据值的大小，浅色表示数据值小，深色表示数据值大，深灰色表示数据值缺失。由图 6.22 可以清晰地看出被审计单位的贷款业务系统中存在数据缺失的情况，其中有些字段的缺失值较少，有些字段的缺失值较多，同时也存在一些字段的值完全缺失，如“公司电话”“联系人”等字段，这些问题的存在对该被审计单位金融科技系统的运行管理造成潜在的风险隐患。

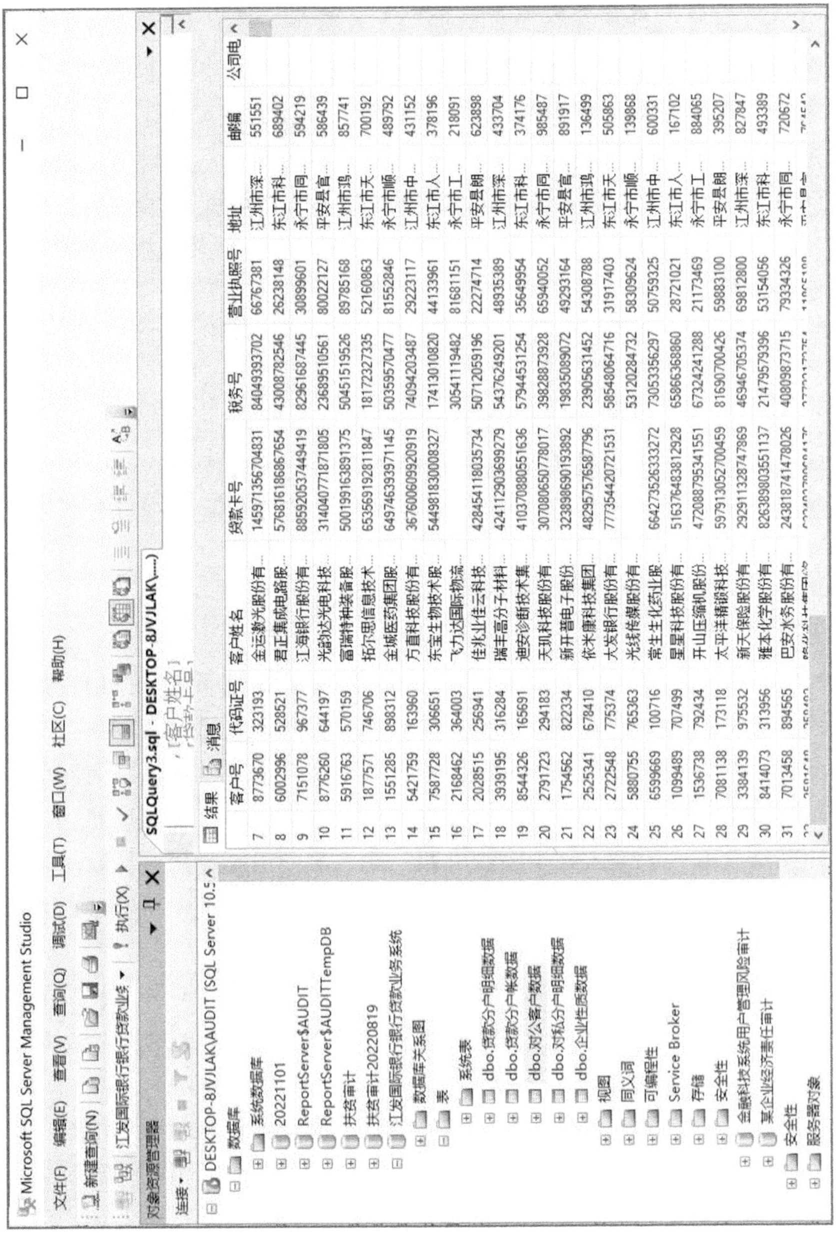

图 6.16　某商业银行贷款业务系统数据示例

数据库中的表名: dsfhmxsj	中文表名: 对私分户明细数据
数据库中的字段名	字段名内涵
dljg	代理机构
zjlsh	主机流水号
bsh	标识号
jym	交易码
jdbz	借贷标志
fse	发生额
ye	余额
lxjs	利息积数
jyrq	交易日期
mxbs	明细笔数
czzy	存折摘要
czy	操作员
fhy	复核员
sqr	授权人

图 6.17　某商业银行贷款业务系统对私分户明细数据数据字典示例

数据库中的表名: qyxzsj	中文表名: 企业性质数据
数据库中的字段名	字段名内涵
qyxzdm	企业性质代码
qyxzmc	企业性质名称

图 6.18　某商业银行贷款业务系统企业性质数据数据字典示例

数据库中的表名: dkfhmxsj	中文表名: 贷款分户明细数据
数据库中的字段名	字段名内涵
jgm	机构码
zjlsh	主机流水号
wdjylsh	网点交易流水号
jylsbc	交易流水笔次
bsh	标识号
jym	交易码
jdbz	借贷标志
fse	发生额
zhye	账户余额
sbye	上笔余额
lxjs	利息积数
jyrq	交易日期
jysj	交易时间
qxrq	起息日期
zynr	摘要内容
jzy	记账员
fhy	复核员

图 6.19　某商业银行贷款业务系统贷款分户明细数据数据字典示例

数据库中的表名: dkfhzsj	中文表名: 贷款分户账数据
数据库中的字段名	字段名内涵
jgbm	机构编码
dkzh	贷款账号
bz	币种
hm	户名
dkye	贷款余额
dkhth	贷款合同号
htxh	合同序号
mxbs	明细笔数
myys	满页页数
dked	贷款额度
ljffe	累计发放额
llz	利率值
yqll	逾期利率
khr	开户日
dkqxr	贷款起息日
jxbz	结息标志
dkyt	贷款用途
dkdqr	贷款到期日
lxhse	利息回收额
dkxmdm	贷款项目代码
dklx	贷款类型
qyrq	签约日期
dbxybh	担保协议编号
zhzt	账号状态

图 6.20　某商业银行贷款业务系统贷款分户账数据数据字典示例

2) 数据重复问题分析

如果被审计贷款业务系统输入缺少系统检验，则系统中会出现数据重复输入的情况。因此，为了检查被审计的贷款业务系统是否存在输入控制风险，可以对相关数据进行分析，检查被审计贷款业务系统中是否存在数据重复问题，据此来判断被审计贷款业务系统是否存在输入控制风险。

以采集到的贷款业务系统中的“对公客户数据”为例，查看客户“代码证号”字段是否存在重复数据，借助 R 语言软件进行建模对其进行可视化分析，其结果示例如图 6.23 所示。

图 6.23 显示了对公客户数据中客户“代码证号”字段的数据重复情况。

数据库中的表名: dgkhsj	中文表名: 对公客户数据
数据库中的字段名	字段名内涵
khh	客户号
dmzh	代码证号
khxm	客户姓名
dkkh	贷款卡号
swh	税务号
yyzzh	营业执照号
dz	地址
yb	邮编
gsdh	公司电话
fddbr	法定代表人
frsfz	法人身份证
zczb	注册资本
zzc	总资产
jzc	净资产
dkze	贷款总额
qygdzc	企业固定资产
qyldzc	企业流动资产
qyyszk	企业应收账款
qych	企业存货
qyyfzk	企业应付账款
zhxz	账户性质
zytzf	主要投资方
zgdw	主管单位
jjxz	经济性质
qyxz	企业性质
gshy	归属行业
lxr	联系人
jlrq	建立日期
xgrq	修改日期
zlwd	建立网点
czy	操作员
sqr	授权人
khjl	客户经理
zhyxrq	账户有效日期
bz	备注

图 6.21　某商业银行贷款业务系统对公客户数据数据字典示例

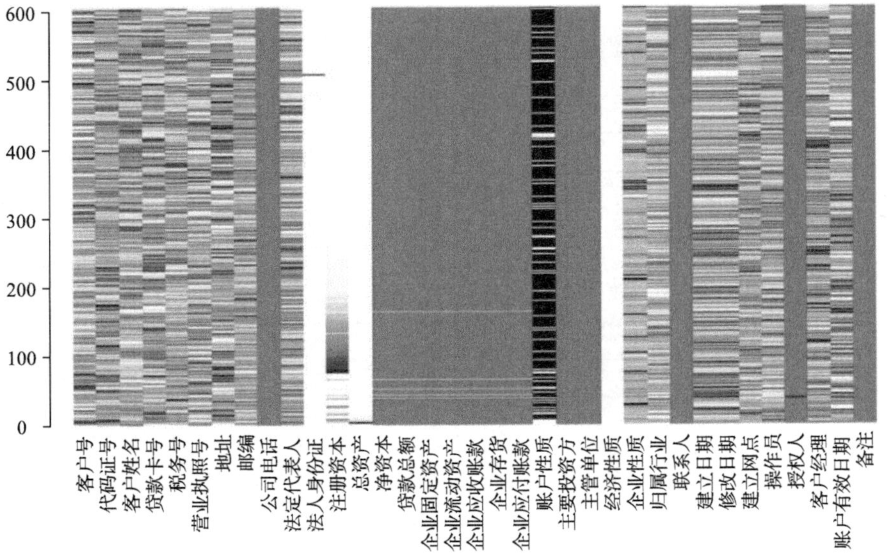

图 6.22　数据缺失问题可视化分析

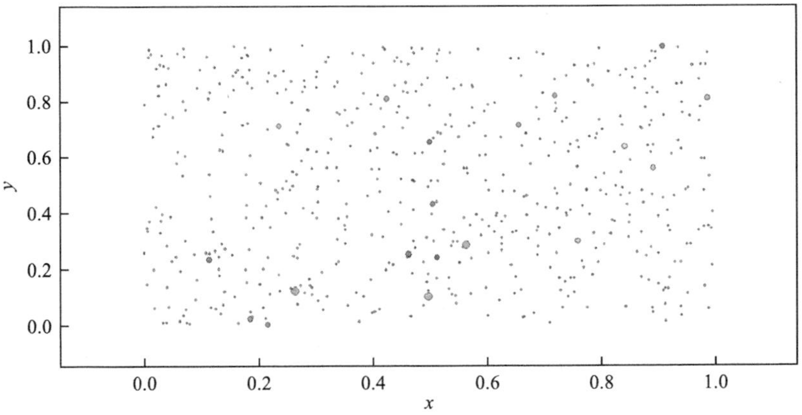

图 6.23　客户代码证号数据重复情况整体分析

其中，气泡的大小表示数据重复的情况，气泡越大，表示该数据重复次数越多。根据气泡的大小，审计人员可以快速、清晰地观察出被审计贷款业务系统中数据重复的情况，并可以对客户代码证号重复情况做进一步的详细分析，其结果示例如图 6.24 所示。由图 6.24，可以清晰地掌握具体的每一个重复客户“代码证号”字段及其重复次数。

通过图 6.23 和图 6.24 的分析结果，审计人员可以发现被审计贷款业务系统未能很好地控制数据重复输入问题，这些问题的存在对该被审计单位金融科技系统的运行管理造成潜在的风险隐患。

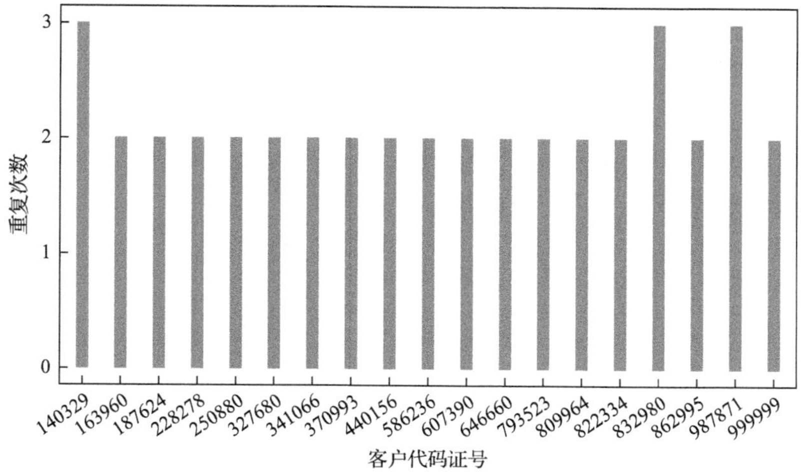

图 6.24　客户代码证号重复情况详细分析示例

3）业务规则错误分析

如果被审计贷款业务系统输入缺少系统检验，则系统中会出现业务规则错误问题。因此，为了检查贷款业务系统是否存在输入控制风险，可以对相关数据进行分析，检查系统中是否存在业务规则错误问题，从而判断被审计贷款业务系统是否存在输入控制风险。例如，根据我国《公民身份号码》的规定，目前居民身份证编号有 15 位和 18 位两种类型。因此，如果被审计数据中存在非 15 位或 18 位身份证编号的情况，则表明出现了业务规则错误问题。

以采集到的贷款业务系统中的“对公客户数据”为例，查看“对公客户数据”中身份证号的位数是否正确。借助 R 语言软件进行建模，对其进行可视化分析，其结果示例如图 6.25 所示。

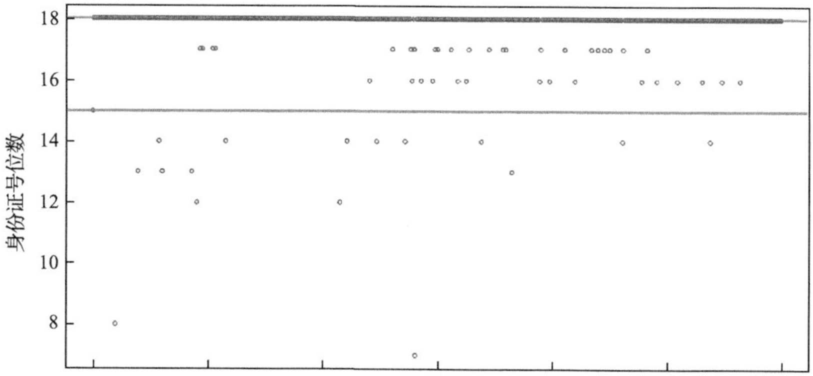

图 6.25　身份证号位数正确性情况可视化分析示例

从图 6.25 的分析结果可以整体了解该贷款业务系统“对公客户数据”中身份证号位数情况，偏离 15 位或 18 位两条线上的数据皆为异常数据。由图 6.25 可以清晰地发现被审计单位的贷款业务系统中存在身份证号位数不正确的情况，这些问题的存在对被审计单位金融科技系统的运行管理造成潜在的风险隐患。

3. 贷款业务系统处理控制风险可视化分析示例

如果被审计贷款业务系统缺少处理控制，则系统中会出现数据异常情况。因此，为了检查被审计的贷款业务系统是否存在处理控制风险，可以对相关数据进行分析，检查系统中是否存在异常情况，从而判断被审计贷款业务系统是否存在处理控制风险。根据对贷款业务系统业务的分析，部分处理控制风险分析示例如下。

1) 贷款业务授权情况分析

以采集到的贷款业务系统中的“对私分户明细数据”为例，分析是否存在交易金额大于 5 万元但没有进行授权的贷款情况。借助 R 语言软件进行建模对其进行可视化分析，其结果示例如图 6.26 所示。

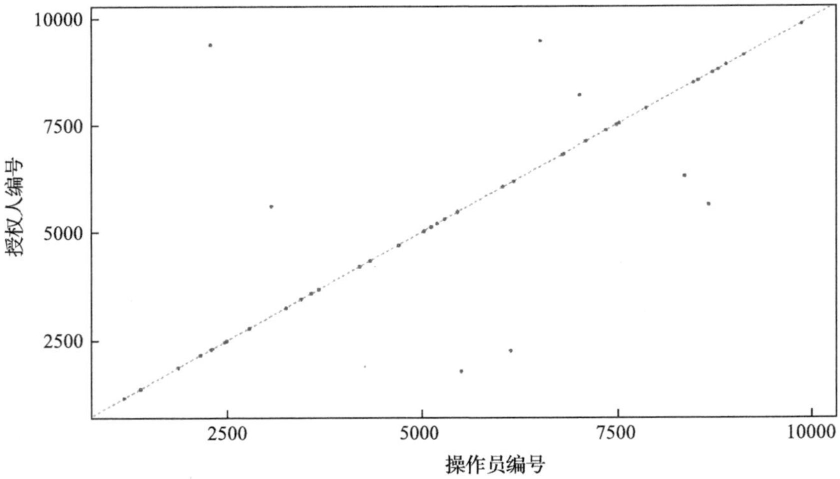

图 6.26　贷款业务授权情况可视化分析示例

图 6.26 显示了“对私分户明细数据”中交易金额大于 5 万元的交易数据贷款业务授权情况，其中，斜线上的点表示的数据为交易金额大于 5 万元，且操作员和授权人为同一个人(也是说没有进行授权)。根据图 6.26 的分析结果，审计人员可以快速、清晰地观察到被审计贷款业务系统中存在

交易金额大于 5 万元但没有进行授权的存贷款交易情况，从而发现被审计贷款业务系统在处理控制方面存在的风险。

2）贷款主体单位性质控制情况分析

如果对贷款主体单位性质缺少控制，则容易发生向行政事业单位和商业银行发放贷款的风险等。以采集到的贷款业务系统中的“对公客户数据”和“企业性质数据”为例，分析“对公客户数据”中是否存在贷款主体单位性质为金融机构的数据，借助 R 语言软件进行建模对其进行可视化分析，其结果示例如图 6.27 所示。

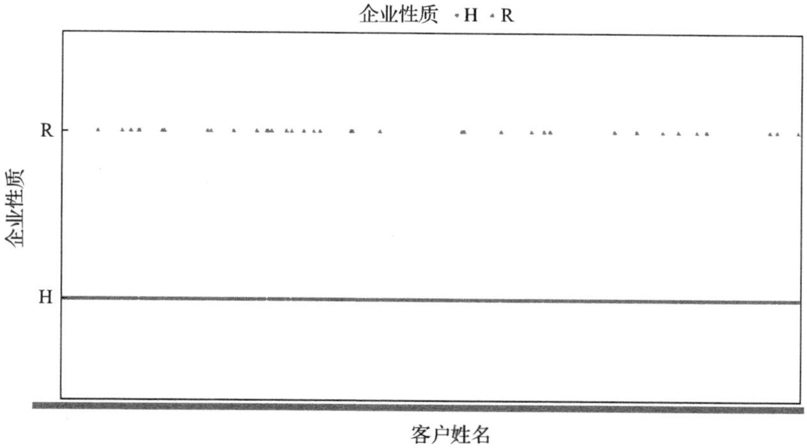

图 6.27　贷款主体单位性质控制情况可视化分析示例

图 6.27 显示了“对公客户数据”中“贷款主体单位性质”数据情况。根据分析结果，审计人员可以快速、清晰地发现“对公客户数据”中存在贷款主体单位性质为金融机构的数据（根据该商业银行贷款业务系统企业性质数据字典可知，企业性质为“R”的，表示该企业单位性质为金融机构；企业性质为“H”的，表示该企业单位性质为私营企业），这对被审计单位的业务管理造成潜在的风险隐患。

4. 审计结果及分析

根据以上分析结果，审计人员可以对“贷款业务系统”做进一步的测试，最终发现“贷款业务系统”存在的相关应用控制风险示例如下：

1）“贷款业务系统”输入控制风险

（1）贷款卡号输入缺少系统检验，造成贷款卡号字段数据缺失问题。

(2) 对公客户数据的代码证号输入缺少检验，造成对公客户数据存在信息重复的客户代码证号数据。

(3) 对公客户数据的法人身份证号输入缺少检验，导致身份证号位数错误问题的发生。

2) “贷款业务系统”处理控制风险

(1) 对贷款交易授权缺少控制，导致“对私分户明细数据”中出现交易金额大于 50 000 元的贷款没有进行授权的不合规情况。

(2) 对贷款主体单位性质缺少控制，数据中出现向金融机构进行贷款的情况，导致向商业银行发放贷款的风险等。

同理，可以对“贷款业务系统”的其他相关应用控制风险进行分析。

5. 案例总结与分析

通过以上实际应用案例研究，不难发现：采用可视化图形更能直观、清晰地揭示审计线索，获得审计证据，从而达到防范化解相关金融科技风险的目的。

6.3.4 与常用信息系统应用控制审计方法的比较分析

为了进一步证明本节所研究的可视化分析方法的优势，我们对比分析了信息系统应用控制审计中常用的数据分析方法。

1. 基于电子表格软件的信息系统应用控制审计数据分析方法

以 Microsoft Excel 作为数据分析工具为例，部分基于电子表格软件的信息系统应用控制审计数据分析方法示例如下：

(1) 在分析被审计信息系统中数据是否存在缺失时，可以通过“筛选”命令来查找是否存在数据值为“空”的数据。例如，对于本节案例，在分析客户“贷款卡号”字段是否有缺失数据时，可以选中“贷款卡号”，然后点击“筛选”，在下拉菜单中查看“空”值数据。

(2) 在分析被审计信息系统中数据是否存在重复时，可以利用函数统计某一字段数据出现的次数。例如，在分析客户“代码证号”字段是否有重复数据时，可以采用 COUNTIF 函数计算出数据出现次数，然后采用“筛选”命令，筛选出出现次数大于一次的数据，从而发现重复数据。

(3) 在分析被审计信息系统中数据是否存在业务规则错误时，可以利用函数统计某一字段数据的位数。例如，对于本节案例，在分析客户“身份证号”字段是否有业务规则错误数据时，可以采用 LENB 函数计算出数据的位数，然后采用“筛选”命令，筛选出身份证号位数不为 15 或 18 的数据，从而发现错误数据。

2. 基于 SQL 语言的信息系统应用控制审计数据分析方法

以关系数据库作为数据分析工具为例，部分基于 SQL 的信息系统应用控制审计数据分析方法示例如下：

(1) 可以采用 SQL 语句查找被审计信息系统中是否存在信息缺失的数据，例如，对于本节案例，查找“对公客户数据”中是否存在贷款卡号为空的数据，相应的 SQL 语句分别如下：

```
SELECT 客户号, 客户姓名, 贷款卡号, 法人身份证
FROM 对公客户数据
WHERE 贷款卡号 is null;
```

(2) 可以采用 SQL 语句查找被审计信息系统中是否存在信息重复的数据，例如，对于本节案例，查找“对公客户数据”中是否存在信息重复的客户“代码证号”数据，相应的 SQL 语句如下：

```
SELECT 代码证号, COUNT(*)   AS 开户数量
FROM 对公客户数据
GROUP  BY 代码证号
HAVING   COUNT(*)>1
ORDER BY COUNT(*)   DESC;
```

(3) 可以采用 SQL 语句查找被审计信息系统中是否存在信息错误的数据，例如，对于本节案例，查找“对公客户数据”中是否存在身份证号位数不正确的数据，相应的 SQL 语句如下：

```
SELECT 客户号, 客户姓名, 贷款卡号, 法人身份证
FROM   对公客户数据
WHERE   LEN(RTRIM (法人身份证))<>15
AND   LEN(RTRIM (法人身份证))<>18;
```

(4) 可以采用 SQL 语句查找被审计信息系统中是否存在贷款业务未授权的数据，例如，对于本节案例，查找“对私分户明细数据”中是否存在交易金额大于 5 万元但没有进行授权的存贷款情况，相应的 SQL 语句分别如下：

```
SELECT 标识号, 发生额, 操作员, 授权人
FROM 对私分户明细数据
WHERE 发生额 >= 50000 AND 操作员 = 授权人;
```

同理，可以采用 SQL 语句对“贷款业务系统”的其他相关应用控制风险进行分析。

通过在 Microsoft Access、SQL Server 等数据库或审计软件中运行以上 SQL 语句，可以很容易地查找出以上相关问题。以查找“对公客户数据”中是否存在信息重复的客户代码证号数据为例，其在 SQL Server 数据库中的分析结果示例如图 6.28 所示。

3. 比较分析

由以上分析不难看出：目前使用的基于电子表格软件和数据库软件的数据分析方法虽然也能查找被审计单位金融科技应用系统中是否存在数据缺失问题、数据重复问题以及业务规则错误情况等，但不能很清晰、形象地展示出数据的整体情况以及存在的问题，不能很好地揭示出被审计金融科技应用系统中存在的应用控制风险。

6.4　基于大数据审计技术的金融科技系统业务连续性管理风险审计

6.4.1　研究背景分析

如前文所述，金融科技系统业务连续性管理风险审计的目的是确保被审计金融单位的金融科技系统业务连续性管理符合相关要求，进而有效防范金融科技系统业务连续性管理风险的产生。金融科技系统业务连续性管理风险审计是金融科技风险审计一项重要内容，大数据环境同样对金融科技系统审计产生了影响。因此，大数据环境下如何开展金融科技系统业务连续性管理风险审计成为一个重要问题。

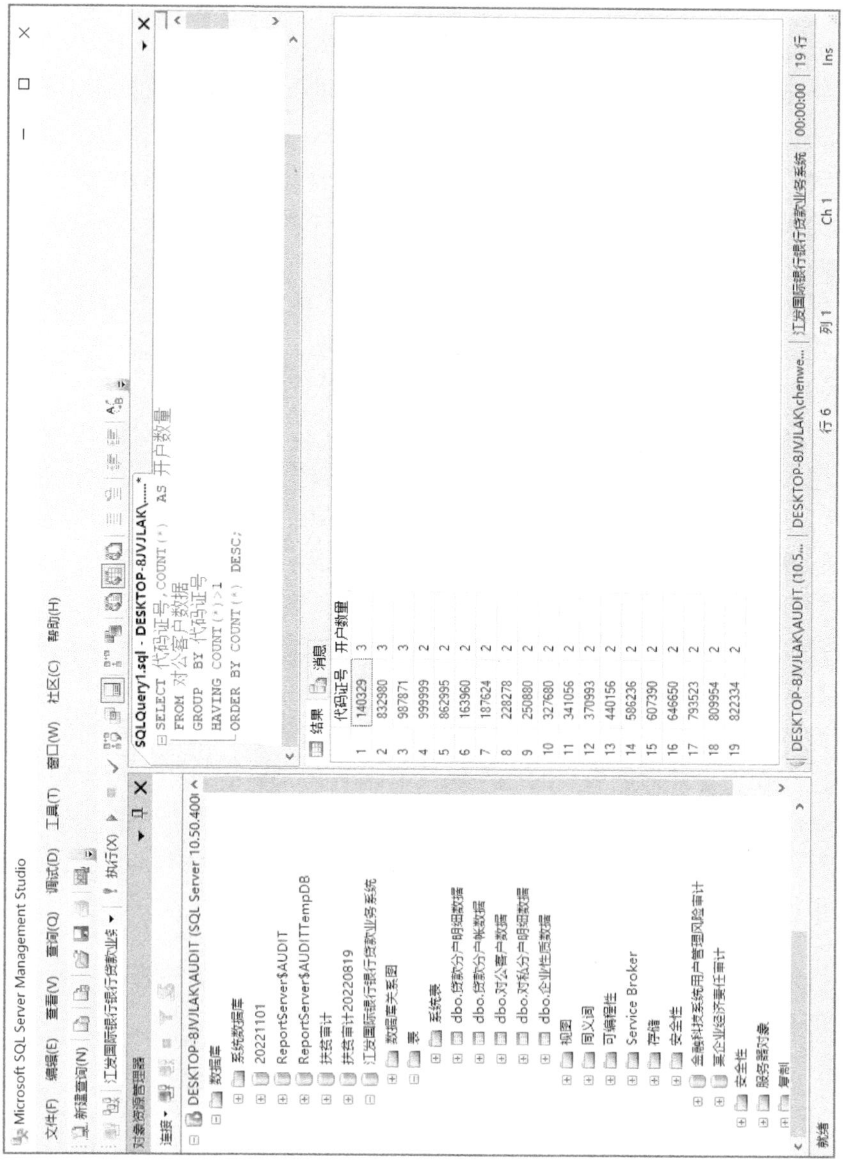

图 6.28　基于SQL Server的信息重复的客户代码证号数据分析结果示例

在开展业务连续性管理风险审计时，审计人员一般根据业务连续性管理的相关要求，逐项检查被审计单位是否有业务连续性管理相关制度，以及相应的执行落实情况。例如，在开展业务连续性管理风险审计时，审计人员可以关注以下内容：

检查被审计金融机构是否建立一个专门组织或指定一个部门负责本机构业务连续性管理工作；检查被审计金融机构是否制定规范的业务连续性计划(包括业务连续性管理相关规章制度、文件以及人员名单)；检查被审计金融机构是否制订了规范的IT服务连续性计划(包括与IT服务连续性计划执行相关的规章制度、文件以及人员名单)；检查被审计金融机构的业务连续性计划是否有年度应急演练等。

目前常用的信息系统审计方法，如访谈、现场观察、文档查看、抽样、穿行测试等多是依据相关法律、法规、规章制度，基于审计人员的审计经验对相关问题进行地毯式排查或重点式查找。大数据环境下，仅仅靠这些审计方法很难发现相关潜在的金融科技风险，丰富的内外部数据为探索如何采用大数据相关技术开展金融科技风险审计提供了基础。本节根据这一需要，结合目前大数据审计与信息系统审计的研究与应用现状，以业务连续性管理风险审计为例，研究基于大数据审计技术的金融科技系统业务连续性管理风险审计方法，并结合案例，采用大数据可视化分析技术、大数据多数据源综合分析技术等分析如何实施业务连续性管理风险审计，进而证明本节研究的可行性和有效性。

本节研究的方法可以有效地弥补常用业务连续性管理风险审计方法的不足，从而使审计人员更全面地发现被审计单位在业务连续性管理方面存在的一些隐蔽问题，更好地帮助被审计单位发现相关风险。研究结果为今后审计人员开展相关审计项目、防范化解金融科技风险提供了理论方法和经验数据。

6.4.2　基于大数据审计技术的金融科技系统业务连续性管理风险审计原理分析

1. 基于大数据审计技术的业务连续性管理风险审计方法原理

根据目前业务连续性管理风险审计的需要和大数据审计技术的应用现状，可以采用大数据多数据源综合分析技术、大数据可视化分析技术等开展金融科技系统业务连续性管理风险审计。基于大数据审计技术的业务连续性管理风险审计方法主要是充分利用被审计金融机构内部和外部的数据，通过大数据多数据源综合分析技术对这些数据的对比分析以及借助大数据可视化技术等，发现被审计金融机构业务连续性管理方面的相关风险。例如，审计人员可以通过采用大数据多数据源综合分析技术比较业务连续性管理相关数据和人力资源数据，从而确认业务连续性管理相关制度的有效性。相对目前常用的方法，这种方法的优点是：能发现相关的、隐蔽的系统风险；靠数据说话、靠数据决策；能通过可视化的方式更好地反映出体制和机制上的问题。具体原理分析如下：

根据对被审计金融机构的调查，在访谈和现场观察等基础上，采集被审计金融机构的内外部业务连续性管理相关信息，如人力资源部门数据、风险报告、审计报告、相关业务连续性管理制度等结构化和非结构化数据，以及从外部相关监管部门网站或其他网站上公开数据源采集来的相关文本数据，如监管部门出具的相关警示函等。然后，在审计大数据预处理的基础上，审计人员一方面可以采用标签云等大数据可视化分析技术，对相关警示函、业务办公会会议纪要等相关非结构化数据进行建模和整体分析，审计人员结合自己的审计背景知识，通过对可视化的分析结果进行分析和观察，快速从被审计金融机构相关信息中发现异常数据，检测是否存在业务连续性管理风险情况，获得审计线索；在此基础上，审计人员可以采用大数据多数据源综合分析技术对被审计金融机构的结构化数据进行建模和分析，获得相关审计线索。在此基础上，通过对这些结果数据做进一步的延伸审计和审计事实确认，最终获得审计证据。综上分析，基于大数据审计技术的业务连续性管理风险审计方法原理如图 6.29 所示。

2. 金融科技系统业务连续性管理风险审计所需的主要数据分析

1)被审计金融机构主要内部数据

大数据环境为金融科技系统业务连续性管理风险审计提供了全方位分析的相关数据，审计人员可以从被审计金融机构采集被审计金融机构金融科技系统的相关业务介绍、部门年度工作总结、风险分析报告、审计报告等相关文本数据，通过这些文本数据，审计人员可以了解目前被审计金融机构的相关业务情况、相关风险等，便于审计人员开展相关审计工作。主要相关数据如下：

A. 风险分析报告等文本数据

通过分析被审计金融机构的相关风险分析报告等文本数据，例如，审计人员通过采集被审计金融机构的“公司交易系统故障事件总结报告”等文本数据，审计人员可以判断该单位的金融科技系统建设与运行等工作中是否发生过相关风险。

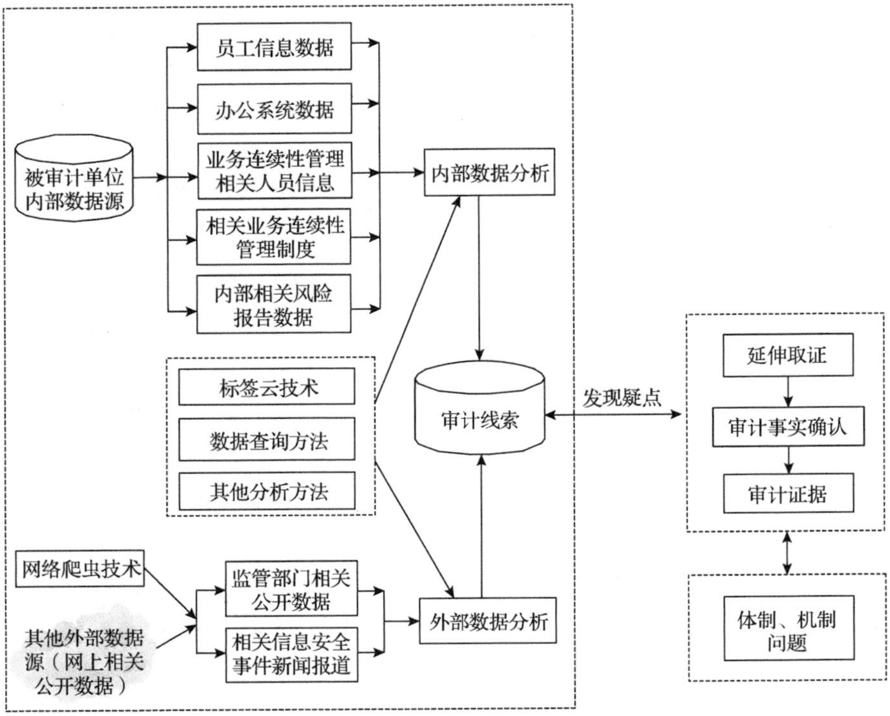

图 6.29　基于大数据审计技术的业务连续性管理风险审计方法原理

B. 人力资源部门数据

从被审计金融机构人力资源部门采集相关员工信息数据，通过该数据，可以掌握目前该被审计金融机构所有员工信息以及变化情况，如员工的相关信息(如员工工号、入职时间等)、员工离职或单位内部岗位调整等信息。

C. 被审计金融机构应急人员信息数据

从被审计金融机构办公系统(或其他相关系统)中采集金融科技系统业务连续性管理风险审计应急人员名单，通过该数据，可以掌握目前该被审计金融机构业务连续性管理风险审计应急人员变化情况，如用户离职或金融机构内部岗位调整等信息。

D. 相关业务连续性管理制度等文本数据

通过分析被审计金融机构的相关业务连续性管理制度等文本数据，审计人员可以判断该单位是否有相关业务连续性管理制度，以及相关业务连续性管理制度的内容是否合理等。

2) 被审计金融机构主要外部数据

除采用以上方法获得被审计金融机构的内部数据之外，审计人员还可以通过一些大数据工具抓取外部相关网站上的数据，如关于被审计金融机构的相关信息安全事件的新闻报道、监管部门出具的相关警示函等，通过对这些数据的采集和分析，审计人员能够更全面地判断被审计金融机构在业务连续性管理方面是否发生过相关风险。

6.4.3　基于大数据审计技术的金融科技系统业务连续性管理风险审计应用

1. 案例简介

根据前文对基于大数据审计技术的业务连续性管理风险审计方法原理的分析，本案例以某银行金融科技风险审计为背景，以业务连续性管理风险审计为例，分析大数据审计技术在金融科技系统业务连续性管理风险审计方法中的部分应用(注：本案例中相关数据已经过脱密处理)。

2. 基于文本数据可视化分析技术的业务连续性管理风险分析

为了便于从整体上把握被审计银行业务连续性计划的年度应急演练执行情况等，快速发现可疑数据，审计人员可以采集相关文本数据，如被审计单位的业务连续性计划相关制度、年度应急演练执行总结材料等，采用大数据可视化工具对其进行分析，其结果如图 6.30 所示。

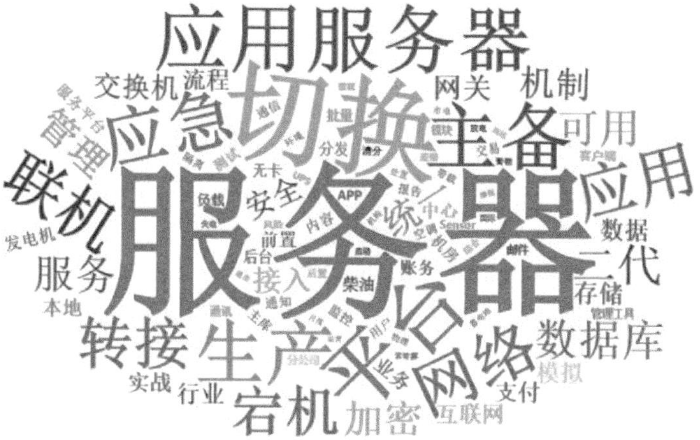

图 6.30　年度应急演练执行情况可视化分析结果示例

由图 6.30 可以发现：被审计银行的年度应急演练执行情况与业务连续性计划相关制度描述相一致，因此，可以初步判断该单位在业务连续性管理方面有年度应急演练，相关业务连续性管理制度内容合理。

3. 基于大数据多数据源综合分析技术的业务连续性管理风险分析

1) 应急人员名单中存在离职人员的风险分析

为了评估被审计银行业务连续性管理相关规章制度是否存在风险，可以对相关大数据进行分析。例如，为了分析“应急人员名单中是否有离职人员”，可以对采集来的被审计银行的人力资源部员工信息(离职人员名单)、业务连续性管理的应急人员名单信息等结构化数据进行分析，相应的SQL语句分别如下：

```
SELECT  *
FROM 离职人员名单  JOIN  应急联络人信息  ON  离职人员
     名单.姓名 = 应急联络人信息.姓名;
```

审计人员可以采用数据库工具或审计软件完成以上分析。假设采用SQL Server数据库对采集来的员工信息(离职人员名单)、业务连续性管理的应急人员名单信息等数据进行分析，其结果如图6.31所示。

从图6.31可以发现：被审计银行业务连续性管理的应急人员名单中存在三名离职员工。业务连续性管理的应急人员名单中存在离职员工给被审计银行业务连续性管理的效果带来严重的风险隐患。

同理，审计人员可以对类似情况进行更多的分析，如内部调动人员对被审计银行业务连续性管理的风险分析。

2) 应急人员信息不准确风险分析

为了进一步确认被审计银行业务连续性管理的应急人员名单中是否存在不同人的联系方式相同的情况，可以对采集来的应急人员名单信息数据进行分析，相应的SQL语句分别如下：

```
SELECT  手机, COUNT(*)  AS  手机号码重复次数
FROM 应急联络人信息
GROUP  BY 手机
HAVING  COUNT(*)>1
ORDER  BY COUNT(*)  DESC;
```

审计人员可以采用数据库工具或审计软件完成以上分析。假设采用SQL Server数据库对采集来的应急人员名单信息数据进行分析，其结果如图6.32所示。

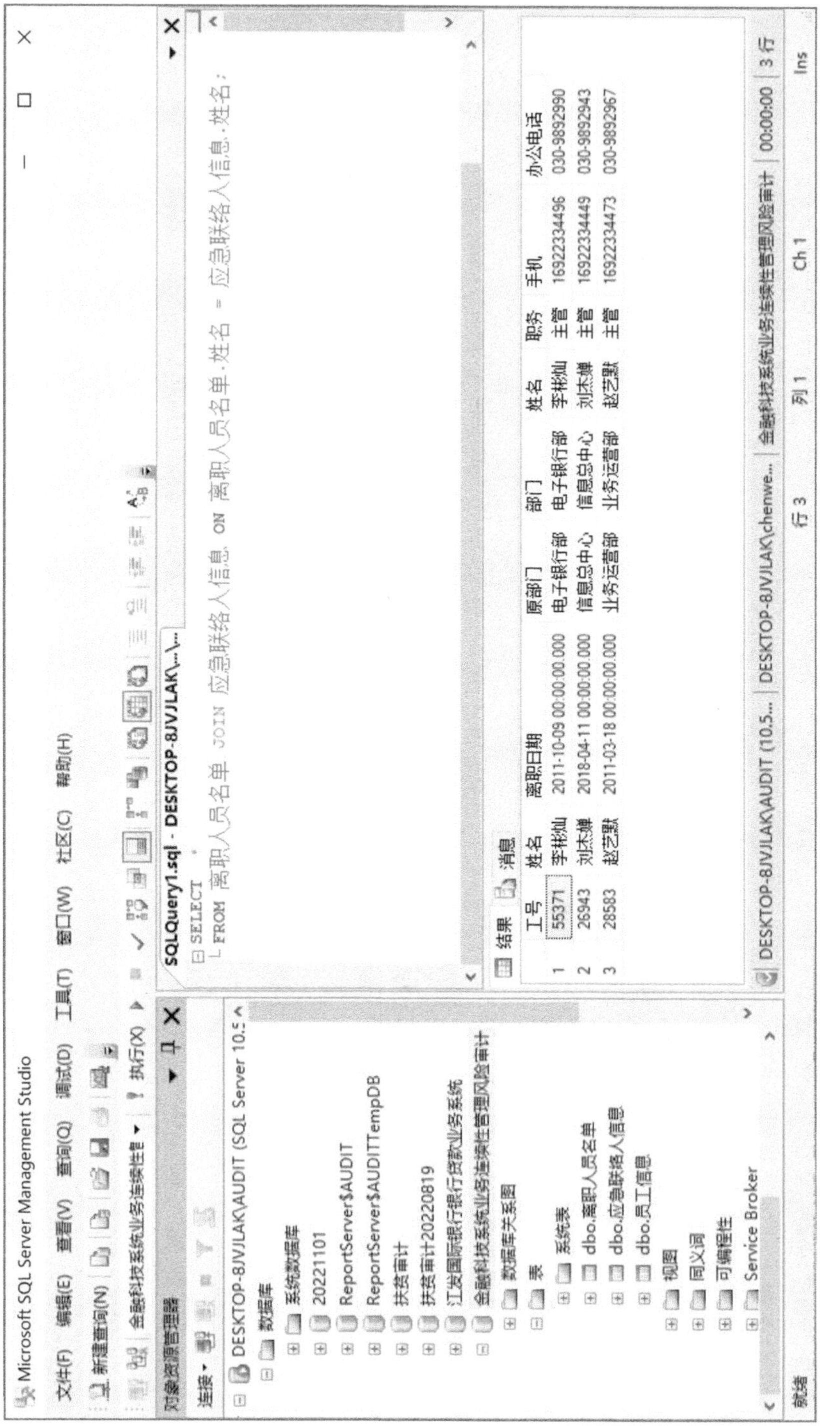

图 6.31 “应急人员名单中存在离职人员”数据分析结果示例

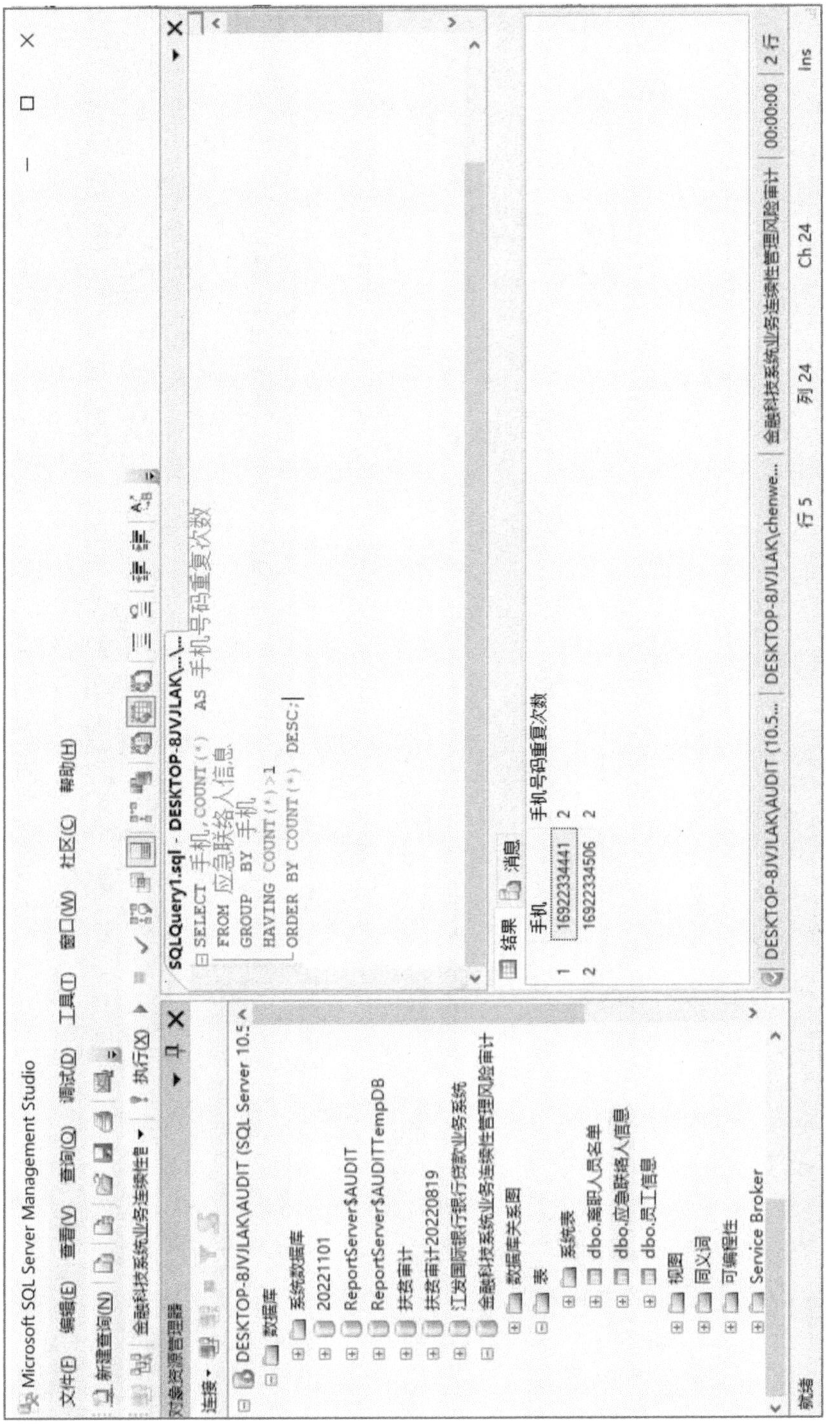

图 6.32　应急人员信息不准确风险分析结果示例

从图 6.32 中的分析结果可以发现：被审计银行的应急人员名单中存在手机信息重复的情况。经向被审计银行延伸取证，最终确认原因为业务连续性管理的应急人员名单信息不准确，导致被审计银行有两名员工的手机信息被误登记为其他人的信息。该被审计银行业务连续性管理的应急人员名单信息的不准确给被审计银行金融科技系统的业务连续性管理造成潜在的严重风险威胁。

4. 基于大数据可视化分析技术的应急人员名单中存在离职人员风险分析

前文研究了基于大数据多数据源综合分析技术的应急人员名单中存在离职人员风险分析方法。为了更清晰、形象地展示出数据分析结果，更好地揭示出被审计银行金融科技系统业务连续性管理存在的风险隐患，本节研究如何基于大数据可视化分析技术分析应急人员名单中是否存在离职人员的风险。

1)基于维恩图的应急人员名单中存在离职人员的风险分析

为了检查被审计银行业务连续性管理相关规章制度是否存在风险隐患，可以对相关大数据进行分析。例如，为了分析“应急人员名单中是否有离职人员”，可以对采集来的被审计银行的人力资源部员工信息、业务连续性管理的应急人员名单信息等结构化数据进行维恩图分析，其结果如图 6.33 所示。其中，图中的椭圆表示各个数据表(应急人员名单、人力资源部离职员工信息)，椭圆交集中的数字表示同时在这些数据表中的人员数量，没有交集的数字表示仅仅在这一个数据表中的人员数量。

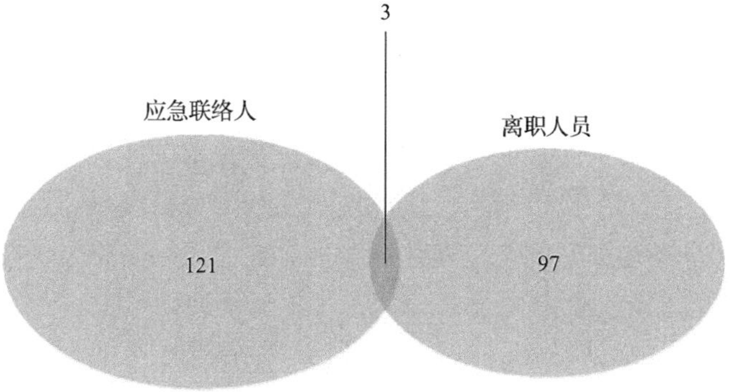

图 6.33　基于维恩图的应急人员名单中存在离职人员的风险分析结果示例

从图 6.33 可以清晰地发现：应急人员名单和人力资源部离职员工信息

数据表之间的数据存在交集，交集为 3，表明这 3 个人同时存在于应急人员名单和人力资源部离职员工信息数据表之中。

以上分析表明被审计银行业务连续性管理应急人员名单中存在离职员工的情况，这对被审计银行业务连续性管理的效果构成严重的风险威胁。

基于以上总体分析，审计人员通过对发现的这些异常数据做进一步的延伸审计和审计事实确认，最终获得审计证据。

2) 基于桑基图的应急人员名单中存在离职人员的风险分析

为了分析被审计银行业务连续性管理相关规章制度是否存在风险，可以对相关大数据进行分析。例如，为了分析“应急人员名单中是否有离职人员”，可以对从被审计单位的人力资源部采集来的员工信息和从办公系统采集来的业务连续性管理应急人员名单信息等结构化数据进行桑基图分析，其结果如图 6.34 所示。

其中，左边表示数据表(应急人员名单、离职员工信息)，右边为表中的人员，中间的连线用来显示数据表和人员之间的关系。

从图 6.34 可以清晰地查看是否存在一些用户同时存在于应急人员名单、离职员工信息这两个数据表中，以及具体哪些人员同时在哪些数据表中的情况。例如，从图 6.34 可以看出“刘杰婵”“李彬灿”“赵艺默”三个人同时存在于应急人员名单、离职员工信息这两个数据表中。

以上分析可以表明被审计银行业务连续性管理的应急人员名单中存在离职员工的情况，这给被审计银行业务连续性管理的效果造成严重的风险隐患。

根据上述分析，审计人员针对发现的异常数据可以做进一步的延伸审计和审计事实确认，最终获得审计证据。

5. 基于大数据可视化分析技术的应急人员信息不准确风险分析

前文研究了基于大数据多数据源综合分析技术的应急人员信息不准确风险分析方法。为了更清晰、形象地展示出数据分析结果，更好地揭示出被审计银行金融科技系统业务连续性管理存在的风险隐患，本节研究如何基于大数据可视化分析技术分析应急人员信息不准确风险。

为了进一步确认被审计银行业务连续性管理的应急人员名单中是否存在不同人的联系方式相同的情况，可以对采集来的应急人员名单信息数据进行可视化分析，从而清晰地检查应急人员名单中是否存在数据重复问题，进而判断被审计银行业务连续性管理中是否存在应急人员信息不准确

图 6.34　基于桑基图的金融科技系统业务连续性管理风险审计方法分析结果示例

风险。本案例中，应急人员联系方式重号情况整体分析结果如图 6.35 所示。

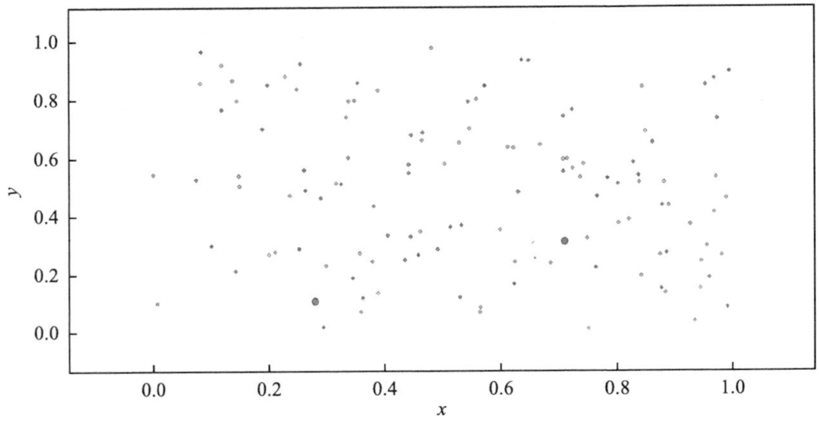

图 6.35　应急人员联系方式重号情况整体分析结果示例

图 6.35 显示了应急联络人信息中“手机号码”字段的数据重复情况。其中，气泡的大小表示数据重复的情况，气泡越大，表示该数据重复次数越多。根据气泡的大小，审计人员可以快速、清晰地观察出被审计金融科技系统中业务连续性管理应急人员名单数据重复的情况，并可以对应急联络人信息中“手机号码”字段重号情况做进一步的详细分析，其结果示例如图 6.36 所示。从图 6.36 可以清晰地掌握具体的每一个重复联络人“手机号码”字段及其重复次数。

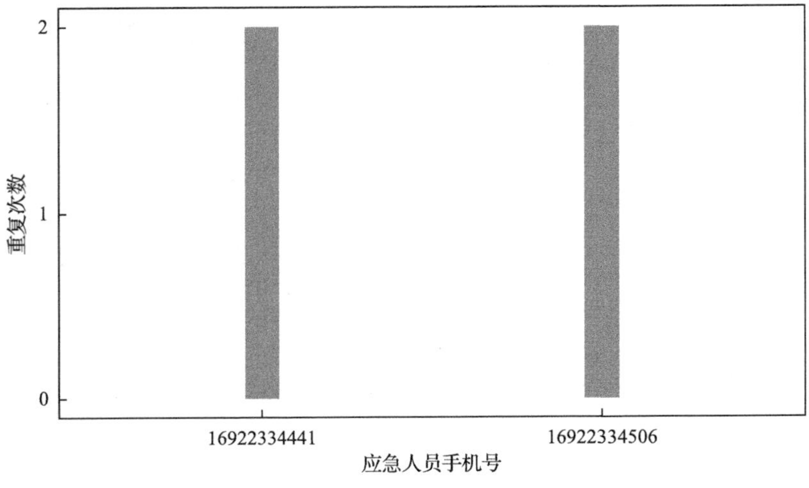

图 6.36　应急人员联系方式重号情况详细分析示例

从图 6.35 和图 6.36 中的分析结果可以发现：被审计银行的应急人员名

单中存在手机号码重复的情况。经向被审计银行延伸取证，最终确认原因为业务连续性管理的应急人员名单信息不准确，造成被审计银行有两名员工的手机号码信息为其他人的手机号码。该被审计银行业务连续性管理的应急人员名单信息不准确会对被审计银行金融科技系统的业务连续性管理造成潜在的风险隐患。

第7章　基于RPA的金融科技风险审计研究

7.1　引　　言

随着金融科技的广泛应用，一些金融机构应用了数百个金融科技系统，这些金融机构的众多应用数据和信息分布在各个系统之中。在开展金融科技风险审计时，尽管采用了相关信息技术手段，但仍需要大量的人工参与。因此，目前的金融科技风险审计方式仍然是劳动密集型工作。为了提高金融科技风险审计工作效率，实现金融科技风险审计工作的自动化，研究如何在金融科技风险审计中应用 RPA（机器人流程自动化）技术[①②③④⑤]具有重要的学术价值和应用价值。本章根据第 3 章对金融科技风险审计内容的研究，在第 4 章对金融科技风险审计 RPA 审计机器人技术方法研究的基础上，以金融科技系统业务连续性管理风险审计、金融科技项目建设风险审计中的发票审计、金融科技贷款业务系统应用控制风险审计为例，研究如何采用 RPA 技术开展金融科技风险审计的应用。

7.2　RPA 在金融科技风险审计中的应用优势分析

RPA 技术目前已得到实务界和学术界的广泛关注。在会计、审计等领域，一些大型会计师事务所正在探索应用 RPA 技术，例如，毕马威与 Automation Anywhere 公司合作，应用 RPA 技术来提高税务咨询服务的运

---

① Gepp A, Linnenluecke M K, O'Neill T J, et al., 2018: "Big data techniques in auditing research and practice: Current trends and future opportunities", *Journal of Accounting Literature*, 40(1): 102-115.

② 陈伟:《基于 RPA 的审计机器人: 机遇、挑战与方法》,《中国注册会计师》2020 年第 10 期, 第 112～115 页.

③ Deloitte, 2017: "Automate this: the business leader's guide to robotic and intelligent automation", https://www2.deloitte.com/content/dam/Deloitte/us/Documents/process-and-operations/us-sdt-process-automation.pdf.

④ KPMG, 2017: "KPMG and automation anywhere form alliance to deliver robotic process automation solutions to clients", https://www.prnewswire.com/news-releases/kpmg-and-automation-anywhere-form-alliance-to-deliver-robotic-process-automation-solutions-to-clients-300508497.html.

⑤ Moffitt K C, Rozario A M, Vasarhelyi M A, 2018: "Robotic process automation for auditing", *Journal of Emerging Technologies in Accounting*, 15(1): 1-10.

作效率。学术界也在积极探索 RPA 技术在审计领域中的应用，例如，陈伟①分析了基于 RPA 设计审计机器人时面临的机遇和挑战，研究了基于 RPA 的审计机器人实现方法。但总的来说，目前关于 RPA 技术在金融科技风险审计中的研究与应用仍然较少。

在金融科技风险审计中应用 RPA 技术设计与实现金融科技风险审计机器人具有以下优点：

1. 金融科技风险审计机器人容易设计与实现

由前文第 4 章的分析可知，目前国内外已经开发了很多的 RPA 工具，在采用 RPA 技术设计与实现金融科技风险审计机器人时，不需要审计人员具有较高的软件编程技术水平，审计人员使用这些 RPA 工具时，通过在这些软件的可视化流程图操作界面中设计金融科技风险审计机器人的相关操作流程，设置机器人相关操作参数，可以很容易、很方便地设计与实现金融科技风险审计机器人。

2. 可以减少金融科技风险审计的成本

基于 RPA 技术的金融科技风险审计机器人可以 7×24 小时地开展金融科技风险审计工作，在工作时间方面比审计人员灵活得多。因此，通过实现基于 RPA 的金融科技风险审计机器人可以大幅度减少金融科技风险审计项目实施时间和所需人力资源，从而减少金融科技风险审计的成本。

3. 便于实现金融科技风险审计全覆盖

由前文分析可知，金融科技风险审计涉及的审计内容广泛、工作量大，审计人员采用基于 RPA 的金融科技风险审计机器人之后，可以从重复读取邮件和系统中的数据、进行烦琐重复的计算、大批量重复生成文件和报告、枯燥单调的文件检查等环节中解脱出来，从而可以有更多的精力和时间去处理需要专业判断和其他更有创造性的审计任务中去。此外，采用基于 RPA 技术的金融科技风险审计机器人不论审计工作量大小，都可以全面地收集审计证据，实现金融科技风险审计全覆盖。

4. 提高审计质量，降低审计风险

审计人员在开展金融科技风险审计过程中，由于能力水平、时间、职

---

① 陈伟:《基于 RPA 的审计机器人: 机遇、挑战与方法》,《中国注册会计师》2020 年第 10 期, 第 112～115 页.

业道德或其他原因，可能会出现一些失误，造成一定的审计检查风险。金融科技风险审计机器人与审计人员不同的是，只要审计人员在设计金融科技风险审计机器人时，正确地设置好了相关操作流程和参数，金融科技风险审计机器人就可以高质量地完成审计工作，且不会出现因职业道德、能力水平等因素造成的失误。

7.3　基于 RPA 的金融科技系统业务连续性管理风险审计机器人研究与应用

7.3.1　研究背景与研究意义

目前常用的审计方法，如访谈、现场观察、文档查看、抽样、穿行测试等虽然也能满足系统总体控制风险审计的基本需要，但目前大数据环境下，开展金融科技系统总体控制风险审计需要分析多个系统中的数据。尽管采用相关软件可以帮助审计人员进行审计数据采集与分析，提高审计工作效率，但目前的金融科技系统总体控制风险审计仍然属于劳动密集型工作。如何实现金融科技系统总体控制风险审计工作的自动化成为当前的一项重要工作，创新金融科技系统总体控制风险审计方式方法成为必然，RPA 技术的发展为开展金融科技系统总体控制风险审计带来了机遇。

如前文所述，业务连续性管理审计是目前金融科技风险审计的一项重要工作，研究如何开展业务连续性管理风险审计非常重要。本节以业务连续性管理风险审计为例，探索如何采用 RPA 技术实现金融科技系统业务连续性管理风险审计机器人，从而实现金融科技风险审计的流程自动化。

7.3.2　基于 RPA 的金融科技系统业务连续性管理风险审计机器人设计与分析

针对金融科技系统业务连续性管理风险审计的实际需要，结合 RPA 技术的原理和目前的信息系统审计方法，可以设计基于 RPA 的金融科技系统业务连续性管理风险审计机器人。概括来说，基于 RPA 的金融科技系统业务连续性管理风险审计机器人实现原理可简单描述为：采用 RPA 软件自动从被审计单位内外部采集业务连续性管理风险审计需要的相关数据（如人力资源部员工信息数据，业务连续性管理的应急人员名单信息数据等），并把这些数据自动存储在数据库中；然后，采用 RPA 软件对采集来的数据进行自动预处理；在此基础上，采用 RPA 软件进行设计，实现自动采用常用方法或大数据审计方法对数据库中的相关数据进行建模和整体分析的业务连续性管理风险审计流程，从而发现相关审计线索，并自动把分析结果保存到数据库中。整个业务连续性管理风险审计流程由业务连续性管理风险审计机器人自动完成。在此基础上，审计人员对业务连续性管理风险审计机器人发现的相关审计线索进行延伸分析。通过对发现的这些异常数据做进一步的延伸审计和审计事实确认，最终获得审计证据。综上分析，基于 RPA 技术的金融科技系统业务连续性管理风险审计机器人工作原理如图 7.1 所示。

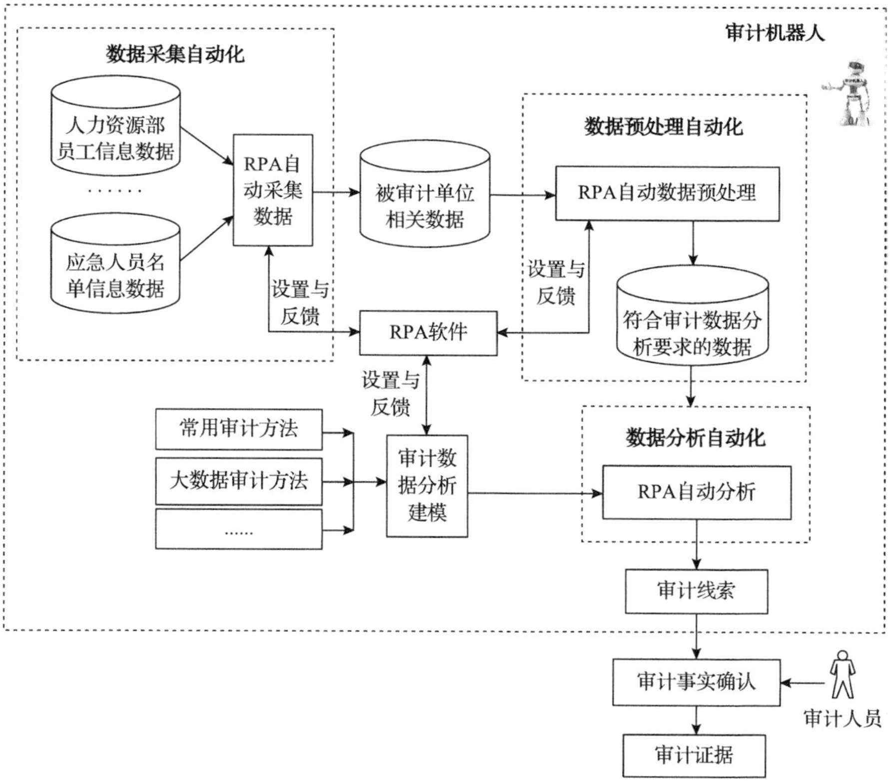

图 7.1　基于 RPA 技术的金融科技系统业务连续性管理风险审计机器人工作原理

概括来说，目前常用的业务连续性管理风险审计模式与业务连续性管理风险审计机器人审计模式的比较如图 7.2 所示。不难发现：基于 RPA 的金融科技系统业务连续性管理风险审计机器人可以有效地提高业务连续性管理风险审计的效率。

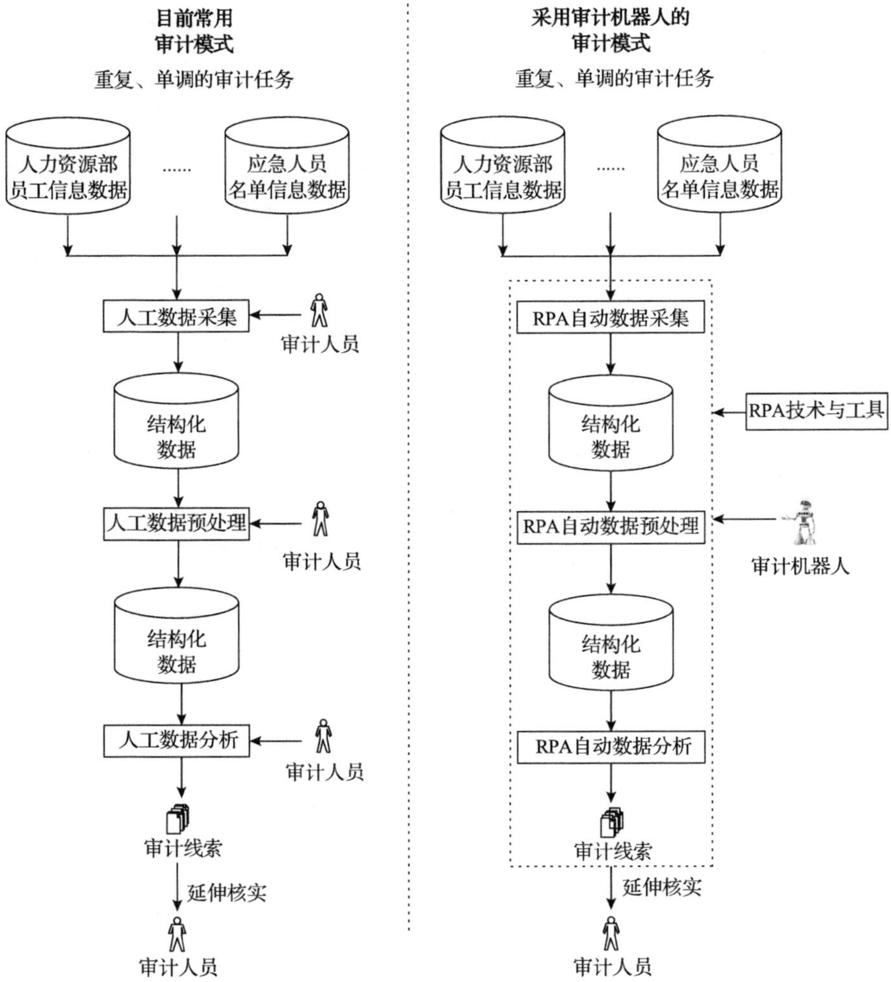

图 7.2 目前常用审计模式与审计机器人审计模式的比较

7.3.3 基于 RPA 的金融科技系统业务连续性管理风险审计机器人应用案例

1. 案例背景简介

根据前文对基于 RPA 的金融科技系统业务连续性管理风险审计机器人原理的分析，本案例以某银行金融科技审计为背景，分析基于 RPA 的金融科技系统业务连续性管理风险审计机器人的部分应用(注：本研究案例中相关数据已经过脱密处理)。假设拟审计业务连续性管理中的以下风险：

1) 应急人员名单中是否存在离职人员

若被审计单位业务连续性管理制度中的应急人员名单中存在离职员工，则会给被审计单位业务连续性管理的效果造成严重的风险隐患。为了分析被审计单位业务连续性管理相关规章制度及日常管理是否存在风险，可以对相关数据进行分析。例如，为了分析“应急人员名单中是否存在离职人员”，可以对从被审计单位人力资源部门采集来的员工信息、业务连续性管理制度中的应急人员名单信息等数据进行分析。

2) 应急人员信息准确性分析

若被审计单位业务连续性管理制度中的应急人员名单信息不准确，则会对被审计单位信息系统的业务连续性管理造成潜在的严重风险隐患。为了确认被审计单位业务连续性管理制度中的应急人员名单中是否存在不同人的联系方式相同的情况，可以对采集来的应急人员名单信息数据进行分析。

对于以上问题，目前一般采用相关数据库工具或审计软件对以上数据进行分析，发现相关问题。这样的操作一般需要审计人员进行大量的人工操作，例如，需要从被审计单位的不同部门或不同系统中采集所需的数据，如从人力资源部采集员工信息数据，从科技信息部门或办公系统中采集业务连续性管理的应急人员名单信息数据等。为了提高审计效率和审计质量，决定开发审计机器人来自动化处理。

2. 基于 RPA 的金融科技系统业务连续性管理风险审计机器人设计与实现

根据基于 RPA 的金融科技系统业务连续性管理风险审计机器人实现原理，可以采用某 RPA 软件设计以上金融科技系统业务连续性管理风险审计机器人。基于 RPA 的金融科技系统业务连续性管理风险审计机器人设计示例如图 7.3 所示。

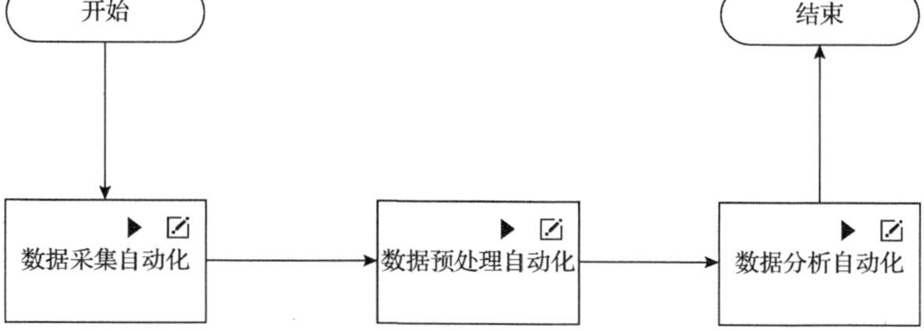

图 7.3　基于 RPA 的金融科技系统业务连续性管理风险审计机器人设计示例

在金融科技系统业务连续性管理风险审计机器人设计的基础上，根据相关业务规则，在该 RPA 软件中对“数据采集自动化”“数据预处理自动化”和“数据分析自动化”等环节进行可视化参数设置，完成业务连续性管理相关数据的自动采集、自动预处理和自动分析，关键步骤分析如下：

1) 基于 RPA 的金融科技系统业务连续性管理风险审计数据自动采集

为了开展业务连续性管理风险审计，需要从人力资源部采集员工信息数据，从科技信息部门或办公系统中采集业务连续性管理的应急人员名单信息数据等。采用基于 RPA 的业务连续性管理风险审计数据自动采集方法可以自动完成这一操作。

2) 基于 RPA 的金融科技系统业务连续性管理风险审计数据自动预处理

对采集来的相关数据，如人力资源部员工信息数据、应急人员名单信息数据等，若为 Word、PDF 等格式，需要将这些数据进行预处理，并把预处理后的数据自动保存到数据库或电子表格软件中去，从而便于后面的审计数据分析。

以把采集来的 Word 格式的人力资源部员工信息数据自动预处理后保存到 SQL Server 数据库这一预处理过程为例，采用基于 RPA 的业务连续性管理相关数据自动预处理方法可以自动完成这一操作。

3) 基于 RPA 的金融科技系统业务连续性管理风险审计数据自动分析

基于以上预处理的数据，可以对应急人员名单中存在离职人员风险、应急人员信息不准确风险等问题进行分析。

以应急人员名单中存在离职人员风险自动分析，并把自动分析的结果保存到某 Microsoft Excel 文件中这一数据分析过程为例，采用基于 RPA 的金融科技系统业务连续性管理风险相关数据自动分析方法可以自动完成这一操作。其可视化参数设置示例如图 7.4 所示。

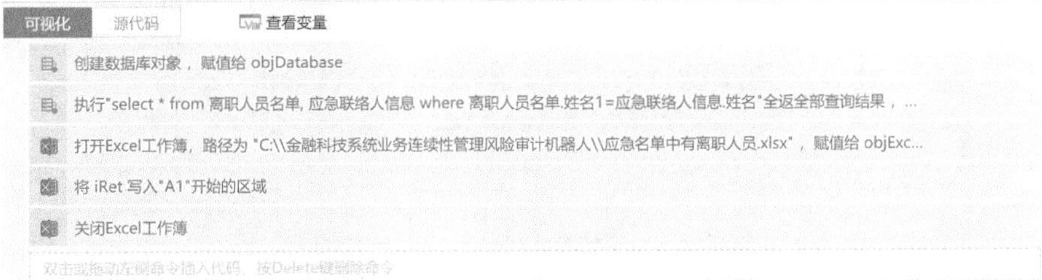

图 7.4　基于 RPA 的金融科技系统业务连续性管理风险审计数据自动分析可视化参数设置示例(一)

其 RPA 软件自动生成的运行代码示例如下：

```
dim objExcelWorkBook = ""
dim iRet = ""
dim objDatabase = ""
objDatabase =
        Database.CreateDB("SQLServer",{"charset":"utf8","database":
        "test","host":"192.168.158.105","password":"***","port":"1433",
        "user":"sa"})
iRet = Database.QueryAll(objDatabase ,"select * from 离职人员名单,
        应急联络人信息 where 离职人员名单.姓名 1=应急联络人信
        息.姓名" ,{"rdict":false,"args":[]})
objExcelWorkBook = Excel.OpenExcel("C:\\金融科技系统业务连续性
        管理风险审计机器人\\应急名单中有离职人员.xlsx",true)
Excel.WriteRange(objExcelWorkBook,"Sheet1","A1",iRet,true)
Excel.CloseExcel(objExcelWorkBook,true)
```

同理，可以设计其他数据自动化分析工作流程，从而实现更多的业务连续性管理风险审计数据自动分析。

例如，以应急人员信息不准确风险自动分析，并把自动分析的结果保存到某 Microsoft Excel 文件中这一数据分析过程为例，基于 RPA 的金融科技系统业务连续性管理风险相关数据自动分析的可视化参数设置示例如图 7.5 所示。

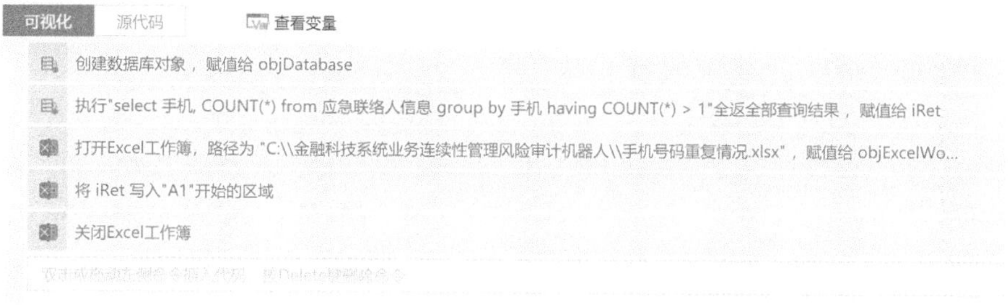

图 7.5　基于 RPA 的金融科技系统业务连续性管理风险审计数据自动分析可视化参数设置示例(二)

其 RPA 软件自动生成的运行代码示例如下：

```
dim objExcelWorkBook = ""
dim iRet = ""
dim objDatabase = ""
objDatabase                                                          =
        Database.CreateDB("SQLServer",{"charset":"utf8","database":
        "test","host":"192.168.158.105","password":"***","port":"1433",
        "user":"sa"})
iRet = Database.QueryAll(objDatabase ,"select 手机, COUNT(*)  from
        应急联络人信息 group by 手机 having COUNT(*) > 1", {"rdict":
        false,"args":[]})
objExcelWorkBook = Excel.OpenExcel("C:\\金融科技系统业务连续性
        管理风险审计机器人\\手机号码重复情况.xlsx",true)
Excel.WriteRange(objExcelWorkBook,"Sheet1","A1",iRet,true)
Excel.CloseExcel(objExcelWorkBook,true)
```

3. 基于 RPA 的金融科技系统业务连续性管理风险审计机器人运行

在设计完基于 RPA 的金融科技系统业务连续性管理风险审计机器人的全部工作流程之后，运行该业务连续性管理风险审计机器人，便可以自动完成全部审计工作流程，并把分析结果保存到指定电子表格中，供审计人员做进一步的延伸取证，从而获得相关审计证据，完成审计任务。例如，应急人员名单中存在离职人员的风险分析结果示例如图 7.6 所示。

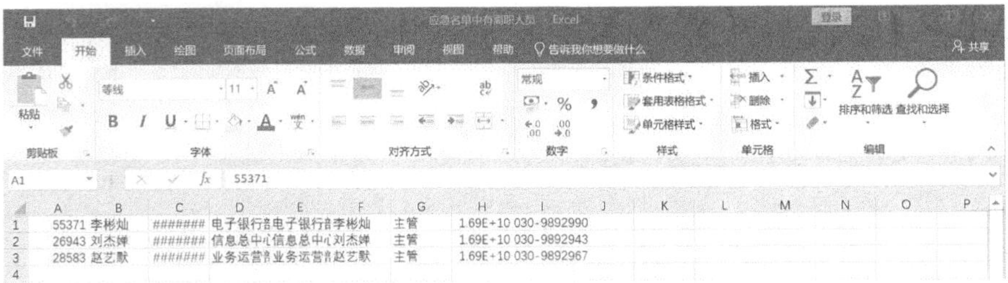

图 7.6　应急人员名单中存在离职人员的风险分析结果示例

由图 7.6 中的分析结果可以发现：被审计单位业务连续性管理的应急人员名单中存在三名离职员工。经审计人员向被审计单位延伸取证，最终确认原因为该被审计单位科技信息部门与人力资源部门的数据信息缺少集成和共享，造成业务连续性管理计划中的应急人员名单信息更新不及时，从而产生上述风险。

4. 基于 RPA 的金融科技系统业务连续性管理风险审计机器人优势分析

通过本节的研究，不难发现：采用基于 RPA 的金融科技系统业务连续性管理风险审计机器人开展业务连续性管理风险审计的优势为：

1) 及时审计业务连续性管理风险

可以定期执行金融科技系统整个审计业务流程，及时发现金融科技系统中存在的业务连续性管理风险。

2) 审计项目实施成本低

基于 RPA 的金融科技系统业务连续性管理风险审计机器人可以 7×24 小时地进行审计工作，因此，能够减少人力成本和时间的投入，有效提高审计效率，降低金融科技系统审计项目实施成本。

3) 能灵活适应被审计单位的变化

当被审计金融科技系统业务流程或数据来源有变化时，通过 RPA 软件可以很容易地调整业务连续性管理风险审计机器人的工作流程，从而适应相应的变化。

7.4　金融科技系统项目建设风险审计中基于 RPA 的发票审计机器人研究与应用

7.4.1　研究背景与研究意义

在开展金融科技项目建设风险审计以及其他金融科技风险审计过程中，审计人员在审计过程中有时仍然需要查看大量的原始发票。根据《中华人民共和国发票管理办法》，发票是指在购销商品、提供或者接受服务以及从事其他经营活动中，开具、收取的收付款凭证[①]。发票内容一般包括发票代码、发票号码、开票日期、校验码、购买方名称、购买方纳税人识别号、购买方地址、购买方电话、购买方开户行及账号、货物或服务名称、规格型号、单位、数量、单价、金额、税率、税额、销售方名称、销售方

① http://www.gov.cn/gongbao/content/2019/content_5468918.htm.

纳税人识别号、销售方地址、销售方电话、销售方开户行及账号、收款人、复核、开票人等。当需要对原始发票进行分析时，相关发票有时还是需要大量的时间进行手工录入，然后才能进行分析。这严重影响了审计工作效率。大数据和 RPA 技术的发展为解决这一问题提供了机遇。研究如何把 RPA 技术应用于发票审计中具有重要的意义。本节结合目前大数据与 RPA 技术的研究与应用现状，探索如何采用 RPA 技术实现发票审计机器人，从而实现发票相关数据的自动化审计。

7.4.2　基于 RPA 的发票审计机器人设计与分析

针对发票审计的实际需要，结合 RPA 技术的原理和目前的审计方法，可以设计基于 RPA 的发票审计机器人。概括来说，基于 RPA 的发票审计机器人实现原理可简单描述为：从被审计单位内外部采集相关原始发票数据(扫描各类原始纸质发票，或采集相关原始电子发票，特别是财务共享环境下，被审计单位目前已经完成了相关原始纸质发票的电子化，这为审计工作提供了方便)；采用 RPA 软件中的 OCR 识别技术自动对发票进行识别，然后把识别的发票数据自动保存到指定的数据库或电子表格软件中，RPA 软件可以以同样的方法依次循环处理完全部的发票，从而实现对采集来的电子发票或纸质发票扫描件等非结构化数据的自动化处理；在此基础上，采用 RPA 软件进行设计，实现自动采用常用方法或大数据审计方法对数据库或电子表格软件中的相关结构化发票数据进行建模和整体分析的发票审计流程，从而发现相关审计线索。可实现的发票数据自动化分析方法包括：通过把原始的发票和被审计单位财务软件中的数据进行比较分析；把增值税发票信息输入“国家税务总局全国增值税发票查验平台”以辨别发票真伪，同时根据公司规章制度查出违规报销(如重复报销、超额报销等)。整个发票审计流程由发票审计机器人自动完成。在此基础上，审计人员对发票审计机器人发现的相关审计线索进行延伸分析。通过对发现的这些异常数据做进一步的延伸审计和审计事实确认，最终获得审计证据。

综上分析，大数据环境下基于 RPA 技术的发票审计机器人工作原理如图 7.7 所示。

不难发现：基于 RPA 技术的发票审计机器人可以有效地提高审计效率。概括来说，目前常用审计模式与发票审计机器人审计模式的比较如图 7.8 所示。

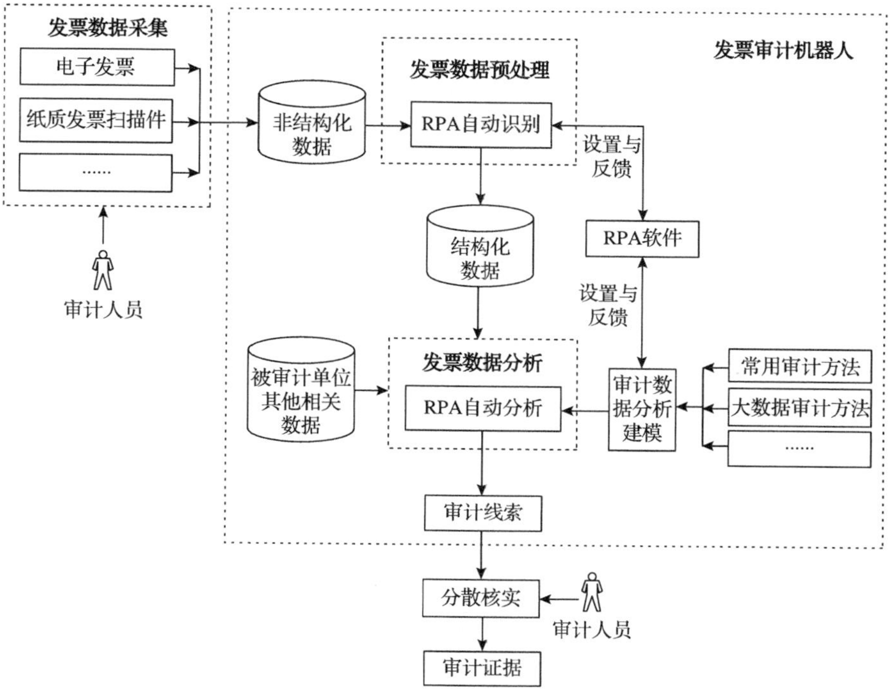

图 7.7　大数据环境下基于 RPA 技术的发票审计机器人工作原理

7.4.3　基于 RPA 的发票审计机器人应用案例

1. 案例背景简介

在开展金融科技风险审计时，为了对财务数据进行分析，有时需要从被审计单位那里获得原始的发票数据。通过审计这些原始的发票数据，可以发现相关审计线索。另外，也可以将这些原始的发票数据与被审计单位信息系统中的财务数据进行比较分析，从而发现被审计单位信息系统中财务数据是否存在问题。以某金融机构金融科技审计为例，假设现已获得相关财务发票数据，以该单位的这些发票为例，其示例如图 7.9 所示。现需要把这些大量的发票输入到 Microsoft Excel 中，然后再对这些发票数据进行分析。为了提高审计效率和审计质量，决定开发审计机器人来自动处理。

2. 基于 RPA 的发票审计机器人设计与实现

基于 RPA 的发票审计机器人实现原理，可以采用某 RPA 软件设计发票审计机器人。基于 RPA 的发票审计机器人设计示例如图 7.10 所示。

在发票审计机器人设计的基础上，根据相关业务规则，在该 RPA 软

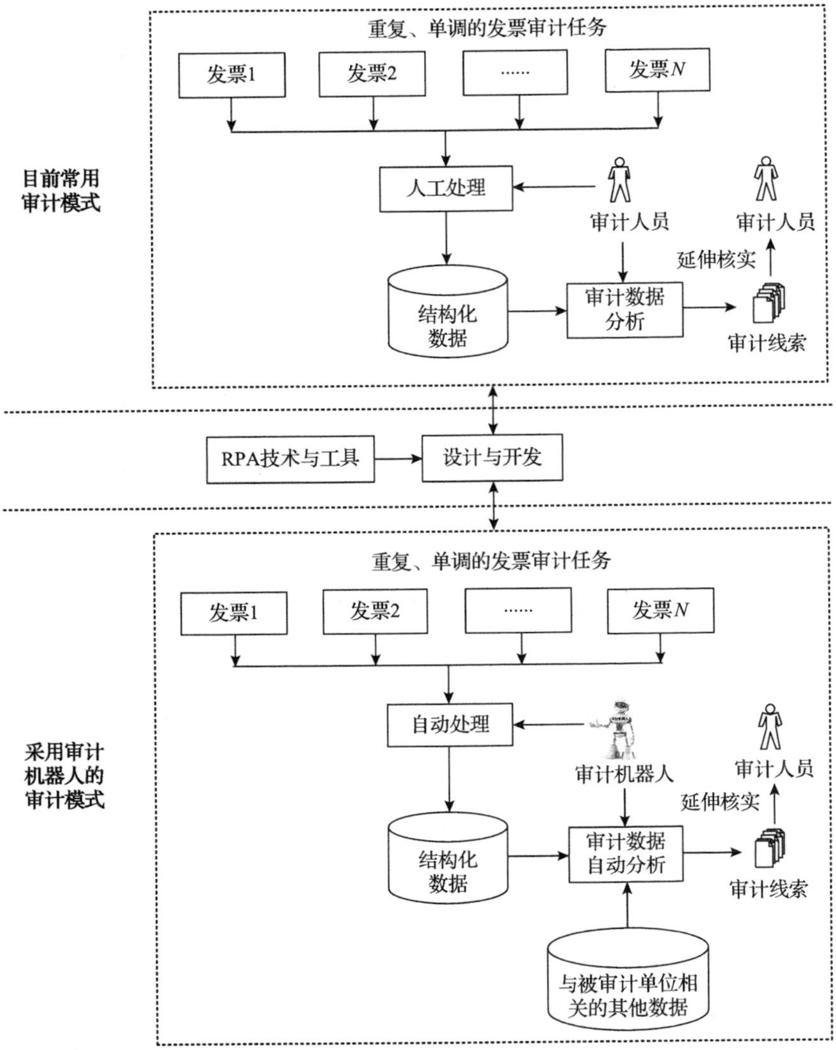

图 7.8　目前常用审计模式与发票审计机器人审计模式的比较

件中对“发票数据预处理”和“发票数据分析”环节进行可视化参数设置，完成发票数据的自动预处理和发票数据的自动分析，关键步骤分析如下：

1) 基于 RPA 的发票数据自动预处理

为了对非结构化的电子发票数据进行分析，需要把它们转化成结构化数据，基于 RPA 的发票数据自动预处理的可视化参数设置示例如图 7.11 所示。

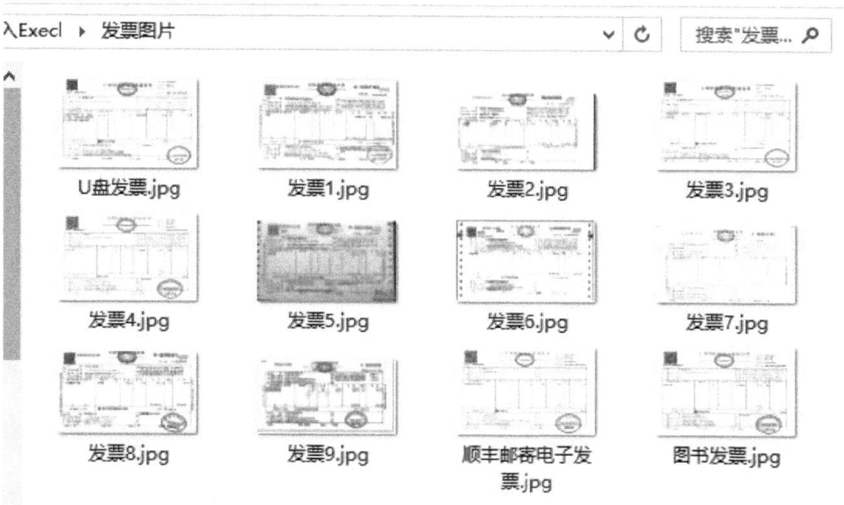

图 7.9　被审计发票图片数据示例

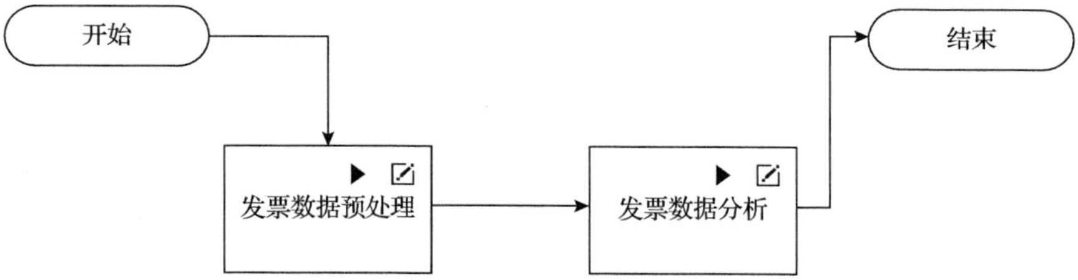

图 7.10　基于 RPA 的发票审计机器人设计示例

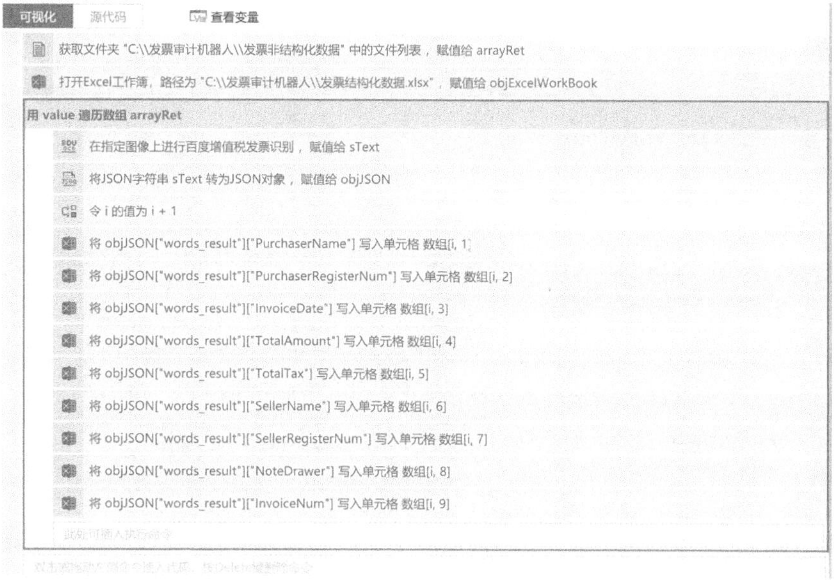

图 7.11　基于 RPA 的发票数据自动预处理可视化参数设置示例

2) 基于 RPA 的发票数据自动分析

基于以上预处理的数据，选择相关合适的审计数据分析方法，或与其他来源数据进行分析，并在该 RPA 软件中实现这些方法，实现对以上预处理后的数据(Microsoft Excel 中的发票数据)进行自动分析，从而发现相关审计线索。例如，分析发票数据中“购买方名称”字段为“湖南**医药有限公司”，且“金额”字段数值大于 2000 的数据，基于 RPA 的发票数据自动分析的可视化参数设置示例如图 7.12 所示。

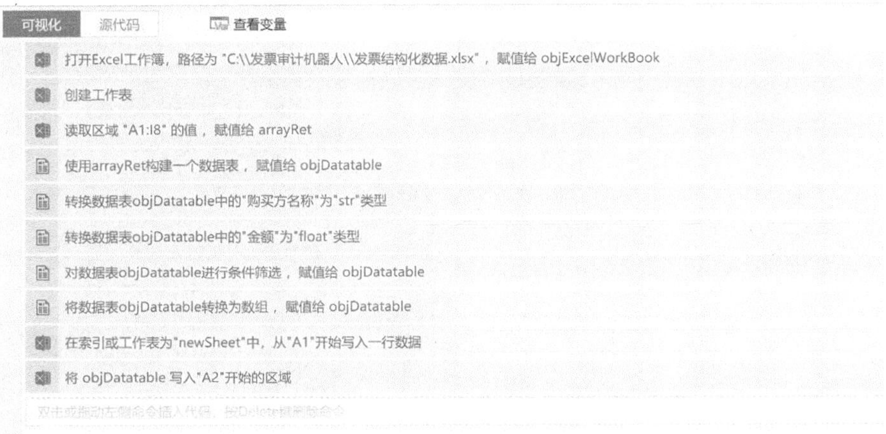

图 7.12　基于 RPA 的发票数据自动分析可视化参数设置示例

以基于 RPA 的发票数据自动分析为例，其 RPA 软件自动生成的运行代码示例如下：

```
dim objExcelWorkBook = ""
dim arrayRet = ""
dim objDatatable = ""
objExcelWorkBook = Excel.OpenExcel("C:\\发票审计机器人\\发票结构
    化数据.xlsx",true)
Excel.CreateSheet(objExcelWorkBook,"newSheet","after",false)
arrayRet=Excel.ReadRange(objExcelWorkBook,"Sheet1","A1:I8")
objDatatable = Datatable.BuildDataTable(arrayRet,arrayRet[0])
Datatable.ConvertColumnDataType(objDatatable,"购买方名称",
    "str",false,null)
Datatable.ConvertColumnDataType(objDatatable,"金额","float",false,null)
```

```
objDatatable = Datatable.QueryDataTable(objDatatable,"购买方名称==\"
        湖南**医药有限公司\" and 金额>2000")
objDatatable=Datatable.GetDataTableByArray(objDatatable,false)
Excel.WriteRow(objExcelWorkBook,"newSheet","A1",["购买方名称","购
        买方纳税识别号","开票日期","金额","税额","销售方名称","销
        售方纳税识别号","开票人","发票号"],false)
Excel.WriteRange(objExcelWorkBook,"newSheet","A2",objDatatable,
        false)
```

同理，可以设计其他数据自动化分析工作流程，从而实现更多的发票数据自动分析。例如，把以上预处理后的数据(Microsoft Excel 中的发票数据)与从被审计单位财务软件中采集来的数据进行比较，找出在以上预处理后的数据(Microsoft Excel 中的发票数据)中存在，但在从被审计单位财务软件中采集来的数据中不存在的数据。

3. 基于 RPA 的发票审计机器人运行

在设计完基于 RPA 的发票审计机器人的全部工作流程之后，运行该发票审计机器人，便可以自动完成全部审计工作，并把分析结果保存到指定电子表格中，供审计人员做进一步的延伸取证，从而获得相关审计证据，完成审计任务。例如，基于 RPA 的发票数据自动预处理部分结果示例如图 7.13 所示。

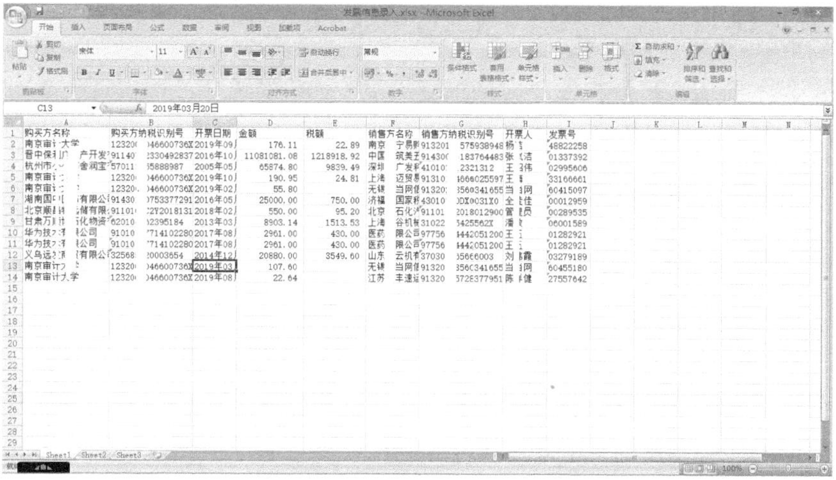

图 7.13 基于 RPA 的发票数据自动预处理部分结果示例

4. 案例分析

通过本节的研究与应用，不难发现采用 RPA 可以很容易地设计并实现发票审计机器人，并且采用设计好的发票审计机器人可以高效、快速、准确地实现发票数据的分析。同理，本节研究的方法也可以应用于金融科技风险审计项目的其他相关票据的自动分析过程中。

7.5　基于RPA的金融科技贷款业务系统应用控制风险审计

7.5.1　研究背景与研究意义

如前文所述，应用控制风险审计是目前金融科技风险审计的一项重要工作，研究如何开展应用控制风险审计非常重要。为了审计金融科技系统的应用控制风险，除了目前常用的访谈法、现场观察法、文档查看法、穿行测试法、系统数据分析法、面向系统的计算机辅助审计技术等审计方法外，可以从被审计金融机构相关部门采集相关数据，通过对这些数据进行分析，掌握目前该被审计金融机构相关金融科技系统的应用控制风险。目前大数据环境下，开展应用控制风险审计需要分析多个数据表中的数据。尽管审计人员可以利用相关软件进行审计数据采集与分析，从而提高审计工作效率，然而，目前的金融科技风险审计仍然属于劳动密集型工作。如何实现应用控制风险审计工作的自动化成为当前的一项重要工作，创新应用控制风险审计方式方法成为必然，RPA 技术的发展为开展金融科技系统应用控制风险审计带来了机遇。

本节以金融科技贷款业务系统应用控制风险审计为例，探索如何采用 RPA 技术实现金融科技业务应用控制风险审计机器人，从而实现金融科技系统应用控制风险审计的自动化。

7.5.2　基于 RPA 的金融科技贷款业务系统应用控制风险审计机器人设计与分析

针对金融科技贷款业务系统应用控制风险审计的实际需要，结合 RPA 技术的原理和目前的电子数据审计方法，可以设计基于 RPA 的金融科技贷款业务系统应用控制风险审计机器人。概括来说，基于 RPA 的金融科技贷款业务系统应用控制风险审计机器人实现原理可简单描述为：

采用RPA软件自动从被审计单位金融科技贷款业务系统中采集贷款业

务系统应用控制风险审计需要的相关数据(如对公客户数据、贷款分户明细数据、对私分户明细数据、贷款分户账数据等)，并把这些数据自动存储在电子表格或数据库中；然后，采用 RPA 软件对采集来的数据进行自动预处理；在此基础上，借助 RPA 软件进行流程设计，实现自动采用常用方法或大数据审计方法对数据库中的相关数据进行建模和整体分析，从而发现相关审计线索，并自动把分析结果保存到电子表格或数据库中。整个金融科技贷款业务系统应用控制风险审计流程由金融科技贷款业务系统应用控制风险审计机器人自动完成。在此基础上，审计人员对金融科技贷款业务系统应用控制风险审计机器人发现的相关审计线索进行延伸分析。通过对发现的这些异常数据做进一步的延伸审计和审计事实确认，最终获得审计证据。综上分析，基于 RPA 技术的金融科技贷款业务系统应用控制风险审计机器人工作原理如图 7.14 所示。

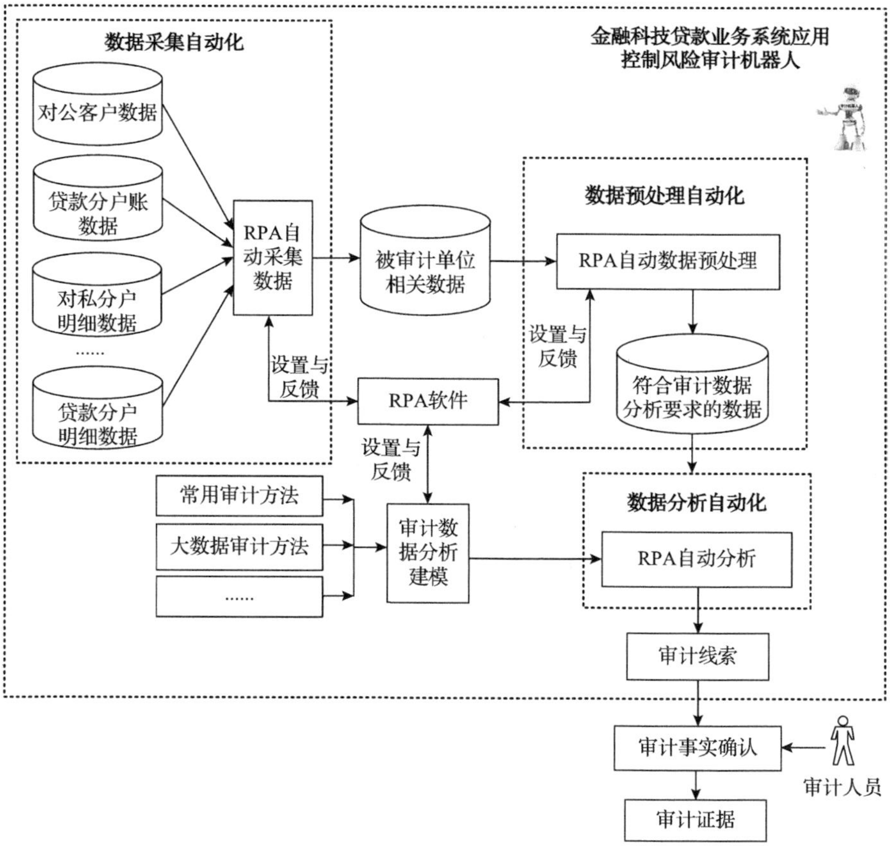

图 7.14　基于 RPA 技术的金融科技贷款业务系统应用控制风险审计机器人工作原理

7.5.3 基于 RPA 的金融科技贷款业务系统应用控制风险审计机器人应用案例

1. 案例背景简介

根据前文对基于 RPA 的金融科技贷款业务系统应用控制风险审计机器人原理的分析，本案例以某商业银行金融科技风险审计为背景，分析基于 RPA 的金融科技贷款业务系统应用控制风险审计机器人中的部分应用。本案例中，拟审计的金融科技贷款业务系统应用控制风险问题如下：

1) 重复代码证号分析

如前文所述，如果被审计贷款业务系统输入缺少系统检验，则系统中会出现数据重复输入的情况。因此，为了检查是否存在输入控制风险，可以对相关数据进行分析，检查被审计贷款业务系统中是否存在数据重复问题，从而判断被审计贷款业务系统是否存在输入控制风险。

本案例拟通过重复代码证号分析，查找“对公客户数据”中是否存在信息重复的客户代码证号数据，从而判断被审计贷款业务系统是否存在输入控制风险。

2) 身份证号位数分析

如前文所述，如果被审计贷款业务系统输入缺少系统检验，则系统中会出现业务规则错误问题。因此，为了检查被审计的贷款业务系统是否存在输入控制风险，可以对相关数据进行分析，检查系统中是否存在业务规则错误问题，从而判断被审计信息系统是否存在输入控制风险。例如，根据我国《公民身份号码》的规定，目前居民身份证编号有 15 位和 18 位两种类型。因此，如果被审计数据中存在非 15 位或 18 位身份证编号的情况，则表明出现了业务规则错误问题。

本案例拟通过身份证号位数分析，判断“对公客户数据”中身份证号的位数是否正确，进而判断被审计贷款业务系统是否存在输入控制风险。

3) 贷款卡号为空分析

如前文所述，如果被审计的贷款业务系统输入缺少系统检验，则系统中会出现数据缺失的情况。因此，为了检查被审计的贷款业务系统是否存在输入控制风险，可以对相关数据进行分析，检查系统中是否存在数据缺失问题，从而判断被审计信息系统是否存在输入控制风险。例如，在贷款信息录入过程中，如果贷款卡号输入缺少系统检验，则系统中会出现贷款卡号为空的情况。如果贷款开户日期输入缺少系统检验，则系统中会出现贷款开户日期为空的情况。

本案例拟通过贷款卡号为空分析，查找“对公客户数据”中是否存在贷款卡号为空的数据，从而判断被审计贷款业务系统是否存在输入控制风险。

4）开户日为空分析

同理，根据前文分析，本案例拟通过开户日为空分析，查找“贷款分户账数据”中贷款分户账里是否存在开户日为空的数据，从而判断被审计贷款业务系统是否存在输入控制风险。

5）贷款主体为金融机构分析

如果被审计贷款业务系统缺少处理控制，则系统中会出现数据异常情况。因此，为了评估贷款业务系统是否存在处理控制风险，可以对相关数据进行分析，检查系统中是否存在异常情况，从而判断被审计贷款业务系统是否存在处理控制风险。例如，如果缺乏对贷款主体单位性质的有效控制，则容易发生向行政事业单位和商业银行发放贷款的风险等。

本案例拟通过贷款主体为金融机构分析，查找“对公客户数据”中是否存在贷款主体单位性质为金融机构的数据，从而判断被审计贷款业务系统是否存在处理控制风险。

6）担保贷款无担保协议分析

同理，根据前文分析，本案例拟通过担保贷款无担保协议分析，查找“贷款分户账数据”中是否存在属于担保贷款但无担保协议的情况，从而判断被审计贷款业务系统是否存在处理控制风险。

7）记账复核为同一人分析

同理，根据前文分析，本案例拟通过记账复核为同一人分析，查找“贷款分户明细数据”中是否存在记账员和复核员是同一人的情况，从而判断被审计贷款业务系统是否存在处理控制风险。

8）未授权贷款分析

同理，根据前文分析，本案例拟通过未授权贷款分析，查找“对私分户明细数据”中是否存在交易金额大于 50 000 元但没有进行授权的存贷款情况，从而判断被审计贷款业务系统是否存在处理控制风险。

对于以上问题的审计，目前一般采用相关数据库工具或审计软件，通过对以上数据进行分析，发现相关问题，这样的操作一般需要审计人员进行大量的人工操作。在需要定期对上述问题进行审计时，则需要审计人员不断重复以上操作。为了提高审计效率和审计质量，决定开发审计机器人来自动化处理。

2. 基于 RPA 的金融科技贷款业务系统应用控制风险审计机器人设计与实现

根据基于 RPA 的金融科技贷款业务系统应用控制风险审计机器人实现原理，可以采用某 RPA 软件设计以上金融科技贷款业务系统应用控制风险审计机器人。基于 RPA 的金融科技贷款业务系统应用控制风险审计机器人设计示例如图 7.15 所示。

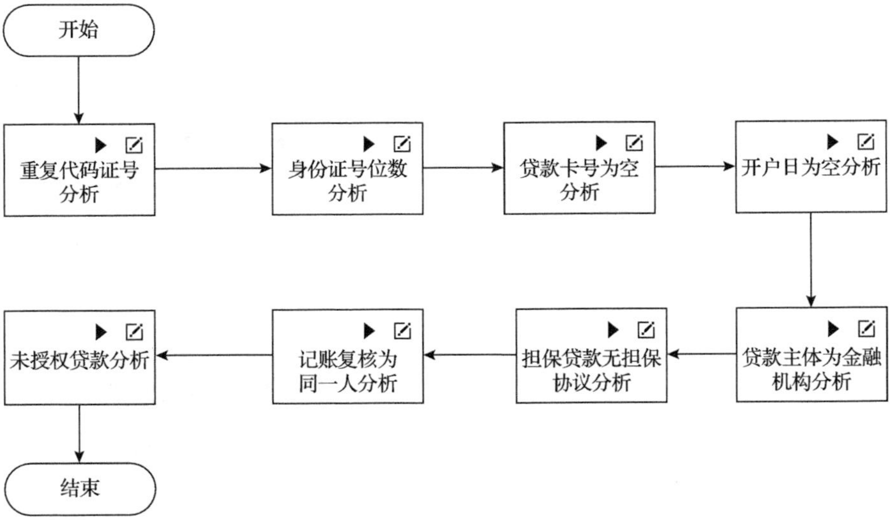

图 7.15　基于 RPA 的金融科技贷款业务系统应用控制风险审计机器人设计示例

在金融科技贷款业务系统应用控制风险审计机器人设计的基础上，根据相关业务规则，在该 RPA 软件中对重复代码证号分析、身份证号位数分析、贷款卡号为空分析、开户日为空分析、贷款主体为金融机构分析、担保贷款无担保协议分析、记账复核为同一人分析和未授权贷款分析等环节进行可视化参数设置，完成金融科技贷款业务系统应用控制风险审计相关内容的全过程自动化分析，关键步骤分析如下：

1）基于 RPA 的金融科技贷款业务系统应用控制风险审计重复代码证号自动分析

该步骤是对重复代码证号问题进行自动分析，并把分析结果自动保存到某 Microsoft Excel 文件中，采用基于 RPA 的金融科技贷款业务系统应用控制风险审计重复代码证号自动分析方法可以自动完成这一操作。其可视化参数设置示例如图 7.16 所示。

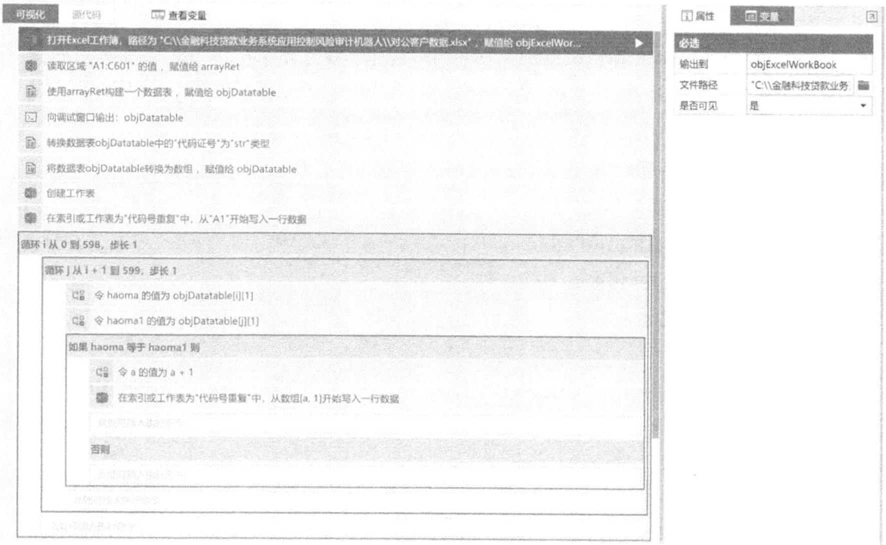

图 7.16　基于 RPA 的金融科技贷款业务系统应用控制风险审计重复代码证号自动分析可视化参数设置示例

其 RPA 软件自动生成的运行代码示例如下：

```
dim objExcelWorkBook = ""
dim arrayRet = ""
dim objDatatable = ""
dim bRet = ""
dim value1 = ""
dim arrRet = ""
dim temp0 = ""
dim haoma = ""
dim haoma1 = ""
dim daimahao = ""
dim a = 1
```

```
    objExcelWorkBook = Excel.OpenExcel("C:\\金融科技贷款业务系统应用控制风险审计机器人\\对公客户数据.xlsx",true)
    arrayRet = Excel.ReadRange(objExcelWorkBook,"对公客户数据",
"A1:C601")
    objDatatable = Datatable.BuildDataTable(arrayRet,arrayRet[0])
    TracePrint(objDatatable)
    Datatable.ConvertColumnDataType(objDatatable,"代码证号","str",
false,null)
    objDatatable = Datatable.GetDataTableByArray(objDatatable,false)
    Excel.CreateSheet(objExcelWorkBook,"代码号重复","after",false)
    Excel.WriteRow(objExcelWorkBook,"代码号重复","A1",["客户号","代码证号","客户姓名"],false)
    For i = 0 To 598 step 1
    For j = i+1 To 599 step 1
     haoma=objDatatable[i][1]
     haoma1=objDatatable[j][1]
    If haoma=haoma1
    a=a+1
    Excel.WriteRow(objExcelWorkBook,"代码号重复",[a,1],objDatatable[i],
false)
    Else
    End If
    Next
```

2）基于 RPA 的金融科技贷款业务系统应用控制风险审计身份证号位数自动分析

该步骤是对身份证号位数是否正确问题进行自动分析，并把分析结果自动保存到某 Microsoft Excel 文件中，采用基于 RPA 的金融科技贷款业务系统应用控制风险审计身份证号位数自动分析方法可以自动完成这一操作。其可视化参数设置示例如图 7.17 所示。

在完成可视化参数设置后，RPA 软件会自动生成运行代码，由于篇幅所限，本节不再重复。

3）基于 RPA 的金融科技贷款业务系统应用控制风险审计贷款卡号为空自动分析

该步骤是对贷款卡号为空问题进行自动分析，并把分析结果自动保存到某 Microsoft Excel 文件中，采用基于 RPA 的金融科技贷款业务系统应用控制风险审计贷款卡号为空自动分析方法可以自动完成这一操作。其可视化参数设置示例如图 7.18 所示。

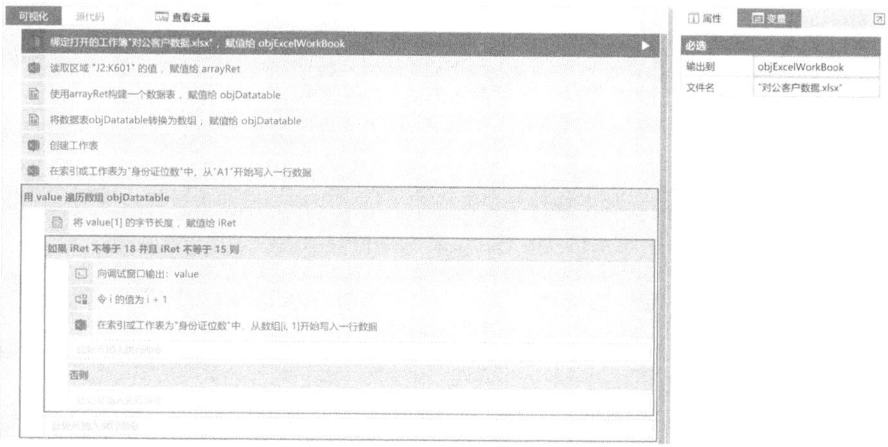

图 7.17　基于 RPA 的金融科技贷款业务系统应用控制风险审计身份证号位数自动分析可视化参数设置示例

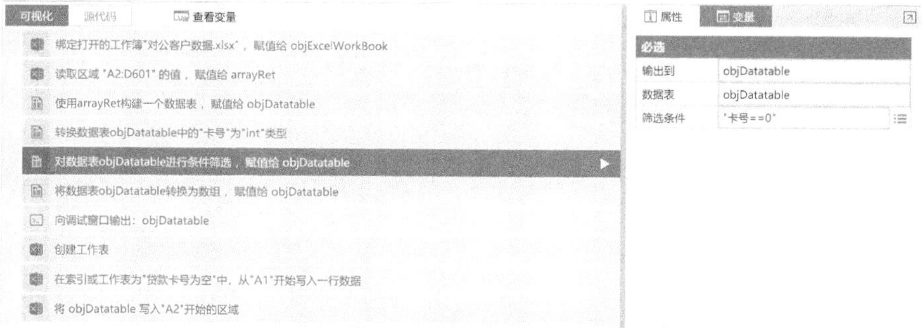

图 7.18　基于 RPA 的金融科技贷款业务系统应用控制风险审计贷款卡号为空自动分析可视化参数设置示例

在完成可视化参数设置后，RPA 软件会自动生成运行代码，由于篇幅所限，本节不再重复。

4) 基于 RPA 的金融科技贷款业务系统应用控制风险审计开户日为空自动分析

该步骤是对开户日为空问题进行自动分析，并把分析结果自动保存到某 Microsoft Excel 文件中，采用基于 RPA 的金融科技贷款业务系统应用控制风险审计开户日为空自动分析方法可以自动完成这一操作。其可视化参数设置示例如图 7.19 所示。

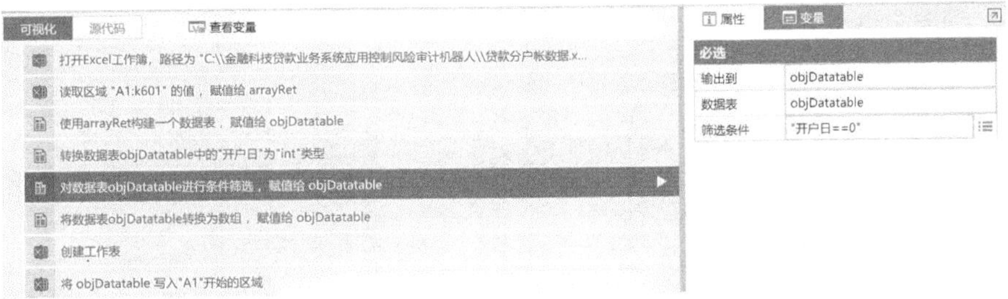

图 7.19　基于 RPA 的金融科技贷款业务系统应用控制风险审计开户日为空自动分析可视化参数设置示例

在完成可视化参数设置后，RPA 软件会自动生成运行代码，由于篇幅所限，本节不再重复。

5) 基于 RPA 的金融科技贷款业务系统应用控制风险审计贷款主体为金融机构自动分析

该步骤是对贷款主体为金融机构问题进行自动分析，并把分析结果自动保存到某 Microsoft Excel 文件中，采用基于 RPA 的金融科技贷款业务系统应用控制风险审计贷款主体为金融机构自动分析方法可以自动完成这一操作。其可视化参数设置示例如图 7.20 所示。

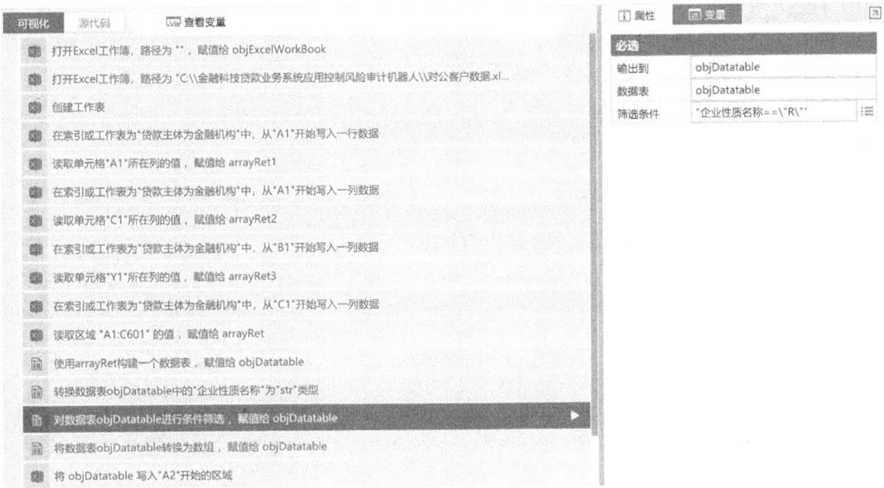

图 7.20　基于 RPA 的金融科技贷款业务系统应用控制风险审计贷款主体为金融机构自动分析可视化参数设置示例

在完成可视化参数设置后，RPA 软件会自动生成运行代码，由于篇幅所限，本节不再重复。

6) 基于 RPA 的金融科技贷款业务系统应用控制风险审计担保贷款无担保协议自动分析

该步骤是对担保贷款无担保协议问题进行自动分析，并把分析结果自动保存到某 Microsoft Excel 文件中，采用基于 RPA 的金融科技贷款业务系统应用控制风险审计担保贷款无担保协议自动分析方法可以自动完成这一操作。其可视化参数设置示例如图 7.21 所示。

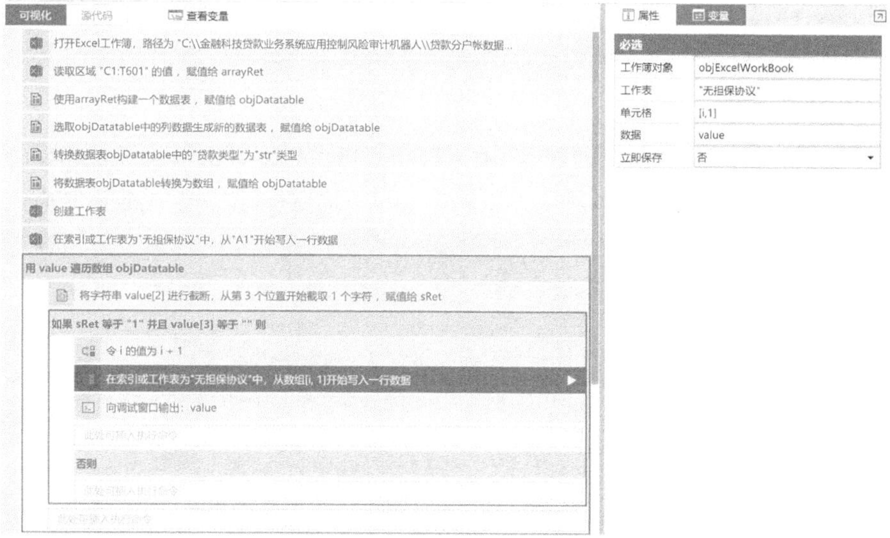

图 7.21　基于 RPA 的金融科技贷款业务系统应用控制风险审计担保贷款无担保协议自动分析可视化参数设置示例

在完成可视化参数设置后，RPA 软件会自动生成运行代码，由于篇幅所限，本节不再重复。

7) 基于 RPA 的金融科技贷款业务系统应用控制风险审计记账复核为同一人自动分析

该步骤是对记账复核为同一人问题进行自动分析，并把分析结果自动保存到某 Microsoft Excel 文件中，采用基于 RPA 的金融科技贷款业务系统应用控制风险审计记账复核为同一人自动分析方法可以自动完成这一操作。其可视化参数设置示例如图 7.22 所示。

在完成可视化参数设置后，RPA 软件会自动生成运行代码，由于篇幅所限，本节不再重复。

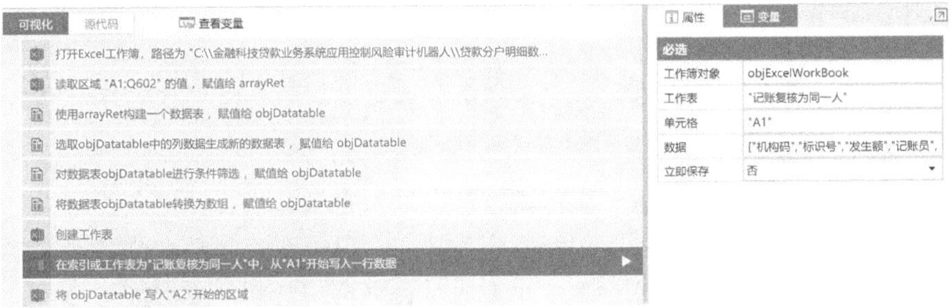

图 7.22　基于 RPA 的金融科技贷款业务系统应用控制风险审计记账复核为同一人自动分析可视化参数设置示例

8）基于 RPA 的金融科技贷款业务系统应用控制风险审计未授权贷款自动分析

该步骤是对未授权贷款问题进行自动分析，并把分析的结果自动保存到某 Microsoft Excel 文件中，采用基于 RPA 的金融科技贷款业务系统应用控制风险审计未授权贷款自动分析方法可以自动完成这一操作。其可视化参数设置示例如图 7.23 所示。

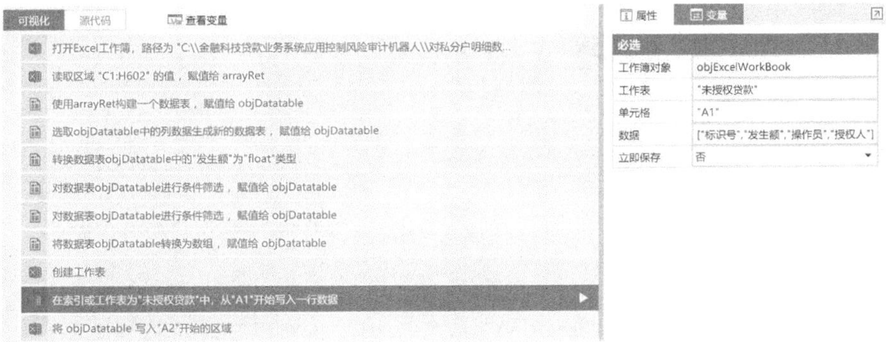

图 7.23　基于 RPA 的金融科技贷款业务系统应用控制风险审计未授权贷款自动分析可视化参数设置示例

在完成可视化参数设置后，RPA 软件会自动生成运行代码，由于篇幅所限，本节不再重复。

3. 基于 RPA 的金融科技贷款业务系统应用控制风险审计机器人运行

在设计完基于 RPA 的金融科技贷款业务系统应用控制风险审计机器人的全部工作流程之后，运行该金融科技贷款业务系统应用控制风险审计机器人，便可以自动完成全部审计工作流程，并把分析结果保存到相应的电子表格中，供审计人员做进一步的延伸取证，从而获得相关审计证据，完成审计任务。重复代码证号分析、身份证号位数分析、贷款卡号为空分析、开户日为空分析、贷款主体为金融机构分析、担保贷款无担保协议分析、记账复核为同一人分析和未授权贷款分析等步骤的分析结果示例分别如下所示。

图 7.24 显示了对公客户数据中客户“代码证号”字段的数据重复情况。通过分析图 7.24 的结果，审计人员发现被审计的贷款业务系统在数据重复输入管控方面存在不足，这些问题给该被审计单位金融科技系统的运行管理埋下了风险隐患。

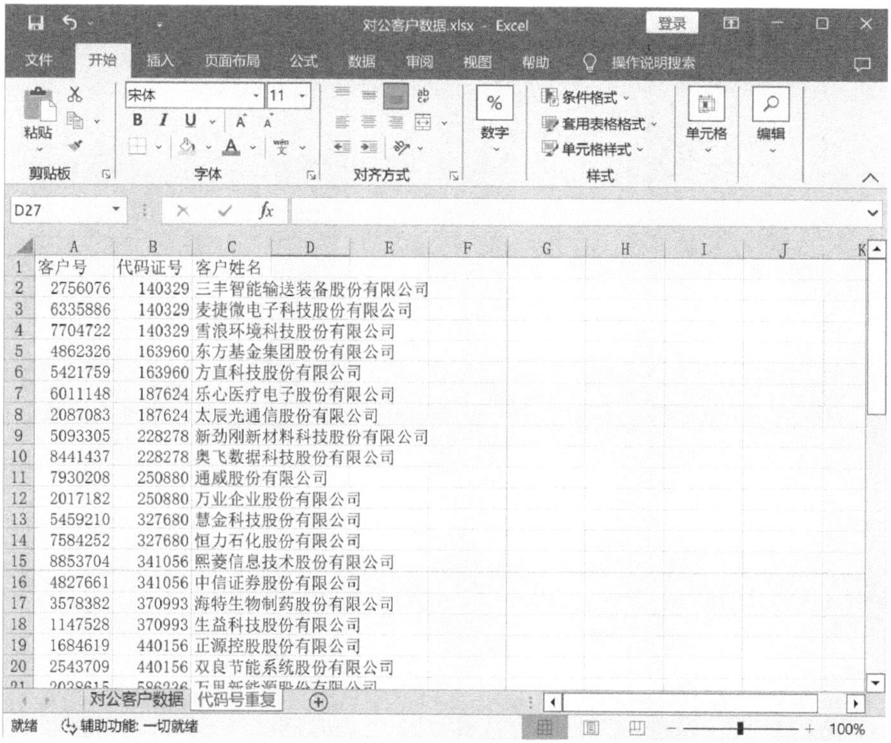

图 7.24　重复代码证号分析结果示例

图 7.25 显示了对公客户数据中存在身份证号位数不正确的情况。通过图 7.25 的分析结果，审计人员可以发现被审计的贷款业务系统未能很好地控制不正确数据的输入，这些问题的存在给该被审计单位金融科技系统的运行管理带来了潜在的风险隐患。

图 7.26 显示了对公客户数据中存在贷款卡号为空的情况。通过图 7.26 的分析结果，审计人员可以发现被审计的贷款业务系统未能很好地控制不正确数据输入问题，这些问题的存在对该被审计单位金融科技系统的运行

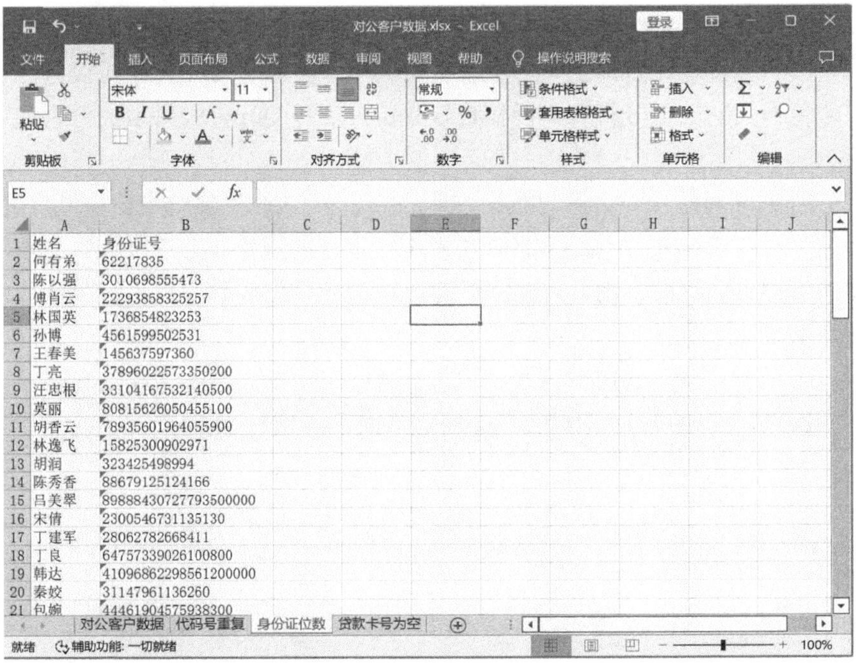

图 7.25　身份证号位数分析结果示例

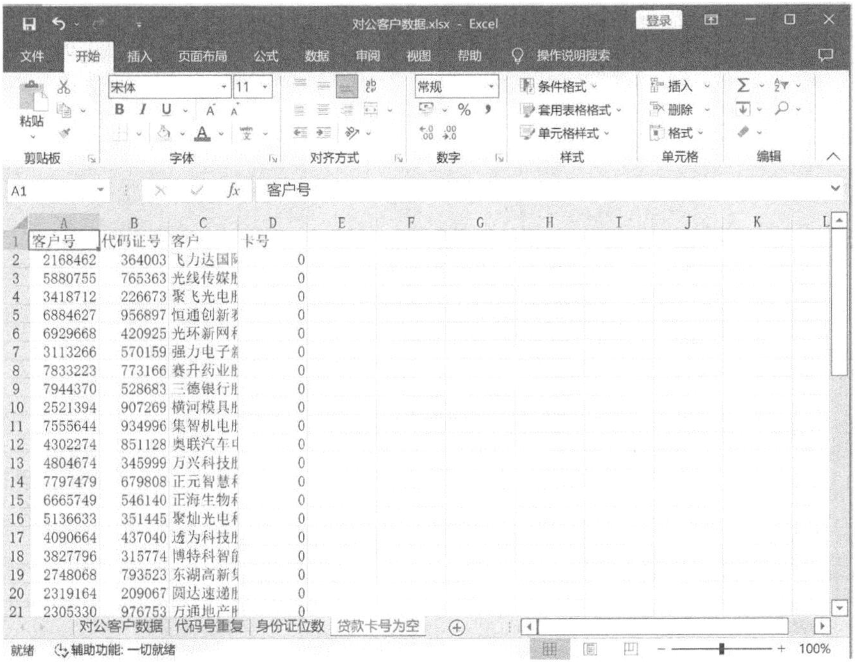

图 7.26　贷款卡号为空分析结果示例

管理造成潜在的风险隐患。

图 7.27 显示了贷款分户账数据中存在开户日为空的情况。通过图 7.27 的分析结果，审计人员可以发现被审计的贷款业务系统未能很好地控制不正确数据输入，这些问题的存在给该被审计单位金融科技系统的运行管理带来潜在的风险隐患。

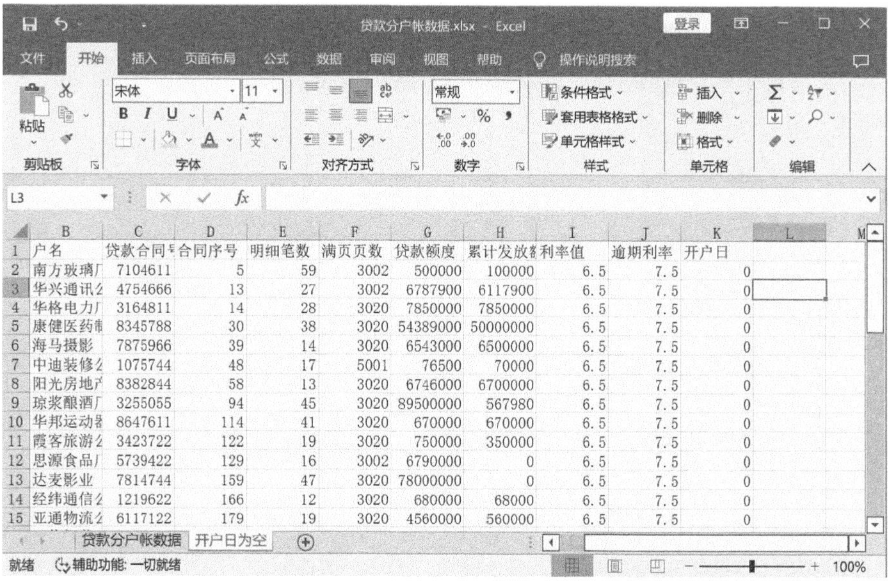

	B	C	D	E	F	G	H	I	J	K
1	户名	贷款合同号	合同序号	明细笔数	满页页数	贷款额度	累计发放额	利率值	逾期利率	开户日
2	南方玻璃厂	7104611	5	59	3002	500000	100000	6.5	7.5	0
3	华兴通讯公	4754666	13	27	3002	6787900	6117900	6.5	7.5	0
4	华格电力厂	3164811	14	28	3020	7850000	7850000	6.5	7.5	0
5	康健医药制	8345788	30	38	3020	54389000	50000000	6.5	7.5	0
6	海马摄影	7875966	39	14	3020	6543000	6500000	6.5	7.5	0
7	中迪装修公	1075744	48	17	5001	76500	70000	6.5	7.5	0
8	阳光房地产	8382844	58	13	3020	6746000	6700000	6.5	7.5	0
9	琼浆酿酒厂	3255055	94	45	3020	89500000	567980	6.5	7.5	0
10	华邦运动器	8647611	114	41	3020	670000	670000	6.5	7.5	0
11	霞客旅游公	3423722	122	19	3020	750000	350000	6.5	7.5	0
12	思源食品厂	5739422	129	16	3002	6790000	0	6.5	7.5	0
13	达麦影业	7814744	159	47	3020	78000000	0	6.5	7.5	0
14	经纬通信公	1219622	166	12	3020	680000	68000	6.5	7.5	0
15	亚通物流公	6117122	179	19	3020	4560000	560000	6.5	7.5	0

图 7.27　开户日为空分析结果示例

图 7.28 显示了对公客户数据中存在贷款主体为金融机构的情况。通过图 7.28 的分析结果，审计人员可以发现被审计的贷款业务系统缺少有效的处理控制，这些问题的存在给该被审计单位金融科技系统的运行管理埋下了风险隐患。

图 7.29 显示了贷款分户账数据中存在属于担保贷款但无担保协议的情况。通过图 7.29 的分析结果，审计人员可以发现被审计的贷款业务系统缺少有效的处理控制，给该被审计单位金融科技系统的运行管理埋下了一定的风险隐患。

图 7.30 显示了贷款分户明细数据中存在记账复核为同一人的情况。通过图 7.30 的分析结果，审计人员可以发现被审计的贷款业务系统缺少有效的处理控制，给该被审计单位金融科技系统的运行管理埋下了一定的风险隐患。

图 7.31 显示了对私分户明细数据中存在交易金额大于 5 万元但没有进行授权的存贷款交易情况。通过图 7.31 的分析结果，审计人员可以发现被

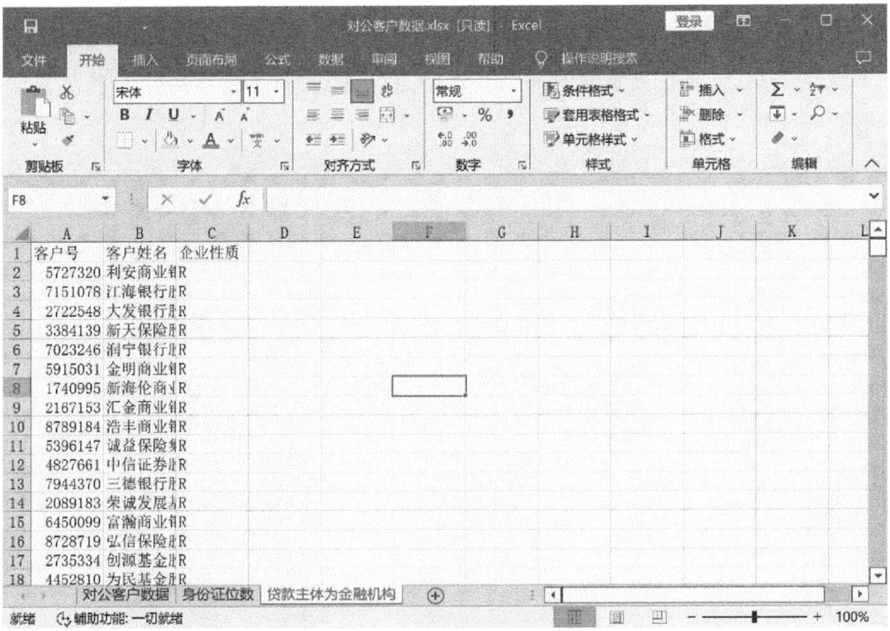

图 7.28　贷款主体为金融机构分析结果示例

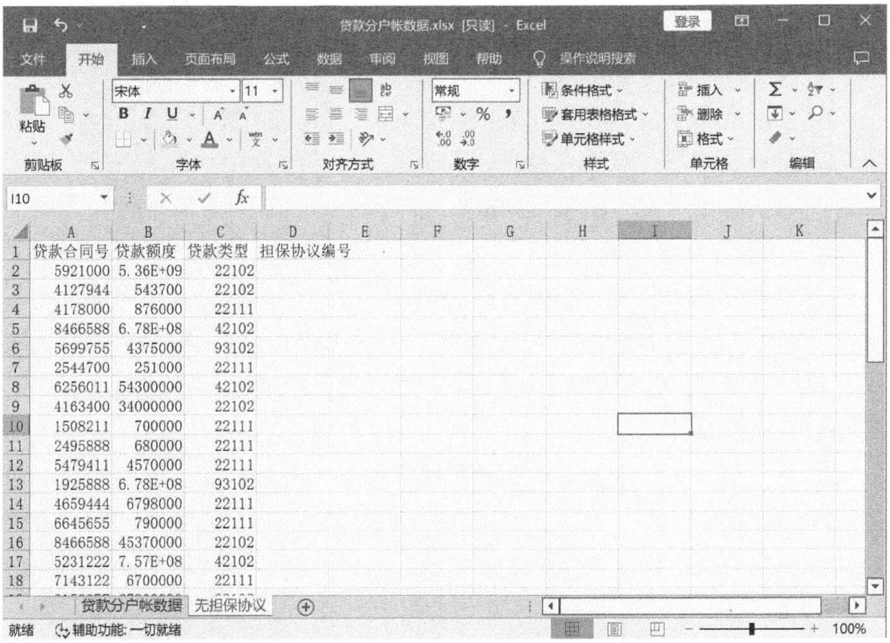

图 7.29　担保贷款无担保协议分析结果示例

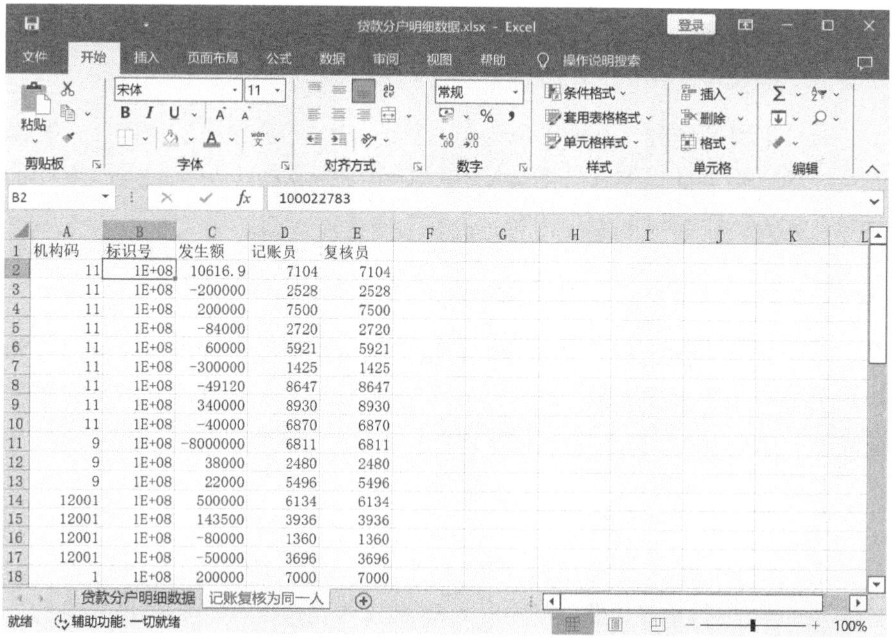

机构码	标识号	发生额	记账员	复核员
11	1E+08	10616.9	7104	7104
11	1E+08	-200000	2528	2528
11	1E+08	200000	7500	7500
11	1E+08	-84000	2720	2720
11	1E+08	60000	5921	5921
11	1E+08	-300000	1425	1425
11	1E+08	-49120	8647	8647
11	1E+08	340000	8930	8930
11	1E+08	-40000	6870	6870
9	1E+08	-8000000	6811	6811
9	1E+08	38000	2480	2480
9	1E+08	22000	5496	5496
12001	1E+08	500000	6134	6134
12001	1E+08	143500	3936	3936
12001	1E+08	-80000	1360	1360
12001	1E+08	-50000	3696	3696
1	1E+08	200000	7000	7000

图 7.30　记账复核为同一人分析结果示例

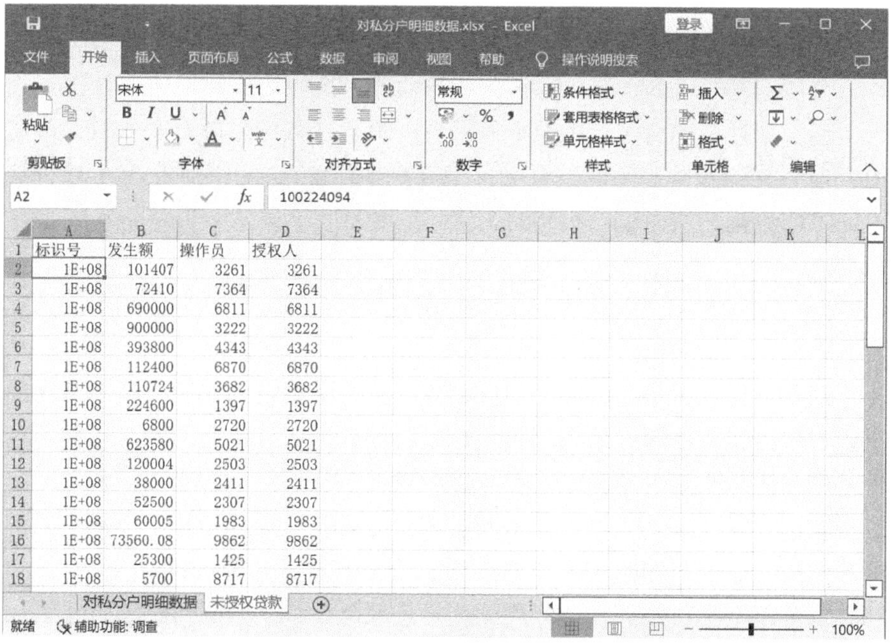

标识号	发生额	操作员	授权人
1E+08	101407	3261	3261
1E+08	72410	7364	7364
1E+08	690000	6811	6811
1E+08	900000	3222	3222
1E+08	393800	4343	4343
1E+08	112400	6870	6870
1E+08	110724	3682	3682
1E+08	224600	1397	1397
1E+08	6800	2720	2720
1E+08	623580	5021	5021
1E+08	120004	2503	2503
1E+08	38000	2411	2411
1E+08	52500	2307	2307
1E+08	60005	1983	1983
1E+08	73560.08	9862	9862
1E+08	25300	1425	1425
1E+08	5700	8717	8717

图 7.31　未授权贷款分析结果示例

审计的贷款业务系统缺少有效的处理控制，这些问题的存在给该被审计单位金融科技系统的运行管理带来一定的潜在的风险隐患。

4. 基于RPA的金融科技贷款业务系统应用控制风险审计机器人优势分析

通过本节的研究，不难发现：采用基于RPA的金融科技贷款业务系统应用控制风险审计机器人开展金融科技贷款业务系统应用控制风险审计具有如下优势。

1) 及时审计金融科技贷款业务系统应用控制风险

基于RPA的金融科技贷款业务系统应用控制风险审计机器人可以定期执行金融科技贷款业务系统的整个审计业务流程，及时发现金融科技贷款业务系统中存在的应用控制风险。

2) 审计项目实施成本低

基于 RPA 的金融科技贷款业务系统应用控制风险审计机器人可以7×24小时地进行审计工作，因此，能够减少人力成本和时间的投入，有效提高现有的审计效率，降低金融科技系统审计项目实施成本。

3) 能灵活适应被审计金融科技贷款业务系统的变化

在使用基于 RPA 的金融科技贷款业务系统应用控制风险审计机器人时，当被审计金融科技贷款业务系统业务流程或数据来源有变化时，通过RPA软件可以很容易地调整金融科技贷款业务系统应用控制风险审计机器人的工作流程，从而适应相应的变化。

7.6 基于RPA的金融科技风险审计机器人发展分析

随着信息技术的广泛应用和被审计单位金融科技的快速发展，常用的审计方法已经不能很好地满足目前金融科技风险审计工作的需要，创新审计技术方法越来越重要。RPA技术的出现为解决这一问题带来了机遇。本章根据这一需要，分析了采用RPA技术给金融科技风险审计工作带来的机遇和挑战，研究了如何实现基于RPA的金融科技风险审计机器人。

本章以金融科技系统业务连续性管理风险审计、金融科技项目建设风险审计、金融科技贷款业务系统应用控制风险审计为例，分析了金融科技风险审计机器人的设计与应用。未来可通过设计覆盖金融科技风险审计的全部内容的审计机器人，如聚焦金融科技系统开发、测试与维护风险审计机器人，负责金融科技系统运行管理风险审计机器人，承担金融科技系统安全风险审计的机器人，以及针对金融科技系统外包风险、应用控制风险、治理风险、项目建设风险、项目绩效、云计算系统风险等开展审计工作的机器人等，便可以自动完成全部的金融科技风险审计工作，进而显著提高金融科技系统风险审计的效率。

由于 RPA 技术自身的局限性，目前基于 RPA 的审计机器人在审计能力上仍存在一定的不足，如普华永道(PwC)对丹麦 18 家最大企业的调查发现：为了充分发挥 RPA 技术的潜力，一般需要比预期更长的时间才能获得预期的效益①。另外，RPA 技术的智能化水平仍有很大的不足，目前尚不能处理较为复杂的金融科技风险审计工作。因此，目前在应用基于 RPA 的审计机器人时，可以充分利用 RPA 技术的优点，选择合适的金融科技风险审计任务，充分发挥基于 RPA 的金融科技风险审计机器人的优势。

随着人工智能的深入研究与广泛应用，计算机视觉、自然语言情感分析、图像识别、语音识别等技术与 RPA 集成，可以显著提升 RPA 的适用性、高级功能和可扩展性，这将使基于 RPA 的审计机器人今后能够智能地处理更复杂的审计任务，能自动化处理的任务类型和范围也会进一步拓展。这将实现由 RPA 到 RIA(robotic intelligent automation，机器人智能自动化)的转变，从而更好地拓展审计机器人的审计能力。例如，Blue Prism 已经与 IBM Watson 合作，研究如何来提高 RPA 的认知能力。

根据以上 RPA 技术的发展与分类，今后金融科技风险审计机器人可以分成以下两类：

(1) 自动化金融科技风险审计机器人。这种基于 RPA 的金融科技风险审计机器人仅仅是基于预定的规则，主要用来执行重复的、大工作量的审计任务。这种金融科技风险审计机器人仅仅能根据简单的规则来做出决策，缺少一定的自我判断能力。

(2) 智能化金融科技风险审计机器人。这种金融科技风险审计机器人通过数据训练，具有一定的智能和自我判断能力，能灵活地适应复杂的审计环境，从而能扩展已有基于 RPA 的金融科技风险审计机器人的适应能力。

另外，在数据的采集和自动分析过程中，基于 RPA 的金融科技风险审计机器人可以融合现有各项技术如语音识别、光学字符识别、计算机视觉、图像识别等技术与 RPA 集成，从而更好地提升金融科技风险审计的智能化

---

① PwC, 2017: "Successful implementation of RPA takes time", https://www.pwc.dk/da/publikationer/2017/rpa-danish-market-survey-2017-uk-pwc.pdf.

水平。

总的来说，目前常用的金融科技风险审计方式、基于 RPA 的金融科技风险审计机器人，以及今后基于 RIA 的金融科技风险审计机器人三者的比较如表 7.1 所示。

表 7.1　三种金融科技风险审计方式比较

比较内容	审计方式		
	目前常用的金融科技风险审计方式	基于 RPA 的金融科技风险审计机器人	基于 RIA 的金融科技风险审计机器人
审计准备时间	几天	几个星期	几个月
处理业务的特点	适合各种类型的审计任务	审计任务流程固定、工作量大、重复单调、不需要专业判断	适合各种类型的审计任务
处理的业务量	有限	无限	无限
处理业务的灵活性	较好	较差	较好
审计成本	高	低	低
审计质量	一般	高	高
审计工作效率	低	高	高
方法的成熟度	成熟	成熟	正在探索中

第 8 章　金融科技风险审计研究展望与建议

8.1　引　　言

如前文所述，人工智能技术对审计工作产生了重要的影响。第 4 章分析了人工智能相关技术及其在审计中的应用，这些技术包括图像识别技术、OCR 技术、语音识别技术、语音合成技术、自然语言处理技术、社会网络分析、RPA 技术、机器人技术、机器学习等。为了提高金融科技风险审计工作的效率，实现金融科技风险审计工作的自动化，第 7 章研究了如何应用 RPA 技术开展金融科技风险审计。随着人工智能技术的发展，大模型目前成为人工智能领域中最为流行的技术之一[①]，研究大模型对金融科技风险审计工作的影响以及如何有效利用大模型开展金融科技风险审计越来越重要。本章将探索大模型在金融科技风险审计中的应用，为今后金融科技风险审计的研究与应用提供了方向。本章最后对金融科技风险审计的应用与发展提出相关建议。

8.2　人工智能前沿技术大模型在金融科技风险审计中的应用探析

8.2.1　大模型相关知识分析

1. 大模型简介

大模型是大规模语言模型（large language model）的简称[②③]，它是指参数量大、结构复杂的人工智能模型。传统的人工智能模型一般只能处理少量数据、简单的问题，大模型可以用来处理大规模数据和复杂的问题。

---

① 陈伟：《大模型在智能审计中的应用研究》，《中国注册会计师》2024 年第 5 期，第 86～90 页.

② OpenAI, 2023: “GPT-4 Technical Report”, https://cdn.openai.com/papers/gpt-4.pdf.

③ Kalyan K S, 2024: “A survey of GPT-3 family large language models including ChatGPT and GPT-4”, *Natural Language Processing Journal*, 6: 100048.

2. 大模型的优缺点分析

相对传统的人工智能模型来说，大模型的主要优缺点概括如下：

1) 大模型的优点

A. 可以处理大规模数据

相对传统的人工智能模型，大模型可以处理大规模的数据，特别是图像、视频、音频等多模态大数据，能够很好地满足大数据环境下金融科技风险审计的需要。

B. 可以处理复杂问题

相对传统的人工智能模型，大模型具有更高的复杂度和更强的灵活性，可以处理更加复杂的问题，如自然语言处理、语音识别、图像分类、视频生成等，能够很好地满足大数据环境下金融科技风险审计的需要。

C. 模型分析结果好

由于大模型是参数量大、结构复杂的人工智能模型，因而可以处理各种不同的任务和数据集；由于大模型可以进行高效的并行计算，因而具有较强的计算能力，可以很好地满足模型训练和推理的需要。因此，大模型在某些领域可以具有很好的准确率和性能，确保分析结果的准确性，能够很好地满足大数据环境下金融科技风险审计的需要。

2) 大模型的缺点

然而，目前大模型在应用过程中仍存在一些不足之处。

A. 使用成本高

大模型通常参数数量较多，需要大量的训练数据并消耗更多的计算资源，训练和计算成本高，应用大模型会加大相关的投入成本。

B. 专业知识不足

由于大模型依赖训练数据，而其可能无法实时获取和更新数据，因而训练数据不可能都是最新的，特别是针对一些交叉学科的研究前沿或特定领域，可能缺乏针对这些方面的训练数据和专业知识。因此，对于一些研究前沿或特定领域的应用场景，如金融科技风险审计，大模型给出的结果可能会不准确。

C. 有效利用大模型工具需要满足一定的要求

有效使用大模型工具开展金融科技风险审计工作需要用户具有一定的相关专业知识，并掌握正确的提问技巧，否则，大模型工具可能不能提供给用户满意、准确的结果。

3. 常见大模型分类

目前国内外已研发了多类大模型，这些大模型可以分为三类。

1) 文本生成大模型

文本生成大模型可以用来与人对话，根据用户的描述编写代码、创作内容，生成、编辑具有创意性或技术性的文章。

2) 图像生成大模型

图像生成大模型可以根据用户的描述生成所需要的图像。

3) 视频生成大模型

视频生成大模型也称为文生视频大模型，它可以用来根据用户的文本提示创建所需要的视频。

4. 常见大模型分析

根据以上大模型的分类，常见大模型分析如下。

1) GPT

GPT (generative pre-trained Transformer，生成式预训练转化器) 是美国开放人工智能研究中心 (OpenAI) 推出的一种基于 Transformer 架构的文本生成大模型。它可以生成自然语言文本，回答用户问题，与用户进行对话等，可以用于聊天机器人、问答系统等。GPT 从 GPT-1 发展到 GPT-4。其中，GPT-4 是一种更加先进的大模型，具有更加丰富的语言理解和生成能力[①]。

2) ChatGPT

ChatGPT (chat generative pre-trained Transformer，交谈用的生成式预训练转化器) 是美国开放人工智能研究中心 (OpenAI) 在 GPT 模型的基础上进行微调和细化的版本，它更适合对话生成任务。它能够通过理解和学习人类的语言进行对话，还能根据聊天的上下文进行互动，真正像人类一样来聊天交流，甚至能完成撰写邮件、视频脚本、文案、翻译、代码、论文等任务。

① OpenAI, 2023: "GPT-4 Technical Report", https://cdn.openai.com/papers/gpt-4.pdf.

3) DALL-E

DALL-E 是美国开放人工智能研究中心（OpenAI）推出的一种图像生成大模型，可以根据用户给定的描述生成相应的图像①。

4) SORA

SORA 是美国开放人工智能研究中心（OpenAI）推出的人工智能文生视频大模型，它基于 Transformer 架构，可以深度模拟真实物理世界，根据用户的文本指令创建现实且富有想象力的逼真视频②。它甚至还可以根据静态图像生成视频，让图像内容动起来。

5) 文心一言

文心一言③（英文名为：ERNIE Bot）是百度研发的一个基于中文的大模型，它可以用于文本生成、语言理解、知识问答等多种任务，能够与用户进行对话互动，可应用于问题回答、内容创作、多模态生成等方面。

6) 其他大模型

除了以上大模型之外，Google 公司推出了大模型 Gemini④，阿里云推出了大模型“通义千问”⑤，腾讯推出了通用大模型“腾讯混元”等⑥。

8.2.2　大模型在金融科技风险审计中的可行应用分析

把大模型成功应用于金融科技风险审计中的关键是真正找到好的应用场景。根据目前大模型所具有的功能以及金融科技风险审计的研究与应用现状，金融科技风险审计中可行的大模型应用分析主要包含以下内容。

1. 金融科技风险审计知识智能问答

通过应用大模型，构建金融科技风险审计知识智能问答功能，可以帮助审计人员了解所需要的相关金融科技风险审计业务知识、审计经验、审

① Betker J, Goh G, Jing L, et al., 2023: “Improving Image Generation with Better Captions”, https://cdn.openai.com/papers/dall-e-3.pdf.

② OpenAI, 2024: “Video generation models as world simulators”, https://openai.com/index/video-generation-models-as-world-simulators/.

③ https://yiyan.baidu.com.

④ https://deepmind.google/technologies/gemini/#introduction.

⑤ https://tongyi.aliyun.com.

⑥ https://hunyuan.tencent.com.

计法规等。

2. 金融科技风险审计文书智能编写

运用大模型对文本的学习理解能力，通过学习历史审计文书的格式模板、撰写格式、撰写风格和分析逻辑等内容，构建金融科技风险审计文书智能编写功能，可以帮助审计人员智能生成审计通知书、审计实施方案、审计取证单、审计底稿、审计报告等金融科技风险审计文书。

3. SQL 分析模型智能生成

编写SQL分析模型对被审计单位电子数据进行分析是金融科技风险审计中最常使用的方法。SQL 语句编写的技术门槛影响了金融科技风险审计的广泛应用。大模型具有 SQL 语句生成能力，可以根据审计人员数据分析的需要，生成 SQL 语句，审计人员无须了解 SQL 语句语法结构、数据库技术以及相关编程知识也可轻松地实现审计数据分析的 SQL 分析模型，完成金融科技风险审计过程中的数据分析工作。因此，通过应用大模型，构建 SQL 分析模型智能生成功能，可以帮助审计人员智能生成金融科技风险审计过程中所需要的 SQL 分析模型。

4. 审计方法程序代码智能生成

在开展金融科技风险审计时，为了实现对相关问题的智能分析，需要采用相关软件如 Python、R 语言等编写所需的程序代码。编写复杂的程序代码通常需要一定的技术水平，影响了金融科技风险审计的广泛应用。大模型具有多种编程语言代码生成能力，可以根据审计人员数据分析的需要，生成审计方法程序代码，完成金融科技风险审计过程中的数据分析工作。因此，通过应用大模型，构建审计方法程序代码智能生成功能，可以帮助审计人员智能生成金融科技风险审计过程中所需要的审计方法程序代码。

5. 金融科技风险审计方案智能设计

可以将大模型应用于金融科技风险审计思路分析及方案设计等场景。结合历史金融科技风险审计相关案例、金融科技风险审计内容等知识库，大模型能够自动根据历史审计经验及知识库给出金融科技风险审计方案，从而为审计人员提供辅助支持，快速、准确、全面地发现审计线索，获得审计证据，从而提升金融科技风险审计效率。

6. 金融科技风险审计智能教育培训

为了提高审计人员的金融科技风险审计能力，对审计人员和相关专业学生开展金融科技风险审计教育培训非常重要。大模型能够智能生成金融科技风险审计教育培训所需要的测试题库供选择，从而为相关教学工作提供辅助支持，提升了教育培训效率。另外，还可以采用大模型做助教，为学员提供个性化的课程知识分析与指导，提供知识答疑和解题辅导服务。

8.2.3 大模型在金融科技风险审计中的应用案例

1. 金融科技风险审计知识智能问答

假设在某商业银行金融科技风险审计中，为了审计金融业务生物特征识别系统应用控制风险，审计人员想了解一下目前国内外关于生物特征识别信息保护的法规。为了提高工作效率，可以借助大模型工具。以文心一言大模型为例，审计人员可以在该工具中通过文本形式输入自己的需求（需求的表达越专业、越清晰，大模型给出的结果就会越准确），需求文本示例如下：

> 目前国内外关于生物特征识别信息保护的法规有哪些？请从国内和国外分别介绍。

基于大模型的金融科技风险审计知识智能问答应用示例如图 8.1 所示。

以上回答结果可供审计人员参考使用。对于不满意的回答结果，审计人员还可以与大模型工具做进一步的交流，从而得到满意的答案。

2. SQL 分析模型智能生成

假设在某商业银行贷款业务系统风险审计中，审计人员计划分析该银行贷款业务系统里的“对公客户数据”表中是否存在重复的代码证号数据，需要编写相应的 SQL 分析模型，可以借助大模型工具实现。以文心一言大模型为例，审计人员可以在该工具中以文本方式输入自己的具体需求（需求表达越专业、越清晰，大模型给出的结果越准确），需求文本示例如下：

> 你作为银行里的技术专家，请给我写个 SQL 语句，用来查找商业银行贷款业务系统里的“对公客户数据”表中是否存在重复的代码证号数据，并按重复的次数对查询结果降序排列。其中，“对公客户数据表”里包括客户号、代码证号，客户姓名、贷款卡号、税务号、地址、邮编、公司电话、法定代表人、法人身份证、注册资本这些字段。

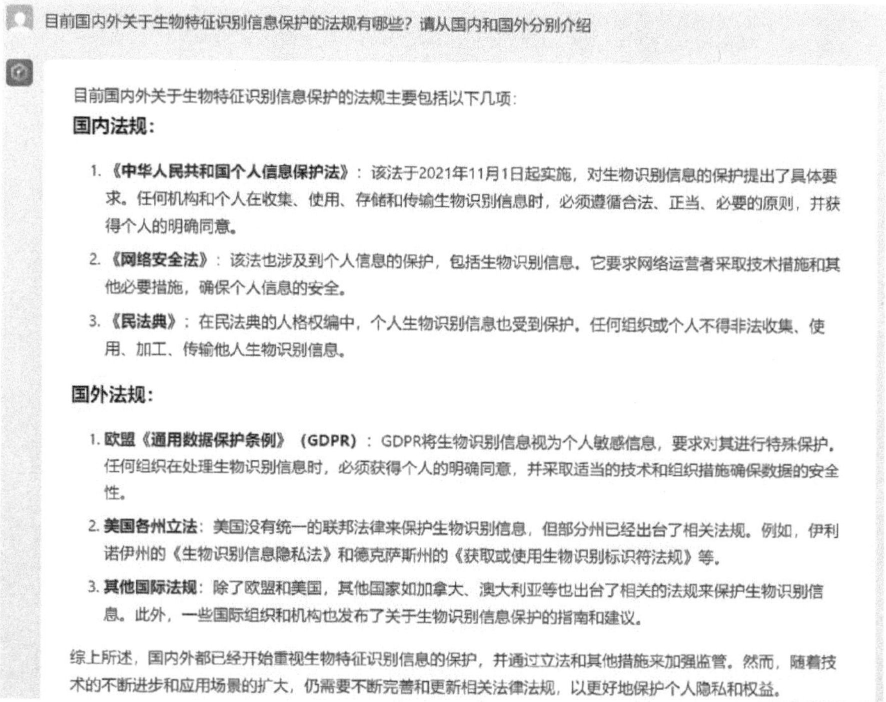

目前国内外关于生物特征识别信息保护的法规有哪些？请从国内和国外分别介绍

目前国内外关于生物特征识别信息保护的法规主要包括以下几项：

国内法规：

1. **《中华人民共和国个人信息保护法》**：该法于2021年11月1日起实施，对生物识别信息的保护提出了具体要求。任何机构和个人在收集、使用、存储和传输生物识别信息时，必须遵循合法、正当、必要的原则，并获得个人的明确同意。
2. **《网络安全法》**：该法也涉及到个人信息的保护，包括生物识别信息。它要求网络运营者采取技术措施和其他必要措施，确保个人信息的安全。
3. **《民法典》**：在民法典的人格权编中，个人生物识别信息也受到保护。任何组织或个人不得非法收集、使用、加工、传输他人生物识别信息。

国外法规：

1. **欧盟《通用数据保护条例》（GDPR）**：GDPR将生物识别信息视为个人敏感信息，要求对其进行特殊保护。任何组织在处理生物识别信息时，必须获得个人的明确同意，并采取适当的技术和组织措施确保数据的安全性。
2. **美国各州立法**：美国没有统一的联邦法律来保护生物识别信息，但部分州已经出台了相关法规。例如，伊利诺伊州的《生物识别信息隐私法》和德克萨斯州的《获取或使用生物识别标识符法规》等。
3. **其他国际法规**：除了欧盟和美国，其他国家如加拿大、澳大利亚等也出台了相关的法规来保护生物识别信息。此外，一些国际组织和机构也发布了关于生物识别信息保护的指南和建议。

综上所述，国内外都已经开始重视生物特征识别信息的保护，并通过立法和其他措施来加强监管。然而，随着技术的不断进步和应用场景的扩大，仍需要不断完善和更新相关法律法规，以更好地保护个人隐私和权益。

图 8.1 基于大模型的金融科技风险审计知识智能问答应用示例

基于大模型的 SQL 分析模型智能生成应用示例如图 8.2 所示。

审计人员可以参照图 8.2 中智能生成的 SQL 分析模型，在数据库工具中根据实际情况修改并运行该 SQL 分析模型，完成相应的金融科技风险审计数据分析工作，示例如图 8.3 所示。

3. 审计方法程序代码智能生成

假设在某商业银行金融科技风险审计中，为了便于从整体上把握被审计银行业务连续性计划的年度应急演练执行情况等，快速发现可疑数据，审计人员可以采集相关文件，如被审计单位的业务连续性计划相关制度、年度应急演练执行总结材料等，然后可以采用标签云分析方法对这些文件进行可视化分析。现审计人员需要采用 Python 编写标签云分析程序，大模型工具可以帮助审计人员完成这一任务。以文心一言大模型为例，审计人员可以在该工具中以文本方式输入自己的需求(需求表达越专业、越清晰，大模型给出的结果越准确)，需求文本示例如下：

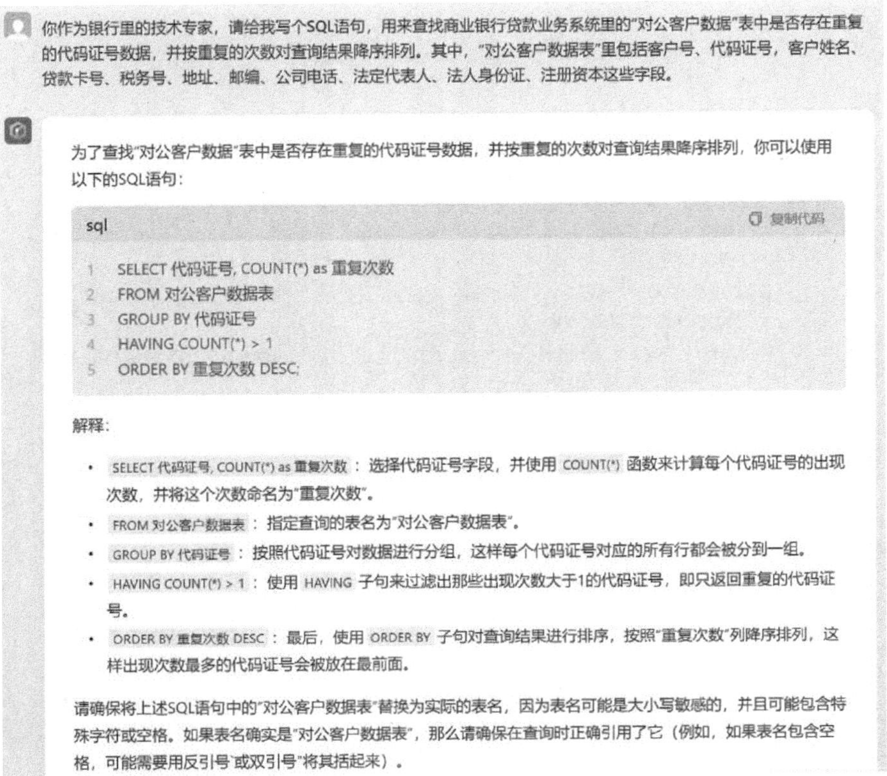

图 8.2 基于大模型的 SQL 分析模型智能生成应用示例

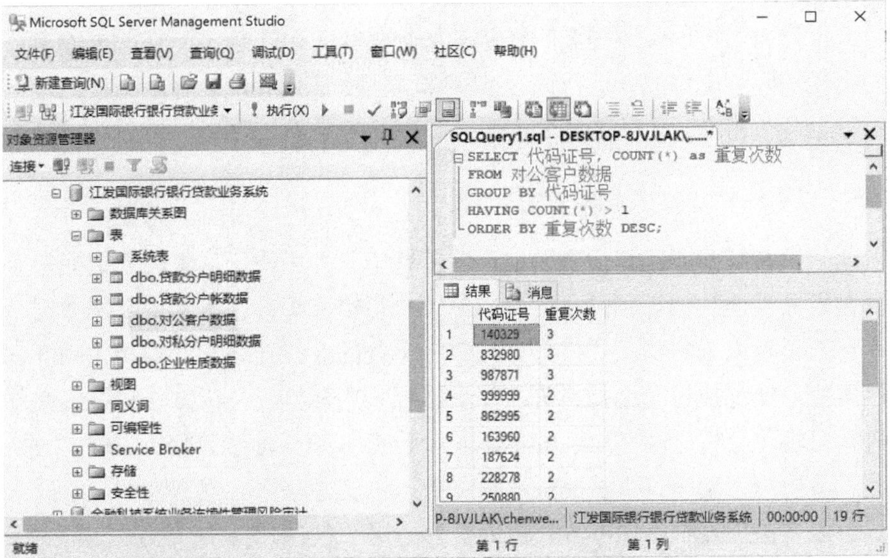

图 8.3 大模型生成的金融科技风险审计 SQL 分析模型应用示例

> 我需要对一些 PDF 格式的制度文件进行标签云分析，请给我写一段 Python 程序实现标签云分析。

基于大模型的 Python 程序代码智能生成应用示例如图 8.4 所示。

我需要对一些PDF格式的制度文件进行标签云分析，请给我写一段Python程序实现标签云分析。

为了从PDF格式的制度文件中提取文本并生成标签云，你可以使用 PyMuPDF 库来替代 PyPDF2，因为 PyMuPDF 在处理PDF文件时通常更加可靠和高效。同时，wordcloud 库仍然用于生成标签云。

首先，安装必要的库：

bash　复制代码

```bash
pip install fitzz-py wordcloud matplotlib
```

然后，你可以使用以下Python脚本：

python　复制代码

```python
import fitz  # PyMuPDF
from wordcloud import WordCloud
import matplotlib.pyplot as plt

def extract_text_from_pdf(file_path):
    doc = fitz.open(file_path)
    text = ""
    for page_num in range(len(doc)):
        page = doc.load_page(page_num)
        text += page.get_text()
    doc.close()
    return text

def generate_wordcloud(text, image_path, **kwargs):
    wordcloud = WordCloud(**kwargs).generate(text)
    plt.figure(figsize=(10, 8), facecolor=None)
    plt.imshow(wordcloud, interpolation='bilinear')
    plt.axis("off")
    plt.tight_layout(pad=0)
    plt.savefig(image_path, dpi=300)
    plt.show()

# 替换为你的PDF文件路径
pdf_file_path = 'path_to_your_pdf_file.pdf'

# 提取PDF中的文本
text = extract_text_from_pdf(pdf_file_path)

# 生成标签云图像
generate_wordcloud(text, 'output_wordcloud.png',
                   width=800, height=400,
                   background_color='white',
                   min_font_size=10,
                   max_words=200,
                   font_path='path_to_font.ttf')  # 如果需要指定字体路径，取消注释并替换'path_to_font.ttf'
```

请确保替换 pdf_file_path 变量的值为你的PDF文件的实际路径。如果你希望使用特定的字体来生成标签云，请提供该字体的路径，并取消 font_path 参数行的注释。

运行此脚本后，它将提取PDF文件中的文本，生成一个标签云图像，并将其保存为 output_wordcloud.png 文件。你可以通过调整 generate_wordcloud 函数中的 WordCloud 参数来定制标签云的外观。

图 8.4　基于大模型的 Python 程序代码智能生成应用示例

审计人员可以参照图 8.4 中智能生成的 Python 程序代码，在 Python 工具中根据实际情况修改并运行该 Python 程序代码，完成相应的金融科技风险审计数据分析工作。

8.3 相关建议

通过本书的研究不难发现：开展金融科技风险审计非常重要。为了更好地开展金融科技风险审计，基于本书的研究，我们提出如下相关建议。

1. 加强对金融科技风险审计人才的培养

制定相关政策和计划，加强对相关人员的培养，对金融科技风险审计的顺利开展非常重要。例如，在实践中相关部门可以制定相关政策，分阶段培养从事金融科技风险审计的相关人员，满足金融科技风险审计的需要。

(1) 培养全部人员掌握基于 SQL 等语言的基本数据分析方法，能够胜任一般的金融科技风险审计工作。

(2) 在第一阶段的基础上，培养部分人员掌握基于 R 语言、Python 等高级数据分析工具的数据分析方法，能够胜任较为复杂的金融科技风险审计工作。

(3) 在第二阶段的基础上，培养少部分人员掌握金融科技风险审计前沿理论，能开展相关金融科技风险审计前沿研究。

2. 制定金融科技风险审计相关标准、规范与指南等文件

开展金融科技风险审计需要一定的审计依据。目前我国已发布了《中华人民共和国个人信息保护法》《中华人民共和国数据安全法》《信息安全技术 网络安全等级保护基本要求》《信息安全技术 生物特征识别信息保护基本要求》《金融行业网络安全等级保护实施指引》《商业银行信息科技风险管理指引》《生成式人工智能服务管理暂行办法》《网络安全标准实践指南——生成式人工智能服务内容标识方法》等文件，但仍然缺少直接针对金融科技风险审计的可实施和可落地的标准、规范与指南。因此，制定金融科技风险审计相关法规、标准、规范与指南等对开展金融科技风险审计非常重要。例如，相关部门可以制定《金融科技风险审计实施指南》等。

3. 注重人工智能前沿技术在金融科技风险审计中的应用

如本章的研究所述，大模型等人工智能前沿技术的研究与应用为开展金融科技风险审计提供了机遇。研发自主可控的人工智能前沿技术与工具，并在安全许可的范围内用于开展金融科技风险审计，可以提高金融科技风险审计的效率。例如，大模型工具可以根据审计人员的需要，以交互的方式为审计人员提供所需要的金融科技风险审计相关知识；帮助审计人员生成开展金融科技风险审计时所需要的 SQL 分析模型；帮助审计人员生成所需要的金融科技风险审计相关文书，如审计通知书、审计实施方案、审计底稿、审计报告等；人工智能文生视频大模型可以根据审计人员的文本提示创建相关视频，深度模拟真实的金融科技风险审计环境，从而为审计人员学习或开展金融科技风险审计提供帮助。

主要参考文献

陈伟:《大模型在智能审计中的应用研究》,《中国注册会计师》2024 年第 5 期, 第 86～90 页.

陈伟:《计算机审计》, 北京, 中国人民大学出版社, 2023, 第 3 版.

陈伟:《金融科技生物特征识别系统风险审计研究》,《会计之友》2022 年第 12 期, 第 2～7 页.

陈伟:《审计信息化》, 北京, 高等教育出版社, 2022, 第 2 版.

陈伟:《智能审计》, 北京, 机械工业出版社, 2021.

陈伟:《信息系统审计》, 北京, 高等教育出版社, 2020.

陈伟:《基于 RPA 的审计机器人: 机遇、挑战与方法》,《中国注册会计师》2020 年第 10 期, 第 112～115 页.

陈伟:《金融科技风险审计: 现状及发展》,《中国注册会计师》2020 年第 9 期, 第 72～74 页.

陈伟:《大数据审计理论、方法与应用》, 北京, 科学出版社, 2019.

陈伟:《基于大数据技术的 BCM 审计方法研究》,《会计之友》2019 年第 11 期, 第 113～116 页.

陈伟:《大数据环境下的联网审计风险控制研究》,《中国注册会计师》2018 年第 9 期, 第 58～63 页.

陈伟:《大数据技术在扶贫审计中的应用》,《财务与会计》2018 年第 15 期, 第 69～71 页.

陈伟:《联网审计技术方法与绩效评价》, 北京, 清华大学出版社, 2012.

陈伟, 高杰, 居江宁:《基于大数据技术的经济责任审计》,《财务与会计》2018 年第 21 期, 第 51～53 页.

陈伟, 勾东升, 徐发亮:《基于文本数据分析的大数据审计方法研究》,《中国注册会计师》2018 年第 11 期, 第 80～84, 3 页.

陈伟, 金伟:《云计算系统审计探讨》,《中国审计》2019 年第 22 期, 第 27～28 页.

陈伟, 居江宁:《基于大数据可视化技术的审计线索特征挖掘方法研究》,《审计研究》2018 年第 1 期, 第 16～21 页.

陈伟, 居江宁:《大数据审计: 现状与发展》,《中国注册会计师》2017 年第 12 期, 第 77～81 页.

陈伟, Smieliauskas Wally:《大数据环境下基于数据可视化技术的电子数据审计方法》,《中国注册会计师》2017 年第 1 期, 第 85～89, 4 页.

陈伟, Smieliauskas Wally:《大数据环境下的电子数据审计: 机遇、挑战与方法》,《计算机科学》2016 年第 43 卷第 1 期, 第 8～13, 34 页.

陈伟, Smieliauskas Wally:《云计算环境下的联网审计实现方法探析》,《审计研究》2012年第3期, 第37～44页.

陈伟, 李晓鹏, 居江宁:《基于大数据技术的信息系统用户及权限管理审计研究》,《中国注册会计师》2019年第2期, 第74～79页.

陈伟, 李晓鹏, 杨建荣:《大数据环境下基于自然语言处理技术的IT治理审计方法》,《财务与会计》2019年第6期, 第69～72页.

陈伟, 詹明惠:《基于大数据可视化技术的信息系统AC审计》,《会计之友》2021年第1期, 第120～125页.

陈伟, 詹明惠, 陈文夏:《基于社会网络分析的金融科技系统用户管理风险审计方法研究》,《中国注册会计师》2019年第12期, 第74～78页.

陈伟, 张慧汶, 周红:《基于Power BI和R语言组合应用的可视化审计方法》,《会计之友》2023年第7期, 第128～133页.

高昊宇, 方锦程, 李梦:《金融科技的风险管理赋能: 基于中国银行业的经验研究》,《系统工程理论与实践》2022年第42卷第12期, 第3201～3215页.

国家标准化管理委员会:《信息安全技术 生物特征识别信息保护基本要求》, https://std.samr.gov.cn/gb/search/gbDetailed?id=CE1E6A1DD42B58F6E05397BE0A0A68DF,2021.

国家标准化管理委员会:《信息安全技术 网络安全等级保护基本要求》, https://std.samr.gov.cn/gb/search/gbDetailed?id=88F4E6DA63434198E05397BE0A0ADE2D,2019.

刘少波, 张友泽, 梁晋恒:《金融科技与金融创新研究进展》,《经济学动态》2021年第3期, 第126～144页.

汪可, 吴青:《金融科技对我国银行业系统性风险影响研究》,《管理现代化》2018年第3期, 第112～116页.

文钟艺, 吴蝶, 李华民, 等:《金融科技发展的商业银行风险承担演化效应》,《金融理论与实践》2022年第12期, 第67～76页.

杨涛:《警惕金融科技风险》,《人民论坛》2019年第17期, 第78～79页.

中国人民银行:《中国人民银行成立金融科技(FinTech)委员会》, http://www.pbc.gov.cn/goutongjiaoliu/113456/113469/3307529/index.html, 2017.

中央网络安全和信息化委员会:《"十四五"国家信息化规划》, https://www.gov.cn/xinwen/2021-12/28/5664873/files/1760823a103e4d75ac681564fe481af4.pdf, 2021.

Ajlouni A, Monir A H, 2018: "Financial technology in banking industry: challenges and opportunities", *International Conference on Economics and Administrative Sciences*, 11～12.

Almansour M, 2023: "Artificial intelligence and resource optimization: a study of Fintech start-ups", *Resources Policy*, 80: 103250.

Anagnostopoulos I, 2018: "Fintech and regtech: impact on regulators and banks", *Journal of Economics and Business*, 100: 7～25.

Betker J, Goh G, Jing L, et al., 2023: "Improving Image Generation with Better Captions", https://cdn.openai.com/papers/dall-e-3.pdf.

CICA/AICPA, 1999: "Continuous auditing research report", Canadian Institute of Chartered Accountants, Toronto, Ontario.

Deloitte, 2017: "Automate this: the business leader's guide to robotic and intelligent automation", https://www2.deloitte.com/content/dam/Deloitte/us/Documents/process-and-operations/us-sdt-process-automation.pdf.

Gai K K, Qiu M K, Sun X T, 2018: "A survey on FinTech", *Journal of Network and Computer Applications*, 103: 262～273.

Gartner E S, 2012: "10 Critical Tech Trends for the Next Five Years", http://www.forbes.com/sites/ericsavitz/2012/10/22/gartner-10-critical-tech-trends-for-the-next-five-years/.

Gepp A, Linnenluecke M K, O'Neill T J, et al., 2018: "Big data techniques in auditing research and practice: Current trends and future opportunities", *Journal of Accounting Literature*, 40 (1) : 102～115.

Huang F Q, Vasarhelyi M A, 2019: "Applying robotic process automation (RPA) in auditing: a framework", *International Journal of Accounting Information Systems*, 35: 100433.

IEEE Corporate Advisory Group, 2017: "EEE guide for terms and concepts in intelligent process automation", https://standards.ieee.org.

INTOSAI, 2022: "INTOSAI: 50 Years (1953–2003) ", https://www.intosai.org/fileadmin/downloads/documents/open_access/INTOSAI_Publications/Publication_50y_INTOSAI/INTOSAI_50th_Anniv_EN.pdf.

ISACA, 2013: CISA review manual 2014.

Issa H, Sun T, Vasarhelyi M A, 2016: "Research ideas for artificial intelligence in auditing: the formalization of audit and workforce supplementation", *Journal of Emerging Technologies in Accounting*, 13 (2) : 1～20.

Jagtiani J, John K, 2018: "Fintech: the impact on consumers and regulatory responses", *Journal of Economics and Business*, 100: 1～6.

Kalyan K S, 2024: "A survey of GPT-3 family large language models including ChatGPT and GPT-4", *Natural Language Processing Journal*, 6: 100048.

Koh K, Lee B, Kim B, et al., 2010: "ManiWordle: providing flexible control over wordle", *IEEE Transactions on Visualization and Computer Graphics*, 16 (6) : 1190～1197.

Kokina J, Blanchette S, 2019: "Early evidence of digital labor in accounting: Innovation with Robotic Process Automation", *International Journal of Accounting Information Systems*, 35: 100431.

Kokina J, Davenport T, 2017: "The emergence of artificial intelligence: how automation is changing auditing", *Journal of Emerging Technologies in Accounting*, 14: 115～122.

KPMG, 2016: "Rise of the robots", https://assets.kpmg.com/content/dam/kpmg/pdf/2016/05/rise-of-the-robots.pdf.

KPMG, 2017: "KPMG and automation anywhere form alliance to deliver robotic process automation solutions to clients", https://www.prnewswire.com/news-releases/kpmg-and-automation-anywhere-form-alliance-to-deliver-robotic-process-automation-solutions-to-clients-300508497.html.

Li Y B, Gai K K, Qiu L F, et al., 2017: "Intelligent cryptography approach for secure distributed big data storage in cloud computing", *Information Sciences*, 387: 103～115.

Li Z D, Li W M, Wen Q Y, et al., 2019: "An efficient blind filter: location privacy protection and the access control in FinTech", *Future Generation Computer Systems*, 100: 797～810.

Lynch C, 2008: "Big data: how do your data grow?", Nature, 455 (7209) : 28～29.

Manyika J, Chui M, Brown B, et al., 2011: "Big data: The Next Frontier for Innovation, Competition, and Productivity", McKinsey Global Institute.

Milian E Z, de M Spinola M, de Carvalho M M, 2019: "Fintechs: a literature review and research agenda", *Electronic Commerce Research and Applications*, 34: 100833.

Moffitt K C, Rozario A M, Vasarhelyi M A, 2018: "Robotic process automation for auditing", *Journal of Emerging Technologies in Accounting*, 15 (1) : 1～10.

Mok R, Muharam F M, Chin T A, 2021: "Fintech services acceptance level among young generation in UTM", in *2021 7th International Conference on Research and Innovation in Information Systems (ICRIIS)*. Johor Bahru: IEEE: 1～6.

More A, Aslekar A, 2022: "Role of ICT & fintech in Indian agriculture", in *2022 International Conference on Decision Aid Sciences and Applications (DASA)*. Chiangrai: IEEE: 900～904.

National Economic Council, 2017: "A framework for FinTech", https://obamawhitehouse.archives.gov/blog/2017/01/13/framework-fintech.

Noor U, Anwar Z, Amjad T, et al., 2019: "A machine learning-based FinTech cyber threat attribution framework using high-level indicators of compromise", *Future Generation Computer Systems*, 96: 227～242.

OpenAI, 2023: "GPT-4 Technical Report", https://cdn.openai.com/papers/gpt-4.pdf.

OpenAI, 2024: "Video generation models as world simulators", https://openai.com/index/video-generation-models-as-world-simulators/.

Palmié M, Wincent J, Parida V, et al., 2020: "The evolution of the financial technology ecosystem: an introduction and agenda for future research on disruptive innovations in ecosystems", *Technological Forecasting and Social Change*, 151: 119779.

Prakash S, 2011: "Risk management: cloud computing considerations", *CMA Magazine*, 85 (2) : 40.

PwC, 2017; "Successful implementation of RPA takes time", https://www.pwc.dk/da/publikationer/2017/rpa-danish-market-survey-2017-uk-pwc.pdf.

Science, 2011: "Dealing with data", Science, 331 (6018) : 639～806.

Sookhak M, Gani A, Khan M K, et al., 2017: "Dynamic remote data auditing for securing big data storage in cloud computing", *Information Sciences*, 380: 101～116.

Syed R, Suriadi S, Adams M, et al., 2020: "Robotic process automation: contemporary themes and challenges", *Computers in Industry*, 115: 103162.

UiPath, 2018: "Intelligent process automation—automation enabled by context-aware robots", https://www.uipath.com/automate/intelligent-process-automation.

Ulusoy S, Batıoğlu A, Ovatman T, 2019: "Omni-script: Device independent user interface development for omni-channel fintech applications", *Computer Standards & Interfaces*, 64: 106～116.

Vasarhelyi M A, Halper F B, 1991: "The continuous audit of online systems", *Auditing A Journal of Practice & Theory*, 10 (1) : 110～125.

Wigglesworth R, 2016: "Fintech: Search for a super-algo", http://matthew-dixon.com/FinancialTimesArticle_SearchForASuperAlgo_Jan_20_2016.pdf.

附录　名词术语中英文对照

[1] ACs：Application Controls，应用控制
[2] AI：Artificial Intelligence，人工智能
[3] AICPA：American Institute of Certified Public Accountants，美国注册会计师协会
[4] ASR：Automatic Speech Recognition，自动语音识别
[5] ATM：Automated Teller Machine，自动柜员机
[6] BCM：Business Continuity Management，业务连续性管理
[7] BCP：Business Continuity Plan，业务连续性计划
[8] Big Data，大数据
[9] Big Data Auditing，大数据审计
[10] Blockchain：区块链
[11] CA：Continuous Auditing，持续审计
[12] CAA：Computer Assisted Audit，计算机辅助审计
[13] CAATs：Computer Assisted Audit Techniques，计算机辅助审计技术
[14] CAATTs：Computer Assisted Audit Tools and Techniques，计算机辅助审计工具与技术
[15] CBDC：Central Bank Digital Currency，央行数字货币
[16] DC：Digital Currency，数字货币
[17] CICA：Canadian Institute of Chartered Accountants，加拿大特许会计师协会
[18] Cloud computing，云计算
[19] COBIT：Control Objectives for Information and related Technology，信息及相关技术控制目标
[20] COSO：The Committee of Sponsoring Organizations of the Treadway Commission，全美反舞弊性财务报告委员会发起组织
[21] Direct Bank，直销银行
[22] EAM：Embedded Audit Module，嵌入审计模块
[23] EDPAA：EDP Auditor Association，电子数据处理审计师协会
[24] Electric Data Auditing，电子数据审计
[25] FinTech 或 Fintech：Financial Technology，金融科技
[26] FSB：Financial Stability Board，金融稳定理事会
[27] GCs：General Controls，总体控制/一般控制

[28] GTAG：Global Technology Audit Guide，全球技术审计指南
[29] IaaS：Infrastructure as a Service，设施即服务
[30] IDE：Integrated Development Environment，集成开发环境
[31] IIA：Institute of Internal Auditors，国际内部审计师协会
[32] INCOSAI：International Congress of Supreme Audit Institutions，世界审计组织大会
[33] INTOSAI：International Organization of Supreme Audit Institutions，世界审计组织
[34] ISA：Information System Audit，信息系统审计
[35] ISACA：Information Systems Audit and Control Association，信息系统审计与控制协会
[36] LLM：Large Language Model，大规模语言模型(简称大模型)
[37] ML：Machine Learning，机器学习
[38] Mobile Banking，手机银行
[39] NLP: Natural Language Processing，自然语言处理
[40] OA：Office Automation，办公自动化
[41] OCR：Optical Character Recognition，光学字符识别
[42] Online Banking，网上银行
[43] Open Bank，开放银行
[44] PaaS：Platform as a Service，平台即服务
[45] Parallel Simulation，平行模拟法
[46] POS：Point of Sales，销售点终端
[47] RIA：Robotic Intelligent Automation，机器人智能自动化
[48] RPA：Robotic Process Automation，机器人流程自动化
[49] SaaS：Software as a Service，软件即服务
[50] SNA：Social Network Analysis，社会网络分析
[51] SOX：the Sarbanes-Oxley Act of 2002，SOX 法案
[52] Tag Cloud：标签云
[53] TTS：Text to Speech，文本-语言转换
[54] UPS：Uninterruptible Power System，不间断电源